Daniel Duddek, geb. 1985, ist Vater von zwei Kindern, ausgebildeter Erzieher, Coach, Autor, Entwickler des Anti-Mobbing-Programms «Stark auch ohne Muckis» und der Show «Erziehungs-Revolution»; seit 2006 hat er mit über 30 000 Kindern und deren Eltern gearbeitet. Daniels Shows, Trainings und Coachings helfen Eltern, neue Sichtweisen anzunehmen, die Kindern eine glückliche Kindheit ermöglichen und somit den Grundstein für eine starke Zukunft legen.

Daniel Duddek

Sei stark wie ein Löwe

Wie Eltern ihre Kinder gegen Mobbing wappnen

Rowohlt Taschenbuch Verlag

Anmerkung des Autors: Alle Fallgeschichten sind verfremdet, und die Namen der Kinder wurden geändert.

8. Auflage Dezember 2025
Originalausgabe
Veröffentlicht im Rowohlt Taschenbuch Verlag,
Rowohlt Verlag GmbH, Kirchenallee 19, 20099 Hamburg, Mai 2020

Covergestaltung zero-media.net, München
Coverabbildung Mimi Haddon/Getty Images
Satz Lyon Text No. 2
bei Dörlemann Satz, Lemförde
Druck und Bindung GGP Media GmbH, Pößneck
ISBN 978-3-499-00272-4

Kontaktadresse nach EU-Produktsicherheitsverordnung:
produktsicherheit@rowohlt.de

MIX
Papier | Fördert gute Waldnutzung
FSC® C014496
FSC www.fsc.org

Inhalt

Mobbing. Wo stehen wir als Gesellschaft? 7
Mobbing. Der undefinierbare Dämon 7
Wie mich das Thema fand 13
SmartMob. Wie Handys das Problem ausdehnen 18
Widersprüchlichkeit auf allen Ebenen 23
Respekt. Eine Tugend 28
Denkfehler. Nicht alles ist Mobbing 34
Freie Meinung und ihre Grenzen 39
Meine Meinung ist besser als deine Meinung 42
Mediale Vorbildfunktionen 47
Social Media. Die Hochburg der ungebetenen Kritik 54
Aus bestem Gewissen 60
Der Wunsch nach Beachtung 66
Ich fühle deinen Schmerz … nicht 75
Gelernte Hilflosigkeit 81
Krieg im Kopf. Krieg auf dem Schulhof 90
Hass 97

Lösungsansätze. Was Kinder brauchen, damit sie Mobbing beenden können 105
Sicherer Hafen. Die Grundlage 105
Selbstbewusstsein 134
Selbstvertrauen. Du kannst das! 142
Es ist nur eine Meinung 150
Klarheit bekommen 156
Es geht immer um Energie! 165
Widerstandsfähigkeit erhöhen 168
Wie Ausdauer und Disziplin helfen 179
Von Mücken, Schafen und Löwen 187

Liebe ist stärker als Hass 192
Was Pädagogen und Lehrer tun können 200

Umgang mit Härtefällen 211
Es wird körperlich 211
Nimm es an, ändere es oder verlasse es 217
Cybermobbing und Identitätsmissbrauch 222
Wenn nichts mehr hilft, hilft wer? 230

Fazit und Ausblick 233

Mobbing. Wo stehen wir als Gesellschaft?

Mobbing. Der undefinierbare Dämon

Erinnern Sie sich an die Horrorfilmabende Ihrer Jugend? Bei uns war es so: Wir saßen mit Freunden zusammen, tranken heimlich Alkopops, die zu trinken einem die Eltern eigentlich verboten hatten, und gruselten uns herrlich. Irgendwann kam immer jemand auf die Idee, sich vor einen Spiegel zu stellen und fünfmal «Candyman» zu rufen, woraufhin mindestens einer nicht mehr einschlafen konnte. Sie kennen den Film vielleicht noch: In diesem Horrorfilm aus den 90er Jahren taucht der sogenannte Candyman immer dann auf, wenn man seinen Namen in einen Spiegel sagt, und bringt dann denjenigen um, der ihn gerufen hat. Platt, aber effektiv.

In anderen Filmen dieses Genres wusste man hingegen häufig erst am Ende, wer der Dämon oder das Monster, sprich, wer «der Böse» ist. Ähnlich ist es, wenn es um Mobbing geht. Ein Wort wie ein Monster, wie ein Dämon, von dem man nicht weiß, wann er zuschlägt. Ein Wort, das unangenehme Assoziationen, Ängste und Befürchtungen weckt. Doch fangen wir vorne an.

Laut einer Studie der Bertelsmann Stiftung fühlt sich ein Viertel unserer Kinder und Jugendlichen an seiner Schule nicht sicher. Für die Studie wurden bundesweit 3448 Schüler zwischen acht und vierzehn Jahren befragt. Überrascht hat die Wissenschaftler dabei die Tatsache, dass unter ihnen der Anteil der Grundschüler besonders hoch ist: Dreißig Prozent der betreffenden Schüler und Schülerinnen gaben an, im Vormonat gehänselt oder ausgegrenzt worden zu sein. Dramatische Zahlen.

Um ehrlich zu sein: Mich überrascht dieses Ergebnis nicht. Seit

2008 arbeite ich in Grundschulen und Kitas und habe in diesen über zehn Jahren unzählige Geschichten von Mobbing, Hänseleien, Ausgrenzung und auch Gewalt gehört.

Und ich bin damit nicht allein: Jeder, der mit offenen Augen an Grundschulen unterwegs ist, sei es als Pädagoge oder Eltern, kennt Fälle von Mobbing. Wir haben also offenbar ein Mobbingproblem an unseren Schulen. Oder genauer gesagt, in unserer Gesellschaft. Und anders als beim Candyman müssen wir nicht fünfmal in den Spiegel rufen, um es heraufzubeschwören: Es ist bereits da. Und zwar in einem signifikanten Umfang. Deshalb sollten wir fünfmal besser hinschauen, um etwas zu ändern. Und das nicht nur bei den offensichtlichen, bei den schrecklichen Fällen. Denn auch das beobachte ich regelmäßig: Die ganz extremen Fälle gelangen in die Öffentlichkeit, der Aufschrei ist groß. Zumindest für eine gewisse Zeit steht das Thema auch bei den betroffenen Schulen im Fokus, es werden Redner in den Unterricht geholt, Gremien eingerichtet, Projekttage durchgeführt, Spendenläufe veranstaltet. Aber warum erst dann, wenn die Situation bereits eskaliert ist? Verstehen Sie mich nicht falsch: Ein guter Redner kann Impulse geben. Aber warum werden so selten konkrete, nachhaltige Handlungsschritte eingeleitet, die auch für die weniger schweren Fälle eine Besserung bewirken? Dabei ist es für die Bekämpfung von Mobbing ausschlaggebend, dass und wie darauf reagiert wird. Im besten Fall mit Bedacht, nicht mit Wut und Empörung. Sich über etwas zu empören, ist zwar eine normale und auch wichtige menschliche Reaktion, weil sie Missstände aufzeigt und verdeutlicht. Wenn dann aber keine langfristigen Strategien erarbeitet und vor allem kontinuierlich umgesetzt werden, bleibt es leider bei der reinen Empörung – bis zum nächsten schweren Fall.

Deshalb ist es essenziell, rechtzeitig Prävention zu betreiben und nicht erst zu handeln, wenn es die ersten Mobbingopfer gibt. Dafür muss klar sein, was Mobbing eigentlich ist.

Das Wort taucht immer wieder auf, oft verbunden mit schrecklichen Geschichten über Demütigungen, Schikanen und Hänseleien. Teilweise wird es fast inflationär benutzt. Es ist gefühlt in aller Munde – und das ist auch erst mal gut so. Aber was genau verbirgt sich hinter diesem Schlagwort? Und reden wir alle über dasselbe, wenn wir über Mobbing reden?

Im digitalen Zeitalter öffnen wir der Einfachheit halber Wikipedia, und schon haben wir eine Definition gefunden: «Mobbing oder Mobben als soziologischer Begriff beschreibt das wiederholte und regelmäßige, vorwiegend seelische Schikanieren, Quälen und Verletzen eines einzelnen Menschen durch eine beliebige Art von Gruppe.» Unterschieden wird in der Fachliteratur häufig auch direktes (z.B. Drohungen, Schikanen, Hänseleien) und indirektes Mobbing (wie z.B. Ausgrenzen, Rufschädigung). Mobbing ist damit eine Form der Machtausübung, deren Ziel es ist, so die Psychologin Mechthild Schäfer, die seit vielen Jahren über das Phänomen forscht, den eigenen sozialen Status zu halten oder zu verbessern.

Wer sich näher auf die Wikipedia-Definition einlässt, wird feststellen, dass die Beschreibung unpräzise ist. Was ist «wiederholt»? Was «regelmäßig»? Wenn ich als Lehrer oder Pädagoge eine Situation beobachte, in der ein Kind über einen Zeitraum von einer Woche immer mal wieder von seinen Mitschülern beleidigt wird – ist das dann bereits «regelmäßig»? Oder ist es unnötig einzugreifen, weil es sich laut Definition nicht um Mobbing handelt, schließlich dauern die Beleidigungen ja noch nicht so lange an?

Wir sehen: Eine begriffsscharfe Definition ist schwierig. Mich treibt seit Jahren die Frage um, was genau Mobbing ist und was nicht, was zu normalen Streitigkeiten im Miteinander von Menschen gehört und was inakzeptables Verhalten ist. Ich bin inzwischen zu dem Schluss gekommen: Mobbing ist kein Zustand, sondern ein individuell gefühlter Prozess. Und das bedeutet für uns als Eltern, Lehrer, Pädagogen, dass wir nicht auf irgendwelche Definitionen schauen sollten, sondern vielmehr den betroffenen Personen zuhören und individuell reagieren müssen.

Machen wir es an einem Beispiel deutlich: Die elfjährige Julia wird täglich von einer Gruppe von Mitschülern beleidigt; außerdem verbreitet diese Lügengeschichten über das Mädchen. Das Ganze zieht sich bereits über einen Zeitraum von drei Wochen hin. Julia ist jedoch relativ entspannt. Sie hat mehrere Freunde auf der Schule, mit denen sie eine gute Zeit verbringt, und ihr gelingt es in den meisten Fällen, die Mitschüler und ihr abschätziges Verhalten zu ignorieren.

Auf der anderen Seite ist da Franziska; ebenfalls elf Jahre und auf derselben Schule. Franziska wird von denselben Leuten auf dieselbe Art und Weise wie Julia beleidigt und ausgegrenzt. Franziska kann mit dieser Situation aber nur sehr schlecht umgehen: Bereits nach drei Tagen geht sie mit Bauchschmerzen in die Schule. Nach einer Woche hat sie regelrecht Angst vor der Schule und versucht alles, um zu Hause bleiben zu können.

Und nun stellen Sie sich die Frage: Welches der Mädchen wird gemobbt? Julia? Franziska? Beide? Folgen wir lediglich der Definition, muss die Antwort «Nur Julia» lauten, denn sie wird bereits über einen längeren Zeitraum kontinuierlich schikaniert. Meine Antwort lautet jedoch: Franziska ist diejenige, die gemobbt wird. Denn Julia scheint, so jung sie ist, bereits einen Weg gefunden zu haben, mit den Beleidigungen der Mitschüler umzugehen und sich mental davon abzugrenzen. Nicht, dass wir uns falsch verstehen: Das Verhalten der anderen Kinder ist in beiden Fällen weder angemessen noch akzeptabel und sollte von Eltern und/oder

Lehrern thematisiert werden. Aber nur Franziska leidet bereits nach sehr kurzer Zeit massiv unter ihren Mitschülern, sie wird gemobbt: Mobbing, nun erklärt sich meine Aussage weiter oben vielleicht besser, ist eben kein Zustand mit klaren Kriterien, sondern ein individuell gefühlter Prozess. *Mobbing kann man nicht in zwei Sätzen definieren. Bleiben Sie im Dialog mit Ihren Kindern und handeln Sie, wenn es nötig ist, und nicht erst dann, wenn irgendwelche Definitionen oder Standards greifen!* Das bedeutet auch, sich nicht von solchen Festlegungen vorschreiben zu lassen, ab wann man tätig werden darf – und ab wann Kinder leiden «dürfen».

Denken wir zurück an die Horrorfilmabende. Der Grusel lag darin, dass wir das Böse nicht greifen konnten, nicht wussten, wann und in welcher Gestalt es zum Vorschein kam, und außerdem nur vage Hinweise auf seine Identität hatten. Der erste Schritt, um unsere Kinder gegen Mobbing zu wappnen, ist, weg von Vermutungen zu kommen und hin zu echten Dialogen miteinander. Kinder müssen gesehen und ernst genommen werden – ihnen muss aber auch gezeigt werden, dass sie selbst etwas an ihrer Situation ändern können. Lassen Sie uns dem Bösen die Zähne ziehen und es rational angehen.

Mit Mobbing konfrontiert zu sein, ist eine große Herausforderung. Und natürlich wünschen wir unseren Kindern, dass sie diesen Herausforderungen nicht ausgesetzt sind. Aber wir können sie nun mal leider nicht ausschließen, sie gehören in gewisser Weise zum Leben dazu. Ja, es wäre wünschenswert, wenn es kein Mobbing gäbe, und sicherlich sollten wir alles dafür tun, es einzudämmen und zu ächten. Nur leider ist es nicht realistisch, es gänzlich zu eliminieren. Die gute Nachricht: Herausforderungen können gemeistert werden. Es kommt auf die richtigen Strategien an.

Bestimmt kennen Sie Menschen, die in ihrem Leben schon mal vor großen Herausforderungen standen: Geldprobleme,

Krankheiten, Trennung, Jobverlust oder Schwierigkeiten bei der Arbeit – das Leben ist leider nicht immer ein Spaziergang. Aber Sie kennen sicherlich auch Menschen, die gestärkt aus diesen krisenhaften Zeiten hervorgegangen sind, während andere unter der Last strauchelten. Wenn also manche Menschen die Herausforderung meistern und andere daran zerbrechen, scheint es nicht nur die Herausforderung an sich zu sein, um die es geht, sondern auch der Mensch und die Art, wie er an sie herangeht.

Das gilt ebenso für den Umgang mit Mobbing. Hier spielt beispielsweise Resilienz eine große Rolle. Unter Resilienz versteht man die psychische Widerstandsfähigkeit, die Art und Weise, wie man Krisen überwinden und sie sogar für die persönliche Weiterentwicklung nutzen kann. Menschen, die psychisch widerstandsfähig sind, leiden logischerweise weniger unter Mobbing als andere. Wenn wir Kinder also gegen Mobbing wappnen wollen, dann müssen wir sie so begleiten, dass sie resilient werden, sich nicht jedes Wort zu Herzen nehmen und sich auf die positiven Dinge in ihrem Leben fokussieren lernen statt auf die negativen. Dazu gehört, ihnen klarzumachen, dass ihr Wert nicht von der Meinung, der Bewertung anderer abhängt. Das ist in unserer digitalen Gesellschaft, in der Likes und Smileys und Herzchen und Follower eine zunehmende Rolle spielen – auch und gerade bei Kindern und Jugendlichen –, immer schwerer zu vermitteln. Und leider hören Kinder von ihren Eltern noch viel zu oft Sätze, die wie folgt klingen: «Was sollen denn die anderen von dir denken?», oder: «So kannst du nicht aus dem Haus gehen, wie sollen die Lehrer über uns denken?» Solche Sätze vermitteln den Kindern, dass die Meinung anderer über sie ausschlaggebend ist. Sagen andere dann tatsächlich etwas Schlechtes über sie, leiden sie mehr darunter, da es ja «wichtig ist, was die anderen denken»! Das Leid der Kinder wurde heraufbeschworen wie der Candyman, den man fünfmal ruft. «Candyman, Candyman, Candyman, Candyman, Candyman!»

Wie wir diesen Effekt vermeiden können, wollen wir uns im Verlauf des Buches noch genauer anschauen.

Wie mich das Thema fand

In diesem Buch soll es nicht um mich, sondern um unsere Kinder und deren Zukunft gehen. Doch vielleicht hilft es, die folgenden Ideen besser einzuordnen, wenn Sie mehr über mich und meinen Werdegang erfahren.

Ich verbrachte den ersten Teil meiner späten Kindheit und frühen Jugend mit massiven Minderwertigkeitskomplexen: Mit zwölf Jahren sah ich aus wie neun, mit sechzehn Jahren wie zwölf. Ich war klein, eher schmächtig. Alle meine Freunde hatten im Gegensatz zu mir Freundinnen und einen Bart. Ich wurde häufig von Kumpels «aus Spaß» geboxt, sagte aber nichts dagegen und tat so, als störe es mich nicht. Ein Satz, den ich in dieser Phase meines Lebens ständig hörte: «Bei dem Bartwuchs reicht aber auch ein raues Handtuch zum Rasieren!» Aus Erwachsenenperspektive mag das nach einer Lappalie klingen, aber als Jugendlichen trafen mich diese und andere Hänseleien ungemein. Mir gelang es nicht, mich mental davon abzugrenzen, und ich nahm sie mir sehr zu Herzen.

Bei einem Klassentreffen vor einigen Jahren erzählte ich meinen damaligen Mitschülern davon. Alle guckten mich mit großen Augen an: Sie hatten überhaupt nicht das Gefühl, mich damals gemobbt zu haben. Sie mochten mich sogar gut leiden. Und das glaube ich ihnen auch, denn rückblickend betrachtet, waren ihre

Sprüche tatsächlich nur als Spaß gemeint. Aber ich war damals nicht stark genug für diese Späße. Ich war Teil der Klasse, habe das aber überhaupt nicht so wahrgenommen. Ich habe mir eingeredet, ich sei weniger wert als andere Menschen. Ich fühlte mich gemobbt.

Mit fünfzehn Jahren fürchtete ich mich immer mehr davor, auch körperlich gedemütigt zu werden. Durch einen Zufall lernte ich über einen Freund ein paar ältere «schwere Jungs» kennen. Darunter waren stadtbekannte Schläger, Graffitisprüher und Dealer. Wenn ich mit denen rumhänge, dachte ich, müsste ich mich nicht mehr fürchten. Ich schloss mich ihnen an, sie nahmen mich in Schutz und waren bereit, mich auch körperlich zu verteidigen. Das fühlte sich super an. Nun war ich endlich wer.

Aber es kam, wie es kommen musste: Ich rutschte durch meinen neuen Freundeskreis auf die schiefe Bahn ab; begann, Drogen zu nehmen und nachts, mit Rucksack und Sprühdosen ausgerüstet, Graffiti zu sprühen.

Zwei Ereignisse brachten eine Wendung in mein Leben: Erstens habe ich in genau dieser Zeit eine Ausbildung begonnen. Ich hatte knapp die mittlere Reife geschafft und sollte nun einen Beruf erlernen. Die Berufswahl fiel mir nicht leicht, vor allem konnte ich mir nicht vorstellen, in einem «typischen» Männerberuf zu arbeiten, wie z.B. Handwerker. Ich fühlte mich erwachsenen Männern gegenüber immer noch unterlegen: Ich war sechzehn, hatte keinen Bartwuchs, sah aus wie zwölf und war nur 169 cm groß. Also überlegte ich, in welchem Beruf ich es mit möglichst wenigen Männern zu tun haben würde. Bald kam ich auf die Lösung: Ich werde Erzieher! Da gibt es fast nur Frauen und Kinder.

Also begann ich meine Ausbildung zum Erzieher, einfach nur, um nicht mit Männern arbeiten zu müssen. Was damals eine Notlösung war, entpuppte sich im Nachhinein als die perfekte Wahl: Ich entdeckte mein Potenzial. Mir fielen die Lerninhalte einfach so zu. Ich schrieb plötzlich nicht mehr nur Dreien oder Vieren, sondern Einsen. Ich musste noch nicht mal dafür üben. Es war so, als ob mich mein Lebensthema gefunden hatte.

Diese positive Erfahrung änderte jedoch zunächst nichts daran, dass ich nachmittags weiter mit meiner Gang abhing und Dinge tat, die nicht gut waren. Mit der Zeit spürte ich, dass ich das alles eigentlich nicht mehr wollte, und suchte nach Alternativen, mein geringes Selbstwertgefühl aufzupolieren. So begann ich, Kampfkunst zu trainieren. Schon nach kurzer Zeit stand mein Meister vor mir und sagte: «Du wirst Trainer bei mir!» Ich schaute ihn an und dachte: «Du hast keine Ahnung, was ich mache, wenn ich nicht beim Training bin. Ich werde sicherlich vieles, aber Trainer sein gehört bestimmt nicht dazu.» Doch er hielt sein Wort. Mit neunzehn Jahren wurde ich jüngster Trainer seines Verbands und war fortan für das Kinder- und Jugendtraining an zwei Standorten verantwortlich.

Mit diesen neuen Verpflichtungen und positiven Erfahrungen, die ich in meiner Ausbildung und als Trainer machte, distanzierte ich mich immer mehr von der Drogen- und Graffitiszene. Meine Gang traf ich nur noch in unregelmäßigen Abständen, wurde aber immer wieder in irgendwelche Probleme reingezogen. Also traf ich eine drastische Entscheidung: Ich entschied mich, meine Freunde hinter mir zu lassen, solange diese weiter Drogen nahmen und Stress verbreiteten. Das war der Startschuss für ein neues Leben. Ich war Kampfkunsttrainer und auf dem besten Weg, einen super Abschluss als staatlich anerkannter Erzieher zu bekommen. Aus einem schlechten Realschulabschluss wurde ein Fachabitur mit Einserschnitt.

Die Kinder in meinen Trainings begannen mit der Zeit, Vertrauen zu mir aufzubauen, erzählten mir von ihren Problemen und stellten mir vermehrt Fragen: «Was können wir machen, wenn wir beleidigt werden?», «Was tun wir am besten, wenn wir ausgeschlossen werden?», «Was machen wir, wenn uns jemand mit Schlägen droht?». Ich gab meinen Schülern entsprechend Tipps, die sie dann umzusetzen versuchten. Beim nächsten Training reflektierten wir dann, was gut funktioniert hatte und was nicht. Wir entwickelten so die erste Version meines «Stark auch ohne Muckis»-Konzepts. Es entstand aus der Praxis und wurde anhand der Erfahrungen der Kinder und Jugendlichen immer wieder angepasst. Wenn etwas funktionierte, wurde es verfeinert, und Ideen, die zwar schön klangen, aber nichts brachten, wurden gestrichen. Das sollte das Credo des Konzepts sein: nicht schulklug, sondern straßenschlau.

Nach meiner Ausbildung zum Erzieher machte ich noch meinen Zivildienst und bewarb mich dann in einer Kita. Dort arbeitete ich zunächst in Vollzeit. Doch ich merkte, dass ich nicht wirklich das umsetzen konnte, was mir mittlerweile so wichtig geworden war: Kinder zu stärken und gegen Mobbing zu schützen – und zwar möglichst viele und möglichst umfassend.

Also nahm ich allen Mut zusammen und entschied mich, mich selbständig zu machen: Auf der Basis meiner Ausbildung und meiner Kinder- und Jugendarbeit in der Kampfkunstschule wollte ich Anti-Mobbing-Trainings in Kitas und Schulen geben.

Irgendwann fragten mich die Eltern der Kinder, die an meinen Kursen teilnahmen, ob ich nicht auch mal einen Elternvortrag zu dem Thema halten könne. Aus diesen Vorträgen entwickelten sich mit der Zeit die ersten Schulungen für Lehrer und Erzieher, die mich baten, die Inhalte in ihre Teams zu tragen.

In den nächsten Jahren bildete ich mich weiter im Bereich Erlebnis- und Theaterpädagogik, machte eine Mentaltrainerausbildung und eine Ausbildung zum Hypnosecoach und verfeinerte mein «Stark auch ohne Muckis»-Konzept.

Doch irgendwann kam eine Phase, in der ich den Fokus verlor. Ich fing an, mich auf die Businesswelt zu konzentrieren und Trainings und Vorträge zum Thema Erfolg in Unternehmen zu geben. Finanziell war das in jedem Fall ein Gewinn, ich wurde von großen Unternehmen gebucht und erhielt hohe Tagesgagen.

Doch eines Tages wachte ich nach einem intensiven Traum morgens auf und hatte eine Frage in meinem Kopf: «Warum lässt du dein Herzensthema zu einem Nebenprojekt werden? Du erzählst den Kindern immer, dass sie auf ihr Herz hören sollen, du selber hörst aber nur noch auf die Höhe deines Honorars. Was ist denn los mit dir?»

An diesem Morgen ging ich in mein Büro und sagte zu meinem Mitarbeiter: «Sascha, wir machen diese Businesssachen nicht mehr. Wir nehmen keine neuen Kunden an, arbeiten nur noch die Verträge ab und setzen alles auf ‹Stark auch ohne Muckis›. Wir machen das groß!» Er guckte mich an, als hätten mich alle guten Geister verlassen. Aber was danach passierte, ist kaum in Worte zu fassen: Ich war relativ schnell wieder komplett mit Aufträgen von Kitas und Schulen ausgebucht. Auf Facebook und Instagram begannen Leute, mir zu folgen und mit mir zu interagieren. Wir buchten ein Theater, und ich spielte ein Abendprogramm für Eltern; schließlich entwickelten wir ein Event, bei dem Eltern und Kinder gemeinsam an einen Tag lang lernen, besser mit Mobbing umzugehen. Inzwischen haben wir eine Deutschlandtour an den Start gebracht und bilden Kinder- und Jugendcoaches aus, die die Methoden und Ideen von «Stark auch ohne Muckis» weitertragen.

Jetzt ergibt plötzlich alles Sinn: Ich musste erst selbst Opfer und dann Täter werden, um heute beide Seiten wirklich verstehen zu können. Ich musste mich zu schwach fühlen, um mit Männern zu arbeiten, um Erzieher zu werden. Ich musste Kinder und Jugendliche in einer Kampfkunst unterrichten, damit sie mir die Fragen stellen, die das Anti-Mobbing-Konzept erst gut machten. Mittlerweile sind es über dreißigtausend Kinder, die ich geschult habe. Wir leben das Leben vorwärts, verstehen es aber erst rückblickend.

Mir war es wichtig, an dieser Stelle meine Geschichte mit Ihnen zu teilen, damit Sie wissen, dass Sie in diesem Buch keine Methoden finden, die sich jemand am Schreibtisch ausgedacht hat. Hier geht es ausschließlich um Methoden aus der Praxis, für die Praxis. Eben straßenschlau und nicht schulklug. Für Ihre Kinder. Für deren Zukunft.

SmartMob. Wie Handys das Problem ausdehnen

Kennen Sie noch Schwenkbusse? Diese Busse mit dem Gelenk in der Mitte, bei denen jeder dachte, dass irgendwann mal jemand zerquetscht werden würde? Zum Glück ging es immer gut. Mit einem solchen Schwenkbus bin ich nach der Schule immer nach Hause gefahren. Dieser Schwenkbus war für mich «minus zwanzig Minuten!» Warum? Dazu kommen wir gleich.

Mobbing damals war anders als heute – mal abgesehen davon, dass es das Wort noch nicht gab. Das Wort Mobbing wurde in der zweiten Hälfte des 20. Jahrhunderts aus dem Englischen übernommen. «To mob» bedeutet anpöbeln oder belästigen. Im Deutschen benutzen wir das Wort «Mob» wenn wir von einer aufgebrachten Volksmenge sprechen. Der schwedische Arzt Peter-Paul Heinemann verwendete das Wort Mobbing im Jahr 1969 für das Phänomen, dass Gruppen eine Person angreifen, die von der Norm abweicht. Bekannt wurde der Begriff schließlich durch den schwedischen Arzt Heinz Leymann, der von Mobbing in Bezug auf das Arbeitsleben sprach. Gehänselt, geärgert, beleidigt, ausgeschlossen wurde man auch vor dieser Zeit. Es wurde nur nicht als Mobbing bezeichnet. Aber der wichtigste Unterschied war wohl, dass es zu der damaligen Zeit keine Smartphones mit Apps oder sozialen Medien gab. Auch nicht zu der Zeit, als ich die weiterführende Schule besuchte. Das war ein riesiger Vorteil: Wenn wir in der Schule Stress mit anderen hatten, dann endete er für gewöhnlich nach der Schule. Es wurden keine unschönen Bilder verbreitet, nicht in Gruppenchats gelästert oder unvorteilhafte Videos versendet. Es war zwar nicht angenehm, wenn mehrere Personen der Stufe gegen einen gewettert haben, doch wenn man nicht direkt in der Nachbarschaft dieser Personen wohnte, hatte man zumindest nachmittags seine Ruhe. Heute ist das anders. Die Kinder und Jugendlichen nehmen die Probleme mit ihren Smartphones in der Hosentasche mit nach Hause, in den WhatsApp-Klassenchats, bei Snapchat, auf Instagram oder TikTok. Ich nenne dieses digitale Mobbing SmartMob; häufig findet man auch den Begriff Cybermobbing dafür.

Werden Kinder heutzutage gemobbt, dann häufig vierundzwanzig Stunden, sieben Tage die Woche. Die bösen Aussagen, diskriminierenden Bilder oder demütigenden Filmchen sind in Sekundenschnelle einer potenziell unendlich großen Gruppe zugänglich. Was früher in einem überschaubaren Kreis blieb, z. B. in der Klasse, kann nun auch in der Schule, im Sportverein, in der Nachbarschaft ja, der gesamten Stadt und darüber hinaus geteilt werden und den Demütigungseffekt noch erhöhen.

Es sei denn, die betroffenen Kinder trennen sich vom Smartphone und gehen offline. Das wiederum wollen viele Kinder und

Jugendliche nicht, weil sie befürchten, dann erst recht fertiggemacht zu werden. «Waaaas? Du hast kein Insta? Du kennst diesen YouTuber nicht? Was bist du denn für ein Opfer!»

Das Smartphone mit seinen Anwendungen ist heute ein wichtiger Bestandteil der Kommunikation von Kindern und Jugendlichen; über die neuesten Ereignisse in den sozialen Medien, über aktuelle Games und Videos Bescheid zu wissen, ist wichtig, um dazuzugehören. Inzwischen gibt es in 98 Prozent aller Haushalte mit Kindern zwischen drei und dreizehn Jahren Smartphones. Laut einer Umfrage des digitalen Branchenverbandes Bitkom (nachzulesen u.a. bei statista.de) besitzen rund 6 Prozent der sechs- bis siebenjährigen Kinder in Deutschland ein eigenes Smartphone. Bei den Acht- bis Neunjährigen sind es 33 Prozent, 75 Prozent bei den Zehn- bis Elfjährigen und 95 Prozent bei den zwölf- bis fünfzehnjährigen Jugendlichen. Diese Zahlen zeigen eindrücklich, welch zentraler Bestandteil des Alltags die Smartphonenutzung geworden ist. Und wenn ein Kind sowieso schon den Eindruck hat, nicht Teil der Gruppe zu sein, fällt es natürlich umso schwerer, auf das Smartphone mit den Spielen und sozialen Medien zu verzichten, nicht mehr mitreden zu können und damit auch noch das restliche Ansehen zu verspielen.

Doch wäre die Internetabstinenz nicht trotzdem eine gute Möglichkeit, das Online-Mobbing-Problem schnell zu entschärfen? Wir werden sehen.

Und was hat es nun mit den Schwenkbussen vom Anfang dieses Kapitels auf sich? Warum waren sie meine «minus zwanzig Minuten?» Immer wenn ich nach Schulschluss in den Bus stieg, wusste ich, es dauert noch zwanzig Minuten, und ich bin zurück im sicheren Hafen. Denn zwanzig Minuten später stieg ich fast vor meiner Haustür aus und konnte mich aufladen. Aufladen mit Energie.

Ich konnte mental entspannen und meinen Widerstandsfähigkeits-Muskel regenerieren lassen. Ich finde diese Analogie, vor allem im Gespräch mit den Kindern selbst, immer sehr hilfreich: Denn auch ein Muskel kann nicht ständig unter Volllast arbeiten. Er braucht Zeit, um sich zu erholen. Selbst Profisportler trainieren schließlich nicht rund um die Uhr. Und genauso ist es mit unserer Widerstandsfähigkeit: Nach Zeiten der Belastung braucht sie immer auch Entlastung, Regeneration. Und die habe ich als Jugendlicher zu Hause bekommen: Ich bekam Liebe und erfuhr Wertschätzung. So wurde mein Selbstwertgefühl wieder aufgepäppelt; mein Widerstandsfähigkeits-Muskel konnte sich erholen und für den nächsten Tag erstarken. Denn dieser kam garantiert – und mit ihm die Hänseleien, Sprüche und Beleidigungen einiger meiner Mitschüler.

Mein Elternhaus war für mich ein Rückzugsort. Natürlich gab es auch Meinungsverschiedenheiten, aber im Kern ging es bei uns harmonisch zu. Und damit sind wir bereits bei einer weiteren wichtigen Botschaft für uns als Eltern: Um Kinder gegen Mobbing zu wappnen, brauchen sie einen sicheren Hafen, in dem sie sich «aufladen» können. Kinder brauchen zu Hause Harmonie, Wertschätzung, ein offenes Ohr, Zuwendung, schlichtweg Zeit – und nicht noch mehr Stress.

Doch wie sieht die Lebenswirklichkeit vieler Kinder aus? Sie kommen aus der Schule nach Hause, wollen einfach nur gesehen und aufgefangen werden – und das Erste, was Eltern machen, ist, die Butterbrotdose rauszuholen und vorwurfsvoll zu sagen: «Du hast ja schon wieder nicht aufgegessen!» Ich überspitze hier bewusst, aber Sie wissen sicherlich, was ich meine: Es geht darum, dass Kinder auch zu Hause viel zu oft mit Vorwürfen und Abwertungen zu kämpfen haben, damit, dass niemand ihnen zuhört, keiner Zeit für sie hat, sie funktionieren müssen, weil ihre

Eltern Stress haben und diesen an die Kinder weitergeben. Wie sollen sie so zu Hause Kraft schöpfen? Kraft, um am nächsten Tag den Widrigkeiten in der Schule zu trotzen?

Ein Schiff wird im Hafen gebaut, aber dafür ist es nicht gedacht. Kinder müssen auch im stürmischen Meer «manövrierfähig» sein, denn im Leben gibt es nun mal stürmische Phasen. Doch sie brauchen diesen sicheren Hafen, in dem der Sturm ihnen nichts anhaben kann – und wo sie ausgerüstet werden mit allem, was sie zum Navigieren brauchen.

Dies ist heute wichtiger denn je, da durch die Smartphones das Mobbing im heimischen Kinderzimmer weitergeht und der Blick in den WhatsApp-Chat, auf Instagram und Co immer wieder Nadelstiche in das Kinderherz setzen kann. In meinen Trainings erzählen mir Kinder häufig schon ab der dritten, spätestens ab der vierten Klasse, dass bei und über WhatsApp wirklich unschöne Dinge geteilt werden. Und damit meine ich nicht nur fiese Bemerkungen über Mitschüler: In einer vierten Klasse, die ich betreute, kam beispielsweise heraus, dass Hardcore-Pornographie via WhatsApp geteilt worden war. Lange ist es nicht zur Sprache gekommen, da sich die Kinder, die das falsch fanden, nicht trauten, etwas zu sagen.

Ich persönlich finde, dass Smartphones, Apps, ja, die Digitalisierung an sich eine Riesenchance für uns sind, wenn wir lernen, damit richtig umzugehen. Ich bin kein Gegner der neuen Medien. Ganz im Gegenteil. Doch ich muss mit dem Spielfeld klarkommen, wenn ich es betrete. Ich kann nicht ohne irgendwelche Kenntnisse über das Spiel auf ein Fußballfeld gehen, mitspielen wollen und mich dann beschweren, dass ich angegriffen werde, wenn ich den Ball habe. Ähnliches gilt für das Internet und die Smartphonenutzung: Ich muss mich auskennen, ich muss wissen, was mir dort begegnen kann, wie die Regeln lauten, ich muss lernen, wie Informationen einzuordnen sind, wie ich sie nutzen, aber ggf. auch ignorieren kann und wie und wann ich mir Hilfe suchen muss, falls ich verunsichert oder verängstigt bin. Doch viele Kinder haben genau das nicht gelernt, da auch ihre Eltern damit überfordert sind.

Insofern lautet eine wichtige Botschaft an die Eltern: Bringen Sie Ihrem Kind Medienkompetenz bei! Klären Sie es über den Nutzen, aber auch über die Fallen der digitalen Kommunikation auf. Interessieren Sie sich für das, was es online macht. Geben Sie ihm Hinweise, wie es sich schützen und reagieren kann, sollten ihm unangenehme Dinge begegnen.

Wir werden im weiteren Verlauf des Buches hier noch etwas genauer hinschauen. An dieser Stelle möchte ich festhalten, dass Mobbing durch die Smartphones nicht neu entstanden ist, sondern durch sie ausgedehnt und intensiviert wurde – und dass uns diese Tatsache vor neue Herausforderungen stellt.

Widersprüchlichkeit auf allen Ebenen

Ich sitze hinter dem Bühnenvorhang in einer Schulaula und höre, wie vor der Bühne Stühle geschoben, Lehrer begrüßt und befreundete Eltern herbeigerufen werden. Die übliche Geräuschkulisse vor Schulveranstaltungen. Selbst bin ich gerade dabei, ein paar Atemübungen als Warm-up für meinen gleich startenden Vortrag zu machen. Die Besucher in der ersten Reihe unterhalten sich, und da ich hinter dem Vorhang nur ein paar Meter von ihnen entfernt sitze, höre ich das Gespräch ungewollt mit. Es geht um eine Fernsehshow, in der sich junge Talente einer Jury präsentieren, um Zugang zu sogenannten Liveshows zu bekommen, an deren Ende ein Sieger gekürt wird. Gerade werden die ersten Folgen der neuen Staffel ausgestrahlt, und eine Frauenstimme vor dem Vorhang lästert: «Hast du gehört, wie schief diese Blonde gesungen hat? Wie kann man nur so dumm sein und sich damit ins Fernsehen trauen? Ich mein, hat die keine Freunde, die ihr mal ins Gewissen reden?» Die Gruppe lacht. «Und wie die aussah, ich mein, hübsch ist echt was anderes», wird von einer weiteren Stimme hinzugefügt. «Aber viel schlimmer war dieser Typ. Ich hab mich halb totgelacht. Habt ihr gesehen, wie ...?»

Ich sitze hinter dem Vorhang und höre lästernden Eltern zu, die gekommen sind, um sich meinen Vortrag über Mobbingprobleme in der Schule anzuhören. Fällt Ihnen etwas auf?

Gucken wir uns das mal genauer an: Wie viele Menschen kennen Sie, die schlecht über andere reden? Und können Sie sich selbst davon ausnehmen? Zu lästern, über andere herzuziehen, zu klatschen und zu tratschen, scheint uns Menschen etwas zu geben. Es bereitet uns Spaß, wir fühlen uns in unseren Ansichten und Werten bestätigt. Forscher haben herausgefunden: Das gemeinsame Herziehen über andere kann sich sogar positiv auf unsere Psyche auswirken: So stärkt Lästern etwa das Zugehörigkeitsgefühl. Wir Erwachsenen nehmen uns u.a. deshalb beim privaten Kaffee- oder Bierplausch sehr gerne das Recht heraus, über andere herzuziehen.

Vielleicht werden Sie jetzt gerade innerlich rebellieren und denken, dass so ein bisschen Lästern doch etwas ganz anderes ist, als jemanden bewusst zu mobben. Und ja, es ist sicherlich nicht dasselbe. Aber nehmen wir mal an, die Person, über die gelästert und hergezogen wird, erfährt von diesen Gesprächen. Wie wird es ihr gehen, vor allem, wenn sie sowieso nur ein geringes Selbstwertgefühl besitzt? Sie wird sich wahrscheinlich schlecht fühlen, verunsichert, minderwertig. Erinnern Sie sich? Mobbing ist ein individuell gefühlter Prozess und kein Zustand. Ein «War nicht so gemeint» oder «Stell dich nicht so an» wird an dieser Stelle nicht viel an der Gefühlslage der betroffenen Person verändern.

Wir Erwachsenen nehmen uns also das Recht heraus, indirekt zu mobben. Manchmal sogar, während Kinder im Raum sind. Vielleicht kennen auch Sie Familienfeiern, auf denen über einen Promi, einen Politiker oder die nervigen Nachbarn und Kollegen hergezogen wird.

Wir gucken «DSDS», «Das Supertalent» oder andere TV-Formate, amüsieren uns über die Protagonisten und nennen es gute Unterhaltung. Gleichzeitig regen wir uns über die Verrohung der Kinder und Jugendlichen auf, die sich auf Schulhöfen über andere amüsieren. Finde den Fehler.

Dieses Statement habe ich einmal bei Instagram und Facebook gepostet und viel Zuspruch dafür erhalten. Einige Kommentatoren bestanden jedoch darauf, dass es etwas anderes sei, ob man sich über Menschen lustig macht, die im Fernsehen sind, oder über «ganz normale Menschen.» Was bitte ist das für eine Aussage? Wenn ich in die Öffentlichkeit gehe, werde ich Freiwild für verletzendes Verhalten? Hier wird eine Widersprüchlichkeit im Umgang mit Mobbing deutlich, die mir immer wieder auffällt: Das diskriminierende, schädigende Verhalten wird bei anderen kritisiert und angeprangert, bei sich selbst aber gerechtfertigt mit dem Hinweis, derjenige sei «selbst schuld». Hier wird mit zweierlei Maß gemessen. Ich bin jedoch der Auffassung: Entweder ich meine es ernst und *bin* ein Gegner von Mobbing und respektlosem Verhalten oder nicht. Mensch ist Mensch. Aber zu sagen, es gibt Menschen, die darf man «fertigmachen», weil sie z. B. in der Öffentlichkeit stehen, ist, verzeihen Sie, komplett bescheuert. Als ob jemand es «verdient» habe, durch bestimmte Eigenschaften wie Prominenz gemobbt zu werden! Doch solche Rechtfertigungen höre ich immer wieder: «Selbst schuld, sie muss ja nicht in die Medien geben.» Oder: «Augen auf bei der Berufswahl, als Politiker muss man so was abkönnen.» Oder bei Mobbern: «Die ist einfach so nervig, deshalb haben wir die halt geärgert.»

Eigenschaften oder Charakterzüge als Rechtfertigung für respektloses Verhalten dieser Person gegenüber anzuführen, ist auf den ersten Blick vielleicht menschlich, für das soziale Miteinander allerdings wenig zielführend. Es sollte gelten: Menschen haben Gefühle, und diese sollte ich respektieren, egal welche Eigenschaften eine Person mitbringt.

Doch genau das leben wir Erwachsenen unseren Kindern häufig nicht vor. Über den strengen Chef ziehen wir her, weil er so drakonisch ist. «Wer sich so benimmt, muss mit Ablehnung leben», höre ich es tönen. Aber die Kinder dürfen nicht über den Klassenkameraden lästern, der so langsam arbeitet, dass alle anderen warten müssen. Sagen die Kinder dann: «Der nervt voll! Wenn der so langsam ist, muss er sich nicht wundern, dass keiner ihn abkann und wir über ihn lästern», würden wir ihnen sicherlich sagen, es sei nicht akzeptabel, jemand für seine Langsamkeit zu ächten.

Warum aber ist es in dem einen Fall in Ordnung zu «mobben» und in dem anderen nicht? Weil der eine das als Vorgesetzter «abkönnen» muss und es sich im anderen Fall um Kinder handelt?

Noch mal: Es darf nicht um Eigenschaften von Personen gehen, die angeblich Mobbing rechtfertigen – solche gibt es nicht. Es muss um Gefühle gehen, die wir jedem zugestehen müssen, um grundsätzlichen Respekt, dem wir jeden entgegenbringen sollten – auch denjenigen, die wir anstrengend finden oder die «anders» sind.

Ich muss natürlich nicht jeden mögen. Ich darf auch eine kritische oder ablehnende Haltung gegenüber anderen Menschen haben. Mir geht es hier vielmehr darum, uns Erwachsenen den Spiegel vorzuhalten. Wir widersprechen uns sehr häufig und fordern bei Kindern ein Verhalten ein, das wir selbst nicht an den Tag legen. Und warum sollten sie sich dann an die von uns aufgestellten Regeln halten? Plausibel ist das nicht. Ich habe es z.B. einmal erlebt, dass Kollegen von mir, die sich gegen Mobbing einsetzen, selbst mobbingähnlich agierten, wenn man nicht ihrer Meinung war oder in ihren Augen nicht «richtig» reagierte. Das heißt, es wird Mobbing im Kampf gegen Mobbing betrieben. Unglaublich.

Kommen wir zurück zu meinem Vortrag in der Schulaula. Ich betrete die Bühne und begrüße die Anwesenden. Die Stimmung ist trotz des ernsten Themas gut. Ich spreche über die Situationen auf Schulhöfen und wie häufig es dort zu Ausgrenzungen und Diffamierungen kommt. Ich stelle die Frage: «Wer von Ihnen kennt solche Situationen?» Alle Hände gehen hoch. «Wer von Ihnen findet es schlimm, dass es so ist?» Wieder gehen alle Hände hoch.

Ich gucke in die erste Reihe, gehe zum Bühnenrand und spreche die Gruppe an, die vorher so gelästert hat: «Das überrascht mich jetzt ehrlich gesagt etwas. Ich konnte nämlich vorhin bei Ihrem Gespräch hören, wie Sie über Sänger hergezogen sind, die sich angeblich im Fernsehen blamiert haben. Und jetzt melden Sie sich und finden es bedenklich, wenn Kinder sich genauso verhalten? Während Sie selbst sich das Recht herausnehmen, sich über andere Menschen zu stellen und schlecht über sie zu sprechen, wundern Sie sich über das, was auf dem Schulhof passiert?»

Applaus im Saal. Wütende Gesichter in der ersten Reihe.

Auch wenn es vielleicht nicht sehr nett war, die Eltern öffentlich zurechtzuweisen, war es mir wichtig, ihr widersprüchliches Verhalten aufzuzeigen. Ich bin überzeugt: Wir werden Mobbing unter Kindern nur dann in den Griff bekommen, wenn wir auch unser eigenes Verhalten kritisch beleuchten. Es ist eine gesamtgesellschaftliche Aufgabe, wertschätzende und respektvolle Umfangsformen mit- und füreinander zu entwickeln.

Und die Eltern aus der ersten Reihe? Ich würde jetzt gerne schreiben, dass sie sich hinterfragt hätten, ihnen mein Hinweis zu denken gegeben hätte. Doch die Wahrheit ist folgende: Sie haben sich hinterher beim Direktor über mich beschwert. Dieser wiederum bedankte sich bei mir für die klaren Worte, denn auch er beobachtete in der Elternschaft häufig mobbingähnliches Verhalten untereinander und fand es gut, dass es einmal klar angesprochen wurde.

Was nehmen *Sie* für sich aus diesem Kapitel mit?

Respekt. Eine Tugend

Kinderzimmer! Hand aufs Herz: In welcher Familie ist Aufräumen *kein* Thema? Meist gleicht der Weg von der Kinderzimmertür zum Kleiderschrank einem Hindernislauf, der gerade in der Nacht zu fluchenden Eltern und wachen Kindern führt. Ich sage nur: Legosteine und nackte Füße.

Auch meine Tochter legt nicht gerade viel Wert aufs Aufräumen. Wenn ich in ihr Zimmer komme und das Chaos dort sehe, fühle ich jedoch nichts. Weder Wut noch Unruhe. Ich sehe, da liegt einiges auf dem Boden rum, bleibe aber völlig entspannt. Meine Frau kommt in dasselbe Zimmer und reagiert ganz anders. Sie fühlt viel. Und es ist nicht gut, was sie fühlt.

Sie kennen solche Situationen sicherlich: Da sind zwei Personen, die mit ein und derselben Situation konfrontiert werden, und trotzdem reagieren sie grundverschieden darauf. Mich stört die Unordnung im Zimmer meiner Tochter nicht, deshalb sage ich ihr auch seltener, dass sie aufräumen soll. Meine Frau hingegen achtet darauf, dass es eine Grundordnung gibt, weil sie ein gewisses Ordnungsempfinden wichtig findet. Wer von uns beiden handelt nun «richtig»? Wer hat recht?

Fangen wir etwas grundsätzlicher an. Was ist eigentlich Respekt? Wir alle reden davon. Auch Kinder und Jugendliche nehmen das Wort gerne und mitunter inflationär in den Mund. Respekt kommt vom lateinischen *respectus*, «Rücksicht, Berücksichtigung», bzw. von *respicere*, worin das Verb *spicere* steckt, was so viel heißt wie *sehen*. Respekt bedeutet, den anderen zu sehen, ihn wahrzunehmen in seinen Wünschen, Bedürfnissen, seiner Individualität. Es bezeichnet eine Form der Wertschätzung, Achtung und Aufmerksamkeit. Respekt ist das Sehen und Wertschätzen einer mir bekannten oder fremden Person und somit ihrer Denkweise, Meinung, Lebensweise – ohne diese jedoch zwingend teilen zu müssen.

Sie werden beim Lesen dieser Definition vielleicht merken, dass nicht alle Menschen, die von Respekt reden, genau das meinen. Vielmehr geht es vielen darum, dass sie *selbst* gesehen und wahrgenommen werden, nicht aber unbedingt darum, dieses Recht auch anderen zukommen zu lassen.

Gehen wir zurück in unser Kinderzimmer. Meine Tochter räumt nicht auf. Mich stört es kaum, meine Frau schon. Zu wem haben Sie gehalten? Wer hatte recht? Und: Haben Sie dabei einen Moment an meine Tochter gedacht und überlegt, was *für sie* wichtig und richtig ist? Oder haben Sie nur die Positionen von uns beiden Erwachsenen mit Ihren Wünschen abgeglichen? Wenn wir es mit dem Respekt wirklich ernst meinen, geht es nicht nur darum, wer von uns beiden Erwachsenen recht hat – ob Kinderzimmer also aufgeräumt sein müssen oder nicht –, sondern auch um die Wünsche und Bedürfnisse meiner Tochter. Wenn wir nur uns selbst sehen, ist das ziemlich egozentrisch und wenig respektvoll anderen Personen gegenüber. Zumal wir dazu neigen, unsere Wünsche, Bedürfnisse, Wertvorstellungen, unseren Glauben und unsere Meinungen für richtig und wahr zu halten. Das führt allerdings selten zu wirklich respektvollem Verhalten anderen gegenüber.

Wir leben mittlerweile in einer Gesellschaft, in der andere Meinungen abgewertet und der echte Diskurs mit Menschen, die andere Werte und Einstellungen vertreten, gar nicht mehr geführt wird. Zumindest nicht sachlich. Es gibt überall Lagerbildungen, und die Extreme nehmen zu. Eine gesunde Debattenkultur geht, so zumindest meine Beobachtung, verloren. Politiker ertragen die Meinungen anderer Parteien nicht und schreien im Bundestag ständig dazwischen, sodass sich die Lehrer der anwesenden Schulklassen darüber freuen, dass es selbst in ihrem Unterricht disziplinierter zugeht. In Talkshows, die auf YouTube angeschaut werden können, werden Menschen in den Kommentaren persönlich angegriffen, da ihr Weltbild nicht mit dem eigenen einhergeht. Jeder hat recht, keiner ein Ohr für den anderen. «Die haben alle keine Ahnung, sind dumm und ignorant», wirft die eine Gruppe der anderen vor und agiert damit selbst ignorant.

Menschlich respektvoll geführte Debatten, die in der Sache mit klarer Kante ausgetragen werden, helfen Kindern jedoch zu erkennen, dass man nicht einer Meinung sein muss, um gut und empathisch miteinander umzugehen. Und hier sind wir wieder bei der gesamtgesellschaftlichen Perspektive auf das Mobbing und die Vorbildfunktion von uns Erwachsenen: Wenn wir uns wünschen, dass Kinder respektvoller mit anderen umgehen, müssen wir es vorleben. Und das geht zu Hause los. Respektieren wir die Meinung unserer Kinder wirklich, oder wollen wir einfach nur, dass sie tun, was wir ihnen sagen?

Gehen wir zurück zur Aufräumsituation. Unsere Tochter scheint eher ein chaotischer Menschentyp zu sein, der das Bedürfnis, sich auszuleben, wild zu verkleiden, vieles auszuprobieren, stärker spürt als das nach Ordnung. Ihr sind andere Dinge einfach wichtiger, als aufzuräumen. Meine Frau wiederum ist ein ordentlicher und strukturierter Menschentyp. Nun möchte sie, dass unsere Kinder auch etwas davon annehmen, da Ordnung schließlich das halbe Leben ist. Ist das respektvoll von meiner Frau?

Ich wiederum denke, dass meine Tochter chaotisch sein darf und meine Frau es manchmal übertreibt. Ist das respektvoll von mir?

Häufig beklagen Eltern, dass es zu Hause nicht wirklich rundläuft mit den Kindern (oder Partnern), da man sich ständig wegen Kleinigkeiten in den Haaren liegt. Vielleicht liegt das ja auch daran, dass Kinder (Menschen) häufig in Schuhen laufen müssen, die ihnen nicht passen?

Stellen wir uns einmal vor, Sie hätten sich Maßschuhe anfertigen lassen: Sie passen perfekt, weil sie genau auf Sie zugeschnitten sind, die Besonderheiten Ihrer Fußform berücksichtigen und die richtige Größe haben: Welche Wohltat, darin zu laufen! Sie würden aber wahrscheinlich nie auf die Idee kommen, diese Schuhe Ihrem Kind zu geben und dann zu erwarten, dass es damit komplikationslos gehen kann. Und Sie wüssten: Nicht das Kind wäre in diesem Fall das Problem, sondern die Tatsache, dass der Schuh viel zu groß wäre und die falsche Passform hätte.

Warum verhalten wir uns dann bei immateriellen Dingen wie unseren individuellen Bedürfnissen so anders? Warum stülpen wir das, was für uns passt, so häufig unhinterfragt unseren Kindern über und erwarten, dass sie funktionieren? Kinder wachsen mit einer Vielzahl von Respektlosigkeiten auf. Es ist logisch, dass sie sich untereinander auch respektlos verhalten. In unserem Beispiel wäre es daher wichtig anzuerkennen, dass dem Kind Kreativität wichtiger ist als Ordnung. Und solange es damit durchs Leben kommt, müssen wir doch nicht unsere Auffassung darüber in es reinpressen. Wir *können* natürlich schon, sollten uns aber dann nicht über respektloses Verhalten von anderen beschweren. Andererseits: Unsere Kinder sollten ebenfalls lernen, dass auch wir eigene Wünsche und Bedürfnisse haben – in ihren maßgefertigten Schuhen könnten *wir* nicht laufen. Sie wären zu klein.

Wie könnten wir mit unterschiedlichen familiären Bedürfnissen in Sachen Struktur und Ordnung besser umgehen? Wir könnten mit unserer Tochter sprechen und mit ihr vereinbaren, dass sie, solange der Dreck nicht überhandnimmt, in ihrem Zimmer nach den eigenen Wertvorstellungen handeln kann. So erlebt sie: Ich werde gesehen, also respektiert, wie ich bin. Im Wohnzimmer hingegen soll sie für eine grundlegende Ordnung mitsorgen: Dieser Ort wird schließlich gemeinsam genutzt, und die Erwachsenen, die Ordnung lieben, haben auch das Recht, in ihren Bedürfnissen gesehen und respektvoll behandelt zu werden. So ist es ein Geben und Nehmen. Jeder bekommt Freiraum für seine eigenen Bedürfnisse. Denn nicht nur das Bedürfnis meiner Tochter nach Kreativität sollte respektiert werden, sondern auch das meiner Frau nach Ordnung. Beide haben verschiedene Bedürfnisse, und im menschlichen Miteinander besteht die Kunst darin, die eigenen Bedürfnisse zu benennen, aber trotzdem auch die der anderen zu sehen.

Stellen wir uns das Ganze vor wie ein Konto: Wenn ich einfach so zu einer Bank gehe und sage: «Geben Sie mir zwanzigtausend Euro», dann wird der Bankangestellte mir den Wunsch wohl verweigern (lassen wir Kredite hier einmal beiseite). Habe ich den Betrag allerdings vorher eingezahlt, sieht das natürlich anders aus. Und genauso verhält es sich mit Respekt: Zahlen wir auf das Respektkonto ein, können wir auch davon abheben. Viele machen es aber anders. Sie wollen ihn haben, diesen Respekt, aber nicht unbedingt geben. Und das spüren viele Kinder von klein auf – so wird ein weiterer kleiner Grundstein für die Mobbingproblematik an Schulen gelegt.

Ich möchte Ihnen in diesem Zusammenhang eine Episode aus einem meiner Trainings erzählen, die ich in Schulen und Kitas durchführe. Es ging an diesem Tag um Respekt, darum, sich wirklich ernst zu nehmen. Ich fragte die Schüler: «Was würde denn passieren, wenn wir anfangen, uns gegenseitig wirklich zu sehen, zu respektieren und ernst zu nehmen?» Ein Kind antwortete: «Dann gibt es viele Arbeitslose, denn dann brauchen wir keine Richter und Polizei mehr und so.» Ein anderes Kind vermutete: «Dann ginge es bestimmt allen irgendwie besser!» Dann zeigte ein Mädchen auf, und das, was dieses Mädchen aus der vierten Klasse sagte, werde ich in meinem Leben nicht mehr vergessen: «Daniel, wenn die Erwachsenen anfangen würden, andere wirklich ernst zu nehmen und mit Respekt zu behandeln, auch uns Kinder, dann würden wir das irgendwann selbst auch besser können. Dann würden wir nicht genauso sein wie sie. Und unsere Kinder würden dann schon eine andere Kindheit haben, weil wir mehr Respekt vor ihnen haben. Und die Kinder von unseren Kindern werden gar nicht mehr wissen, wie Respektlossein geht. Weil sie nicht gelernt haben, so zu sein. Die Menschen würden dann irgendwann vergessen haben, dass man so gemein sein kann. Sie würden nur wissen, wie schön es ist, sich ernst zu nehmen.»

Ich hatte einen fetten Kloß im Hals. Dieses Mädchen aus der vierten Klasse hat es verstanden: Respektlosigkeiten, ja Mobbing, haben sich in unser gesellschaftliches Gedächtnis eingeschlichen. Es wird Generationen brauchen, bis wir es daraus wieder entfernen können. Aber wir haben die Chance, etwas zu ändern. Jetzt. Es geht bei uns Erwachsenen los.

Denkfehler. Nicht alles ist Mobbing

«Für mich siehst du aus wie ein Penner», tönt es über den Schulhof. «Voll das Opfer.» – «Wenn ich so rumlaufen müsste, würde ich mich schämen», feixt eine andere Stimme. Ich kriege die Pöbelei auf dem Weg zum Klassenraum mit, wo ich gerade einen Workshop mit einer dritten Klasse mache. Der Junge, der beleidigt wird, sucht meinen Blick. Er sagt: «Hast du gehört? Die mobben mich, mach mal was!» Ich antworte: «Du wirst nicht gemobbt. Du hältst die Meinung von denen nur nicht aus!» Er guckt mich erstaunt an und will anfangen zu diskutieren, doch ich unterbreche ihn: «Ich weiß, was du jetzt sagen willst. Aber das ändert nichts an meiner Einschätzung, dass du deren Meinung nicht aushalten kannst!»

Ist diese Antwort nicht respektlos? Woher nehme ich mir das Recht, das Gefühl des Jungen zu übergehen? Habe ich nicht im ersten Kapitel ausführlich darüber geschrieben, dass Mobbing ein individuell gefühlter Prozess und als solcher ernst zu nehmen ist? Wie kann ich dann die Gefühle des Jungen so missachten?

Dafür müssen wir verstehen, wie wir Menschen «ticken». Wir

handeln, wie wir handeln, und fühlen, wie wir fühlen, da wir auf eine gewisse Weise denken. Auch wenn wir das nicht gerne hören: Nicht andere Menschen sind schuld an unseren Gefühlen, sondern wir selbst sind für sie verantwortlich. Nicht unsere Kinder, unser Partner, die Kollegen sind schuld daran, ob wir uns ängstlich, gereizt, wütend oder verletzt fühlen. Diese Gefühle entstehen in uns: durch unsere Bedürfnisse, durch unsere Gedanken und unsere Bewertung dessen, was um uns herum passiert. Verantwortlich für seine Gefühle zu sein, bedeutet dabei nicht, sie immer unter Kontrolle zu haben. Das ist utopisch, denn Gefühle entstehen unwillkürlich. Aber es beinhaltet, dass wir entscheiden können, wie wir mit ihnen umgehen und wie wir uns verhalten. Lassen Sie mich das an einem Beispiel verdeutlichen:

Stellen Sie sich vor, dass Sie einen Vortrag vor fünftausend Leuten halten müssen. Und stellen Sie sich weiterhin vor, dass Ihnen während der Vorbereitung die ganze Zeit folgende Gedanken durch den Kopf gehen: «Ich kann das nicht, ich bin doch gar nicht gut genug dafür. Die werden mir niemals alle zuhören. Das ist superpeinlich. Ich will unbedingt vom Publikum gemocht werden, aber das wird bestimmt nicht so sein, weil ich vor so vielen Menschen vor lauter Aufregung bestimmt nur schlecht reden kann!»

Sie kennen sicherlich auch diese inneren Stimmen. Nun kommt der Tag der Tage, Sie sitzen im Auto auf dem Weg zur Halle, und die ganze Zeit redet Ihnen Ihre innere Stimme ein, dass Sie es nicht schaffen werden. Nun geht das Kopfkino los. Sie stellen sich vor, wie die Leute im Raum sitzen und niemand Ihnen zuhört, schlimmer noch, wie ein paar Zuhörer anfangen zu lachen, während Sie reden. Dieses Kopfkino löst wiederum Gefühle aus: Angst, Nervosität, Unsicherheit. Sie fühlen sich also bereits schlecht, obwohl noch nichts passiert ist. Als Sie dann auf die Bühne gehen, wird die innere Stimme immer lauter. «Die werden die Rede bestimmt schlecht finden. Du wirst dich verhaspeln, stottern, wirst deinen roten Faden verlieren. Alle werden Zeuge deines Scheiterns sein und sich über dich lustig machen. Dabei willst du doch, dass alle begeistert von dir sind!»

Sie beginnen die Rede, und es läuft gut. Viele hören Ihnen zu. Doch nach einer Weile fangen einige Personen an zu tuscheln. Was werden Sie in diesem Moment in die Situation hineininterpretieren? «Ah, es geht los. Wusste ich es doch, ich kann es nicht, die lästern bereits.» Sie haben gerade eine Bestätigung für Ihre eigenen Gedanken und die daraus resultierenden Selbstzweifel und Minderwertigkeitsgefühle gefunden – und Ihr Vortrag *wird* schlechter, weil Sie unsicher werden, sich verhaspeln oder aus Nervosität den Faden verlieren.

Nun nehmen wir an, Sie würden im Vorfeld anderes denken, positiv und selbstbewusst: «Ich gebe mein Bestes. Ich bin gut, wie ich bin. Ob das Publikum mich mag oder nicht, kann ich nur bedingt beeinflussen, also habe ich einfach Spaß und ziehe es durch!» Sie wären wahrscheinlich immer noch ein wenig nervös, aber das ist ja ganz normal, wenn man vor so vielen Leuten spricht. Was würden Sie jetzt in etwaiges Getuschel hineininterpretieren? Vielleicht würden Sie es einfach als Beweis dafür sehen, dass Ihre Rede bereits inspiriert und das Publikum sich darüber austauschen will. Oder Sie würden es überhaupt nicht auf sich beziehen: Vielleicht geht es um etwas ganz anderes in dem Gespräch als um Ihre Rede. Und selbst wenn Sie vermuten, dass die Leute über Sie lästern, wird es relativ wenig in Ihnen auslösen, denn Sie wissen: Es liegt nicht in Ihrem Einflussbereich, ob andere Sie mögen und jeder nur Gutes über Sie denkt. Selbst wenn Sie ausschließlich freundlich, hilfsbereit, zugewandt, fröhlich, besonnen und klug agieren würden, würde es Menschen geben, denen Sie einfach nicht sympathisch wären – aus welchen Gründen auch immer.

Trotzdem tragen viele Menschen genau diesen Glaubenssatz mit sich herum und somit unsere Kinder ebenfalls: Es ist wichtig, wie andere über dich denken. Dadurch halten wir es nur schwer aus, wenn Menschen negative Aussagen über uns treffen. Denn wenn ich den Glaubenssatz habe, dass alle mich mögen müssen, und ich zudem ein geringes Selbstwertgefühl habe, dann treffen mich solche Aussagen tief im Herzen.

Aber was wäre, wenn wir unseren Kindern beibringen könnten, Aussagen ihrer Lieblingsmenschen über sie wichtig zu nehmen, sie an sich ranzulassen und die von anderen Personen nicht? Wenn wir ihnen in dieser Hinsicht eine «Teflon-Schicht» mitgeben könnten, an der Beleidigungen oder negative Kommentare einfach nicht haften bleiben, weil unsere Kinder wüssten, dass diese Meinungen für sie und ihr Selbstbild nicht relevant sind? Was würde das für die Zukunft unserer Kinder bedeuten? Ich bin überzeugt, dass sehr viele Kinder deshalb unter Mobbing leiden, weil wir als Gesellschaft verlernt haben, andere Meinungen auszuhalten. Weil wir verlernt haben, zwischen dem, was kritisiert wird (z. B. unser Handeln), und unserer Person, unserem Ich zu unterscheiden. Wir nehmen alles, im wahrsten Sinne des Wortes, persönlich.

Lassen Sie es uns pragmatisch angehen. Wenn ein Kind zu einem anderen Kind sagt: «Du siehst aus wie ein Penner», ist das nicht in Ordnung. Dem Kind sollte vermittelt werden, dass Meinungen aufbauend und nicht kränkend formuliert werden können. Ja, dass vielleicht nicht jede Meinung geäußert werden muss – vor allem dann nicht, wenn es eigentlich nur darum geht, andere zu provozieren oder zu verletzen. Aber am Ende ist eine Aussage wie «Du Penner» etwas, das Kinder lernen können auszuhalten.

Denn diese Situation auf dem Schulhof wird nicht die letzte sein, in der sie mit schwierigen Menschen umgehen müssen.

Vor diesem Hintergrund wird vielleicht klarer, weshalb ich dem Jungen auf dem Schulhof nicht empathisch mein Verständnis für seine Gefühlslage signalisiert habe. Damit hätte ich seinen Grundgedanken, dass die Meinung eines Schulkameraden wichtig für sein Selbstbild ist, bestätigt - ebenso wie den Gedanken, er würde gemobbt. Und gleichzeitig die Gefahr erhöht, dass er zukünftig immer häufiger Situationen, in denen andere ihre Meinung über ihn kundtun, als Mobbing empfindet - und das kann nicht unser Ziel sein.

Ja, wir müssen hinsehen und solche Situationen beobachten, wir müssen immer für die Kinder da sein und ihnen einen sicheren Ort schaffen. Aber gleichzeitig müssen wir sie auch darin unterstützen, neue Denkweisen zu erproben. Wenn der Junge denken würde: «Okay, er denkt, ich bin ein Penner. Soll er, ist halt seine Meinung, deshalb bin ich ja kein schlechter, minderwertiger Mensch», dann würde dieselbe Situation keine negativen Emotionen mehr in ihm auslösen.

Mobbing ist wie gesagt ein gefühlter Prozess. Das bedeutet, dass wir Kindern dabei helfen können, sich nicht mehr gemobbt zu fühlen - und das ist häufig Kopfsache (siehe dazu das Kapitel «Es ist nur eine Meinung»).

Wenn eine Situation allerdings schon sehr verfahren ist und Kinder massiv unter Beleidigungen und Ausgrenzungen leiden, muss natürlich anders vorgegangen werden.

Doch in vielen Fällen, in denen Eltern und Kinder mit mir über Mobbing reden, geht es meiner Ansicht nach viel eher um die Unfähigkeit, andere Meinungen und negative Aussagen auszuhalten, sie nicht so wichtig zu nehmen oder sie einfach an sich abprallen zu lassen. Daher müssen wir aufhören, Kindern einzureden, es sei wichtig, was andere über sie denken. Dazu gehört, nicht immer wieder zu betonen, wie verletzend Worte sein können. Warum tun wir das überhaupt? Weil wir wollen, dass sie keine gemeinen Dinge sagen. Das ist gut. Aber man könnte es den Kindern auch so erklären: «Worte können verletzen. Daher wähle deine Worte mit Bedacht, denn viele Menschen nehmen sich alles zu Herzen, was man zu ihnen sagt. Worte können uns treffen und Spuren hinterlassen. Aber wir können entscheiden, wie wir mit den Worten, die an uns gerichtet werden, umgehen: ob wir es zulassen, dass sie uns bis ins Mark erschüttern, uns ängstigen oder uns demütigen, oder ob wir sie zur Kenntnis nehmen und dann gehen lassen – selbst wenn sich das einfacher anhört, als es ist.»

Freie Meinung und ihre Grenzen

«Für mich siehst du aus wie ein Penner», tönt es über den Schulhof. «Voll das Opfer.» – «Wenn ich so rumlaufen müsste, würde ich mich schämen» – mit diesem Beispiel leitete ich das vorangegangene Kapitel ein.

Ich bin kein Jurist, aber ich denke, bei diesen Sätzen handelt es sich um eine Meinung – keine freundliche, ja, doch ich bin überzeugt, dass Kinder und Erwachsene lernen müssen, solche Äußerungen auszuhalten. Wir haben in Deutschland nun mal das Recht auf freie Meinung im Gesetz verankert. Und das ist auch gut so.

Im Gegensatz dazu stehen Tatsachenbehauptungen: Sie sind nicht durch das Recht auf freie Meinung geschützt. Ich kann sagen: «Für mich siehst du aus wie ein Penner», aber zu sagen: «Deine Mutter ist eine Hure», wäre eine Tatsachenbehauptung.

Und wenn diese nicht zutrifft, also falsch ist, kann dies ein Strafverfahren wegen übler Nachrede (§ 186 StGB) bzw. Verleumdung (§ 187 StGB) nach sich ziehen.

Auch wer andere einfach mit Schimpfwörtern bedeckt, macht sich juristisch (§ 185 StGB) wegen einer Beleidigung strafbar. Strafmündig sind Schüler ab vierzehn Jahren. Davor können sie nur zivilrechtlich verfolgt werden. Das bedeutet, dass nicht der Staat Anklage erhebt (wie es im Strafrecht der Fall wäre), sondern eine Privatperson eine andere Privatperson verklagt. Das zu wissen, ist gut, weil man sich dann gegen diese Tatbestände zur Wehr setzen kann. Und trotzdem gehe ich so weit zu sagen, dass es für unsere Kinder langfristig besser ist, wenn sie sich selbst von falschen Tatsachenbehauptungen oder Beleidigungen nicht angegriffen oder verletzt fühlen. Warum? Lassen Sie uns der Wahrheit ins Auge sehen: Kinder und Jugendliche verwenden Beleidigungen und falsche Tatsachenbehauptungen auf täglicher Basis – um zu provozieren, cool zu wirken, Unsicherheit zu überspielen, Macht auszuüben. Teilweise aber auch, um eigenen Frust loszuwerden, da sie zu Hause Probleme haben oder von den Eltern massiven Druck oder Gewalt zu spüren bekommen. Manchmal ist es auch schlichtweg Langeweile, die sie so agieren lässt. Und das wird sich vermutlich auch kurzfristig nicht ändern. Ich würde es mir anders wünschen, aber: In der Lebenswirklichkeit vieler Kinder und Jugendlicher sind Beleidigungen, üble Nachrede und Verleumdungen an der Tagesordnung. Und wenn wirklich jedes «Du Hurensohn!» auf Schulhöfen zur Anzeige käme, würden die Gerichte vermutlich zusammenbrechen. Es empfiehlt sich also, Kinder selbst gegen solche Kommentare widerstandsfähiger zu machen. Deshalb sage ich den Kindern in meinen Trainings immer: «Nicht jede Meinung ist richtig und nicht jede Meinung wichtig. Filtere heraus, von welchen Menschen dir Meinungen und Aussagen wichtig sind. Denen hörst du zu. Diese dürfen dich auch kritisieren. Natürlich möglichst freundlich. Aber bei allen anderen gilt: Es ist halt nur eine Meinung!»

Meiner Erfahrung nach können Kinder tatsächlich lernen, besser mit solch herausfordernden Situationen umzugehen. Ich erinnere mich an einen Jungen aus Kolumbien, Miguel. Er ging auf eine weiterführende Schule und wurde regelmäßig von seinen Mitschülern provoziert und gehänselt. Seine Haut sei schmutzig, er solle sich mal waschen. Ihn trafen diese Aussagen sehr, und er zog quasi täglich in den Krieg, um sich zu verteidigen – und um ebenfalls auszuteilen. Die Konsequenz war, dass die Hänseleien immer schlimmer wurden. Durch das Seminar und Coaching lernte er, die Aussagen nicht mehr persönlich zu nehmen. Er lernte: Diese Sätze waren Ansichten der Kinder, die aber nichts über ihn als Menschen aussagten. Vielmehr verrieten sie ihm etwas über ihren Sender: Wer es nötig hat, andere auf diese Art und Weise zu provozieren und kleinzuhalten, leidet meist selbst unter einem geringen Selbstbewusstsein und/oder mangelnden Einfühlungsvermögen.

Mit der Zeit lernte Miguel, den Kindern keine Beachtung mehr zu schenken. Ihre Bemerkungen trafen ihn nicht mehr ins Herz. Ihm gelang es immer häufiger, sein Selbstwertgefühl nicht von ihren Aussagen abhängig zu machen. Miguel wurde klar: Menschen bilden sich Meinungen über andere Menschen, auch falsche oder mit Absicht oder aus Vorurteilen gespeiste negative – aber er verknüpfte diese nicht mehr mit sich selbst. Zwischen dem, was andere über ihn äußerten, und seinem Herzen gab es eine Trennung.

Nach gut zwei Monaten unserer Zusammenarbeit sagte er mir: «Daniel, das ist echt besser geworden. Früher war es ja so, dass ich morgens immer meinen Panzer angezogen und mich innerlich ‹bewaffnet› habe. Jetzt bin ich einfach wieder so, wie ich mal war. Nett. Und die haben aufgehört mit den Sprüchen. Das hat gedauert, aber es ist jetzt alles gut so weit!»

Natürlich können wir gegen jede beleidigende Aussage mit Anwälten vorgehen. Doch wie viel besser wäre es, wenn Täter überhaupt kein Futter mehr für ihr Mobbing bekämen, weil Kinder widerstandsfähiger mit den verletzenden Äußerungen umgehen lernen?

Ich bin mir sicher, dass jeder es aus Erfahrung kennt – wenn Sie Geschwister haben, wissen Sie es allemal: Jemanden zu ärgern, macht nur dann Spaß, wenn sich derjenige offensichtlich ärgert oder verletzt zeigt oder vehement protestiert. Wir müssen also unsere Kinder mental stärken, ihnen Selbstbewusstsein vermitteln (siehe die Kapitel «Selbstbewusstsein» und «Selbstvertrauen»), damit sie gelassen bleiben können – und wir müssen ihnen beibringen, das eigene Wohlbefinden nicht vom Verhalten oder von Aussagen anderer abhängig zu machen.

Gleichwohl müssen wir Grenzen ziehen: In harten Fällen können wir Anzeige erstatten, um den Tätern zu zeigen, dass ihr Verhalten nicht akzeptiert werden kann. Aber eben nicht aus einer geschwächten Position des Leids heraus, sondern aus einer Position der Stärke, der inneren Kraft und mit dem Wunsch, eine gesellschaftliche Veränderung herbeizuführen.

Meine Meinung ist besser als deine Meinung

«Ihr findet es also falsch, wenn ich Mark weiter ärgere, obwohl er das nicht will?», frage ich die vierte Klasse, die mein Training gebucht hat. Die Klasse bejaht einstimmig. Vorher habe ich Mark sein Etui weggenommen. Als er mich darum bat, es ihm wiederzugeben, weigerte ich mich. Die Klasse vertrat nun die Meinung, dass ich Marks Wunsch respektieren solle. Kinder mit einem ausgeprägten Gerechtigkeitsgefühl - ziemlich gut. Oder?

Lassen Sie uns etwas tiefer eintauchen. «Okay, es ist also falsch was ich mache, da man andere Menschen achten sollte, korrekt?» Ich ernte Zustimmung. «Okay, wer von euch wurde schon mal von seinen Eltern gebeten, dass er sein Zimmer aufräumen soll? Bitte zeigt mal auf!» Alle Hände gehen hoch. «Wer hat trotzdem schon mal weitergespielt und gequengelt?» Wieder gehen alle Hände hoch. «Wer sollte schon mal Zähne putzen und hat das ignoriert?» Alle Hände gehen hoch.

«Wenn ich das also richtig verstehe, findet ihr es bei mir und sicherlich auch bei anderen Menschen falsch, wenn sie euch und eure Bitten nicht respektieren. Gleichzeitig nehmt ihr euch aber das Recht heraus, die Wünsche und Bedürfnisse eurer Eltern zu übergehen. Teilweise täglich. Macht das jemand allerdings umgekehrt mit euch, redet ihr von Mobbing. Wie bitte kann das sein?» Stille im Klassenraum.

Was dieses Beispiel zeigt: Wenn wir wirklich etwas ändern wollen, müssen wir verstehen, dass das Recht, respektiert zu werden und eine Meinung zu haben, keine Einbahnstraße ist. Dasselbe gilt für das Akzeptieren von Grenzen. Und das müssen die Kinder verstehen, denn jeder Gemobbte ist in anderen Teilbereichen auch Täter, der Gefühle anderer Menschen durch gewisse Handlungen oder Äußerungen verletzt. Wenn wir uns selbst also das Recht herausnehmen, über andere Menschen zu urteilen, dann sollten wir dieses Recht auch anderen Menschen zusprechen. Dass wir in diesem Fall oft zarter besaitet sind, liegt sicherlich auch daran, dass wir dazu neigen, unserer Meinung mehr Bedeutung beizumessen als der der anderen.

Bitte verstehen Sie mich richtig: Ich finde es absolut menschlich, dass wir verletzt sein können. Wir haben das Recht, uns verletzt zu fühlen. Doch die Frage des Buches ist, wie wir Kinder gegen Mobbing wappnen, und da gilt: Selbst wenn die Äußerungen extrem verletzend sein können, ist jeder in der Eigenverantwortung zu entscheiden, ob er die Verletzung annehmen will.

In anderen Bereichen des Lebens können wir das sehr gut: Negatives von uns weisen und das, was gut für uns ist, annehmen. Ich verdeutliche das in Schulklassen gerne mit folgendem Beispiel: Ich sage den Kindern, dass ich ein Geschenk für sie habe. Aus einer Hosentasche hole ich dann eine schöne Uhr und frage: «Wer würde diese Uhr annehmen?» Die meisten sagen: «Ich!» Daraufhin hole ich aus meiner anderen Tasche einen Plastikhundehaufen und tue so, als ob er stinkt. Ich frage: «... und wer würde *dieses* Geschenk annehmen?» Alle verneinen. Ich erläutere: «So ist es auch mit all den Meinungen, die ihr euch anhören müsst. Auch da entscheidet ihr, was ihr annehmt und was nicht. Ihr seid freie Menschen und müsst nicht alles annehmen, was man euch anbietet. Das gilt für Gegenstände – aber auch für Worte!»

Ich weiß, dass es gerade für Erwachsene schwer ist, das umzusetzen. Meine Erfahrung bei der Arbeit mit Kindern ist jedoch, dass diese sehr schnell lernen können, auch harte und teils richtig bösartige Meinungen nicht mehr anzunehmen, also nicht an sich heranzulassen. Es fällt ihnen meist viel leichter als uns Erwachsenen. Daher «rahme» ich (siehe das Kapitel «Selbstbewusstsein») auch alles als Meinung, um den Kindern vor Augen zu führen, dass sie selbst entscheiden können, was sie annehmen und was nicht.

Gehen wir noch einen Schritt weiter. Wenn wir uns eine Meinung über etwas gebildet haben, dann ist das unsere Wahrheit. Alles, was wir dann tun, tun wir, weil wir glauben, damit im Recht zu sein. Wie beispielsweise der glühende Paleoanhänger, der sich steinzeitlich und fleischbasiert ernährt, und die Person, die auf Interimsfasten schwört: Beide meinen zu wissen, was die richtige und gesunde Ernährung ist. Sie können das häufig auch anhand vieler Fakten belegen – doch im Kern bleibt es ihre persönliche Wahrheit.

Stellen Sie sich eine Welt vor, in der jeder versteht, dass die eigenen Ansichten optimal für einen selbst sind, aber nicht automatisch auch für alle anderen gelten müssen. Wenn Glauben etwas ist, das nur für einen selbst gilt, und niemand seinen eigenen Glauben über den der anderen stellt. Wenn eine politische Einstellung als etwas Persönliches gewertet wird und nicht als etwas, das alle Menschen unbedingt teilen müssen.

Auch in diesem Zusammenhang passt die Analogie des maßgefertigten Schuhs: Wir sind zeitweise unglaublich egozentrisch und meinen, dass das, was für uns richtig und wichtig und selbstverständlich ist, es automatisch auch für andere sein muss. Doch keine Meinung ist besser oder schlechter. Zunächst einmal sind sie persönliche Wahrheiten, die auf eigenen Erfahrungen und/oder dem aktuellen persönlichen Wissensstand basieren. Und solange meine Meinungen, mein Glaube, meine Werte, meine politische Überzeugung keine anderen Menschen gefährden, sie unterdrücken oder ihnen schaden, müssen wir lernen, dass unterschiedliche Auffassungen nebeneinander existieren können und im besten Fall miteinander harmonieren sollten.

Was dafür passieren müsste? Das eigene Ego müsste ein Stück weit zurückweichen. Das Ego, das unaufhörlich flüstert: «Die haben alle keine Ahnung, du bist im Recht.» Kinder wachsen in einer Welt auf, in der jeder sich im Recht glaubt, aber keiner so recht zuhören mag.

Mein absolutes Lieblingszitat stammt von Laotse, und ich finde es auch in diesem Zusammenhang äußerst passend: «Dreißig Speichen treffen die Nabe, die Leere dazwischen macht das Rad.» Ich empfinde die aktuelle Zeit als eine, in der die Speichen immer größer und die Zwischenräume immer kleiner werden. Vieles, was Menschen als die ultimative Wahrheit empfinden (Speichen), ist bei genauerem Hinsehen eine eigene Wahrheit, in der es noch viel Spielraum für andere Sichtweisen gibt (Zwischenraum).

Nehmen Sie das Eingangsbeispiel: Die Kinder waren felsenfest der Meinung, es sei falsch, Mark weiter zu ärgern (Speichen). Dass sie selbst aber in anderen Situationen genau dasselbe tun, sahen sie nicht (Zwischenraum.) Und diesen Zwischenraum wahrnehmen zu können, ist wichtig, um andere Perspektiven einnehmen und neue Handlungswege finden zu können. Denn wenn ich im «Zwischenraum» sehe, dass auch ich mich zuerst ändern könnte, dann komme ich in die Eigenverantwortung, die dazu führen wird, dass sich – auf lange Sicht – auch gesamtgesellschaftlich etwas ändern kann. Wenn jeder vor seiner eigenen Haustür fegt, ist die Straße sauber. Was natürlich nicht heißt, dass wir nur auf uns gucken sollten und für andere keine Verantwortung mehr übernehmen müssen. Es geht eher darum, dass wir bei uns selbst anfangen sollten, wenn wir uns Veränderungen wünschen.

Leider sind aber viele Menschen nicht bereit, z. B. in einer Diskussion, die Position der anderen zu hören und zuzulassen, wenn sie nicht der eigenen entspricht. Doch die Welt ist eben nicht schwarz-weiß, sondern voller Grautöne. Ach, was sage ich, sie ist bunt. Und alle können nebeneinander existieren, wenn jeder bereit ist, den anderen Raum für Individualität, Respekt und Toleranz zu geben. Und ist es nicht das, was wir Kindern so gerne predigen?

Mediale Vorbildfunktionen

Kennen Sie die aktuellen Stars der Kinder? Selbstverständlich sind diese von Kind zu Kind unterschiedlich. Doch es lässt sich ein Trend erkennen: Rapper, Instagrammer und YouTuber sind für viele Kinder und Jugendliche das Maß aller Dinge. Fernsehen, wie wir es noch aus unserer Kindheit kennen, wird nicht mehr geschaut. Die mediale Zeit wird auf YouTube, Instagram, WhatsApp, Snapchat oder TikTok verbracht.

Lassen Sie mich eines vorweg sagen: Ich bin kein Gegner der Rapstars oder YouTuber oder Instagram-Influencer. Und es wäre auch falsch, alle über einen Kamm zu scheren. Dennoch sollten wir uns Gedanken darüber machen, welchen Einfluss Rapper oder auch YouTuber auf unsere Kinder haben. Aber fangen wir vorne an.

Rap ist ein Riesenthema bei vielen Kindern und Jugendlichen. Mit tragbaren Lautsprechern werden die Spotify-Playlists wie «Deutschrap Brandneu» oder «Modus Mio» durchgehend gestreamt. Mero, Sero el Mero, Loredana, Data Luv, Capital Bra, Samra, Apache 207 sind die Namen der Musiker, die aktuell «gehypt» werden, wie die Kinder und Jugendlichen es ausdrücken würden. Das ist per se nichts Schlimmes: Jede Generation hat ihre Musiker und Bands. Doch schauen wir bei den heutigen einmal genauer hin, welche Wertesysteme in ihren Songs transportiert werden: In den meisten Songtexten geht es um Geld, schnelle Autos, Drogen, Frauen, Designerklamotten. Ist das schlimm? Für einen Erwachsenen, der gut zwischen Fiktion und Realität unterscheiden kann, sicherlich nicht. Es ist Hiphop, und Protzen ist Stilmittel dieser Subkultur. Wir gucken ja auch keinen Actionfilm und glauben, dass der Held nach einem Sprung aus dem dritten Stock ohne einen Kratzer unten ankommt. Doch

Kinder können häufig noch nicht zwischen der echten und der fiktiven Welt unterscheiden. Werden sie dann permanent mit den Inhalten der Rapsongs konfrontiert, kann das aus vielen Gründen zum Problem werden: Sie könnten anfangen zu glauben, dass vor allem materielle Dinge wichtig seien und nur diejenigen Menschen etwas wert, die Gucci und Rolex tragen, Luxusautos fahren, mit Waffen und Drogen dealen und ansonsten am Pool relaxen – mal ganz zu schweigen davon, welches Frauenbild in vielen dieser Songs vermittelt wird (was ein Thema für sich ist).

Haben die Jugendlichen zeitgleich ein geringes Selbstwertgefühl, besteht die Gefahr, dass ihre Unzufriedenheit wächst: Wer kann sich schon einen Lebensstil wie die Rapper leisten? Zufriedenheit bzw. Dankbarkeit für das, was man hat, sind allerdings Voraussetzungen, um sich nicht gemobbt *zu fühlen*.

Rapmusik fördert auch deshalb die Mobbingproblematik, weil im Rap Beleidigungen und Pöbeleien dazugehören. Er ist Teil einer Kultur, in deren Anfängen verfeindete Gangs oder Personen begannen, sich lieber mit Worten (Rap) oder Tänzen (Breakdance) zu «bekämpfen», als sich körperlich zu schaden oder gar umzubringen. Es war seinerzeit also eigentlich eine gute Entwicklung, dass auf diese Art und Weise «gebattelt» wurde. Bei einem Battle geht es darum, den Gegner so hart wie möglich mit Worten zu treffen, ihn zu «dissen» (von englisch: disrespect), also zu beleidigen oder sogar zu bedrohen.

Etwas anders gelagert sind die realen, oft über Instagram-Storys ausgetragenen und von den Rapportalen durch Teilen beförderten Feindschaften zwischen Rappern, die nur noch wenig oder gar nichts mehr mit dem klassischen Battlerap zu tun haben. Diese Feindschaften werden Beef genannt. Im klassischen Battle geht es zu wie bei einem Boxkampf: Es gibt dabei Regeln und am

Ende einen Gewinner. Bei den echten Feindschaften zwischen Rappern geht es dagegen nicht «sportlich» zu: Da wird Gewalt angedroht oder sogar angewendet – ein nicht zu akzeptierendes Verhalten und für unsere Jugend ein schlechtes Vorbild. Diese Beefs haben nichts mit «Unterhaltung» und einem «Kräftemessen» auf verbale Art zu tun. Feindschaft, die in realer Gewalt endet, darf nicht toleriert werden.

Diejenigen Battles hingegen, die wirklich rein aus sportlichen Gedanken ausgetragen werden, finde ich persönlich nicht schlimm, denn die Protagonisten wissen, dass es ein geschlossenes System ist, in dem sie sich bewegen. Diese Battles sind in gewisser Weise mit einem Debattierclub vergleichbar: Es wird ausgelotet, wer schlagfertiger ist – und dabei wird im Rap, anders als im Debattierclub, auch weit unter der Gürtellinie agiert. Da aber jeder weiß, worauf er sich einlässt, ist erst mal alles entspannt. Es ist wie eine Art verbaler Kampfsport.

Trotzdem stellt es in unserem Zusammenhang ein Problem dar. Viele Kinder und Jugendliche, die solche Battles oder harten Rap z.B. über YouTube konsumieren, neigen dazu, sich die in den Songs verwendete Sprache anzueignen und im Alltag ebenfalls zu pöbeln. Sie meinen das in vielen Fällen gar nicht böse, sondern reflektieren schlichtweg nicht, was die Worte in letzter Konsequenz bedeuten. Wenn dieses Gepöbel nun aber ein Kind trifft, das keine Berührungspunkte mit dieser Hiphop-Kultur hat, dann kann es das Gesagte schlecht einordnen und leidet unter den verbalen Attacken. Selbst viele Kinder, die Rap hören, wissen oft nicht, dass die harten Texte nicht automatisch ernst gemeint sind. Vielen fehlen das Verständnis und das Hintergrundwissen über die Hiphop-Kultur. Hier sind vor allem wir Eltern gefragt: Wir müssen ihnen diese Hintergründe erklären und ihnen helfen, die verwendeten Begriffe einzuordnen, falls sie damit konfrontiert werden. Und den Kindern und Jugendlichen, die andere batteln und dissen, müssen wir verdeutlichen, dass ihre Handlungen nicht ohne Folgen bleiben und negative Gefühle bei den Adressaten auslösen können. Dafür müssen wir sie sensibilisieren und ihnen helfen, empathisch wahrzunehmen, was der andere fühlt. Wir müssen Kinder und Jugendliche dabei unterstützen, eine Verbindung zum Gegenüber aufzubauen, und ihnen helfen, ein anderes Verhalten an den Tag zu legen.

In letzter Zeit gewinnen sogenannte Roasts an Popularität, bei denen das Batteln aus dem Rapkosmos in die Comedywelt übertragen wird. Eine Person sitzt auf einem Stuhl, und andere Comedians bzw. Prominente haben die Aufgabe, diese Person so hart und pointiert fertigzumachen, wie es nur geht. In Amerika ist das schon ein großes Ding. Selbst Stars wie Robert De Niro, Bruce Willis, Justin Bieber etc. lassen sich «roasten» oder «roasten» andere. Ein Trend, den ich bedenklich finde, wenn wir ihn nicht für Kinder einordnen. Denn eins ist klar: Die Stars und Comedians kennen das «Spiel», nehmen freiwillig daran teil und wissen, worauf sie sich einlassen. Aber wissen das auch alle Kinder, die durch Zufall bei YouTube einen Roast sehen? Ich denke nicht. Ich selbst kann über diese Roasts lachen, da ich schwarzen, harten Humor durchaus mag, solange er für alle Beteiligten in Ordnung ist. Aber ich bin auch kein zehnjähriger Junge, der vielleicht nicht unterscheiden kann zwischen Fernsehshow und Schulhofstreit. Natürlich, es gibt Kinder, die das trennen können. Aber es gibt eben auch diejenigen, die es nicht können und dann darunter leiden.

Wenn wir einen genaueren Blick auf YouTube werfen, stoßen wir dort auf eine Vielfalt unterschiedlicher Kanäle und Inhalte: YouTuber, die sich selbst beim Computerspielen filmen (sogenannte Let's Plays), Beautykanäle mit Schmink- und Sporttipps,

Prankkanäle (Videos mit Streichen) bis hin zu aufwendig inszenierten Musikparodien.

Auf YouTuber, die ein bestimmtes Schönheitsideal vertreten, und die Prank-YouTuber möchte ich etwas genauer eingehen. Für erstere gelten die gleichen Mechanismen, die ich bereits bei den Protzwelten der Rapper angesprochen habe: Sie leben ein gewisses oberflächliches, in diesem Fall äußerliches Ideal vor, das als erstrebens- und nachahmenswert deklariert wird. Nun ist aber die Pubertät bekannterweise eine Phase der Selbstfindung und Verunsicherung, in der Jugendliche lernen müssen, mit Veränderungen ihres Körpers und ihrer Psyche zurechtzukommen. Umso wichtiger wird es für sie, sich an anderen zu orientieren und dem, was als hip und cool gilt. Sehen sie sich dann täglich die entsprechenden YouTube-Videos an, wollen sie natürlich irgendwann auch den dort propagierten Idealen entsprechen. Das, was Kinder immer wieder hören, sehen und konsumieren, wird mit der Zeit zu einem Bestandteil ihrer Gedanken. Und wenn ich denke, ich müsse eine super Figur und makellose Haut haben, immer geschminkt sein und ausschließlich hippe Kleidung tragen, die Realität aber anders aussieht, werde ich immer unzufriedener mit mir selbst – und damit empfänglicher für Mobbing. Verletzende Worte oder Ausgrenzungen treffen mich umso härter, da sie mein negatives Selbstbild bestätigen. Ich glaube, dass ich selbst schuld daran bin, es «verdient» habe, gemobbt zu werden. Die Stimmen von außen sind deckungsgleich mit meinen inneren Stimmen. Ich bin in der Opferrolle. Und aus dieser heraus lässt sich mit Mobbing nicht umgehen.

Bei den Prankvideos ist es etwas anders gelagert. Kinder gucken sich diese Kanäle an und freuen sich darüber, wie andere reingelegt werden – im Grunde genommen sind diese Videos eine moderne Form von «Verstehen Sie Spaß?».

Ich persönlich finde Streiche in Ordnung. Es gibt für mich nur eine goldene Regel: Ich darf nur die Menschen «pranken», die ebenfalls Spaß daran haben und es mit Humor nehmen können, wenn sie reingelegt worden sind – und natürlich darf ich nicht so weit gehen, dass jemand körperlich oder seelisch Schaden nimmt. Hier gilt Ähnliches wie bei den Battle-Raps: Sich zu bepöbeln oder sich Streiche zu spielen, ist nicht automatisch etwas Schlimmes, solange für beide Seiten die Rahmenbedingungen klar sind.

Leider verlieren einige Kinder immer mehr das Gespür für die Grenzen anderer. Ich denke, das liegt zum einen daran, dass die Inhalte, die sie konsumieren, immer extremer werden und sie, plump gesagt, abstumpfen lassen. Zum anderen sind Kinder ein Spiegel der Gesellschaft, und unsere Gesellschaft verliert als Gesamtes immer mehr das Gespür für die Grenzen anderer. Wir gehen respektloser miteinander um, viele Menschen sehen zuerst sich und dann erst das Gesamtwohl. Das führt dazu, dass Kinder oft auf eine Art und Weise geprankt werden, die über einen witzigen Streich hinausgeht und den Geprankten demütigt oder komplett bloßstellt. Und genau dann wird es ein Problem: Denken Sie daran zurück, dass Menschen handeln, wie sie handeln, und fühlen, wie sie fühlen, weil sie auf eine gewisse Art denken. Wird mir als Kind und Jugendlichem ständig vor Augen geführt, dass Geld, Luxus, Schönheit alles im Leben sind, es supercool ist, andere zu veräppeln, sie verbal fertigzumachen, entsteht eine Mobbingkultur, in der ich das Gefühl dafür verliere, wo die Grenzen liegen. Da können sich die Rapstars und YouTuber nicht aus der Verantwortung ziehen, auch wenn sie nicht schuld am Verhalten der Kinder sind.

Viel schwerer wiegt meiner Ansicht nach nämlich die Tatsache, dass viele Erwachsene keine Ahnung von der Lebenswirklichkeit ihrer Kinder haben. Rapmusik wird z. B. oft als «ätzend» abgetan, und die YouTube-Stars werden nicht ernst genommen. Wir belächeln, statt hinzuhören. Wir verbieten oder schreien nach Verboten, statt uns selbst mit den Themen zu befassen. Dabei sind die Rapper und YouTuber die absoluten Vorbilder für viele Kinder und Jugendliche. Wir als Eltern und Pädagogen müssten uns daher mehr mit ihnen beschäftigen. Ich schaue mir z. B. in meiner Freizeit oft Videos von beliebten YouTubern an (auch wenn sie mich nicht sonderlich interessieren), versuche, mich über angesagte Videospiele zu informieren, und kenne neue Rapsongs und die Charts generell. Nur so bleibe ich nah an der Lebenswirklichkeit der Kinder und kann ihnen helfen, die Inhalte einzuordnen. Nur so können wir ihnen z. B. auch helfen zu verstehen, dass Rapper nicht wirklich den ganzen Tag koksen und Geld zählen, sondern dieses Verhalten als Stilmittel genutzt wird, sich und die eigene Person «größer» erscheinen zu lassen – was im Rap völlig normal ist.

Wir müssen darüber hinaus den Kindern dabei helfen, den Blick auf natürliche Schönheit jenseits von irgendwelchen Idealen zu richten, und ihnen erklären, dass die YouTuber und Beauty-Instagrammer ihre Videos und Fotos bearbeiten und nur einen (meist geschönten) Ausschnitt der Realität zeigen.

Wir müssen den Kindern vermitteln, dass Beleidigungen anderer meist gar nicht ernst gemeint sind, sondern stumpfes, inhaltsloses Gepöbel – und umgekehrt, dass man nicht einfach andere stumpf und inhaltslos bepöbeln sollte.

Doch dafür müssten wir, wie gesagt, erst mal selbst diese Subkulturen und Jugendbewegungen verstehen. Die Stars sind Vorbilder für unsere Kinder, ob wir das mögen oder nicht. Wenn wir diese Vorbilder einfach abwerten, wird das nicht dazu führen, dass die Kinder unsere Meinung ernst nehmen oder gar wertschätzen. Somit verlieren wir einen gesunden Einfluss auf sie, weil wir in den Augen der Kinder sowieso keine Ahnung haben. Begleiten statt verbieten ist eine gute Wahl, um etwas an den Problemen zu ändern.

Deshalb mein Appell an Sie: Lernen Sie die Stars Ihrer Kinder kennen. Interessieren Sie sich für die Inhalte, die Ihre Kinder auf unterschiedlichen Kanälen konsumieren. Kennen Sie die Apps, die Ihre Kinder nutzen. Hören Sie Ihren Kindern zu. Fragen Sie nach. Reden Sie mit Ihren Kindern darüber! Ordnen Sie die Dinge ein, und zwar ohne Vorwürfe oder Geringschätzung. Anstatt nach Verboten von harter Musik oder Prank-YouTubern zu schreien, plädiere ich für Eigenverantwortung. Nicht die Musiker sind schuld, dass die Jugend verroht, sondern die Unfähigkeit und der Unwille von uns Erwachsenen, uns auf die Welt der Kinder einzulassen, sie mit und für sie einzuordnen und ihnen gleichzeitig Werte zu vermitteln.

Social Media. Die Hochburg der ungebetenen Kritik

«Das ist doch alles Quatsch, der redet wie Bekannte von mir. Der kann nichts können, wo sind denn seine Fachtermini?» – «Das ist eh unseriös, der Vogel hat zwei Bücher gelesen, jetzt bildet er andere aus!» – «Hör mal zu, Mr. Holzfäller, so sind Kinder nicht und werden es auch nie sein, schreib dir das hinter die Ohren!» – «Wenn der Typ nicht so aussehen würde wie ein Taliban, würde ich ihm ja zuhören, aber so ... next!»

Wir sitzen im Team zusammen und lesen die Kommentare unter unseren Facebookpostings. Es sind unzählige Meinungen zu finden, meist von Leuten, die weder ein Buch von mir gelesen haben noch auf einem Seminar waren oder an unserer Ausbildung zum Kinder- und Jugendcoach teilnehmen. Es sind Menschen, die auf kurze Ausschnitte aus meiner Arbeit reagieren. Wir sitzen also zusammen und unterhalten uns. Ein Mitarbeiter sagt: «Vielleicht wäre es besser, du würdest dir den Bart abrasieren, wenn der Menschen so abschreckt!» Eine Mitarbeiterin meint: «Vielleicht solltest du mehr Fachwörter benutzen, damit die Leute merken, dass du super ausgebildet bist und langjährige Expertise hast. Vielleicht drückst du alles zu einfach aus, und das wirkt dann unseriös auf die Leute?» Ich unterbreche den Redestrom und sage: «Ich verstehe, was ihr meint, und sehe eure Bedenken. Aber es gibt da dieses schöne Zitat von George Bernard Shaw: ‹Ein ungeübtes Gehirn ist schädlicher für die Gesundheit als ein ungeübter Körper.›»

Und da wären wir: *Herzlich willkommen in der Hochburg der ungebetenen Kritik, Social Media. Hier können Sie all das rauslassen, was Ihnen im echten Leben unhöflich und empathielos erscheint. Fühlen Sie sich frei und seien Sie dabei so irrational, emotional und polemisch wie irgend machbar. Gehen Sie an die Grenzen des Zumutbaren und denken Sie dran, lieber eine unsachliche Meinung zu äußern als gar keine!*

Manchmal stelle ich mir vor, dass es so in den Köpfen der Menschen klingt, sobald sie in die digitale Welt wechseln und sich in ihren Accounts anmelden. Auf Facebook, Instagram, YouTube etc. ist es gang und gäbe, dass man anderen seine Kritik um die Ohren haut. Meist nicht gerade sachlich, oft nicht einmal fundiert. Ob die Kritik erwünscht oder wertvoll ist, scheint dabei irrelevant. Offenbar haben die meisten, die sich so im Internet verhalten, noch nie etwas von den drei Sieben des Sokrates gehört. Drei Siebe? Die Anekdote geht wie folgt:

Zum weisen Sokrates kam einer gelaufen und sagte: «Höre, Sokrates, das muss ich dir erzählen!»

«Halte ein!», unterbrach ihn der Weise. «Hast du das, was du mir sagen willst, durch die drei Siebe gesiebt?»

«Drei Siebe?», fragte der andere voller Verwunderung.

«Ja, guter Freund! Lass uns sehen, ob das, was du mir sagen willst, durch die drei Siebe hindurchgeht: Das erste ist die Wahrheit. Hast du alles, was du mir erzählen willst, geprüft, ob es wahr ist?»

«Nein, ich hörte es erzählen und ...»

«Soso! Aber sicher hast du es im zweiten Sieb geprüft. Es ist das Sieb der Güte. Ist das, was du mir erzählen willst, gut?»

Zögernd sagte der andere: «Nein, im Gegenteil ...»

«Hm ...», unterbracht ihn der Weise, «so lass uns auch das dritte Sieb noch anwenden. Ist es notwendig, dass du mir das erzählst?»

«Notwendig nun gerade nicht ...»

«Also», sagte lächelnd der Weise, «wenn es weder wahr noch gut noch notwendig ist, so lass es begraben sein und belaste dich und mich nicht damit.»

Wenn Menschen anfangen würden, diese drei Kriterien zu berücksichtigen – Wahrheit, Güte, Notwendigkeit –, bevor sie ihre Meinung in die Welt hinausposaunen, würde vieles ungesagt bleiben. Und das wäre tatsächlich eine Wohltat für unsere Gesellschaft und besonders für unsere Kinder, denn es würde unser Zusammenleben langfristig massiv verändern.

Die Anwendung der drei Siebe zu fordern, hat übrigens nichts mit einem Angriff auf die freie Meinungsäußerung zu tun, sondern mit Anstand und Wohlwollen: Menschen würden sich besser fühlen. Sich mehr auf die schönen Dinge fokussieren. Fair und respektvoll miteinander umgehen.

Mir ist natürlich bewusst, dass es auch Menschen in der digitalen Welt gibt, die erst sieben und dann posten. Aber gerade auf den unterschiedlichen Social-Media-Kanälen ist es mittlerweile normal, dass Menschen ungebeten kritisiert und auf krasse Art und Weise beschimpft oder sogar bedroht werden. Moderatoren, Stars, YouTuber, Sänger, Influencer, Journalisten, Politiker, aber auch Erna Müller aus der Freundesliste: Alle müssen sich ungefiltert anhören, was andere über sie denken.

Und was ist das Problem an dieser Bewertungs- und Kritikkultur?

Unsere Kinder bewegen sich täglich in diesen Netzwerken und sehen, wie wir, die Erwachsenen, miteinander umgehen: oft genug alles andere als vorbildlich. Es wäre für unsere Zukunft deutlich besser, wenn Kinder sehen würden, dass Erwachsene sich gegenseitig aufbauen, statt sich niederzumachen. Sich unterstützen und Brücken schlagen, statt Gräben auszuheben. Kritik auf eine wertschätzende, sachliche Art und Weise äußern, statt sich dabei vor allen von Emotionen leiten zu lassen.

Ich habe in den vorangegangenen Kapiteln gesagt, dass solche Äußerungen Meinungen sind, die man grundsätzlich aushalten können muss: Eine Meinung ist etwas Subjektives, und man muss sie sich nicht zu eigen machen. Nicht jede Meinung ist richtig, daher ist auch nicht jede Meinung wichtig.

Was ist aber, wenn Menschen die subjektiven Meinungen anderer zu glauben beginnen? Dann haben wir ein Problem. Wenn Sie sich auf eine Bühne vor tausend Leute stellen und authentisch sind, werden Sie vielleicht von 75 Prozent der Zuschauer gemocht, 20 Prozent haben Sie drei Tage später schon wieder vergessen, und 5 Prozent des Publikums werden Sie unsympathisch sein. Egal was Sie und Ihre Kinder tun, es wird Menschen geben, die finden es gut, anderen ist es egal, wiederum andere werden es verurteilen oder sogar verachten. Wenn wir nun aber all diesen Meinungen über uns Glauben schenken, verlieren wir den Fokus und unsere Klarheit. Wenn wir das Gefühl haben, es allen recht machen, auf alle Meinungen eingehen zu müssen, machen wir es am Ende niemandem recht, schon gar nicht uns selbst.

Vor allem, wenn die Ansichten anderer Parallelen zu unseren eigenen Gedanken aufweisen oder durch ständige Wiederholung mehr und mehr Raum einnehmen, ist es schwer, sich ihnen zu entziehen. Ich kenne das aus der Zeit um die Jahreswende 2007/2008, als ich mich selbständig machen wollte. Alle hatten eine Meinung zu diesem dreiundzwanzigjährigen Erzieher, der den Traum hatte, sich selbständig zu machen und in Kitas und Schulen Selbstbehauptungs- und Anti-Mobbing-Trainings zu geben. Die meisten Stimmen dazu waren negativ. Ich würde nach einem Jahr pleite sein, nie mehr Freizeit haben und sowieso das ganze Unternehmen gegen die Wand fahren. Und egal, wie optimistisch ich auch war, diese Meinungen machten auf Dauer etwas mit mir: Ich begann, an mir und meinem Vorhaben zu zweifeln. Fast hätte ich alles hingeschmissen, um einen Festvertrag zu unterzeichnen. Das war die Zeit, in der ich lernte, auf mich, mein Herz und meinen Verstand zu vertrauen und nicht auf Meinungen anderer. Was nicht heißt, dass mir die Ansichten oder die Kritik anderer grundsätzlich egal sind. Für mich gilt aber inzwischen der Grundsatz, dass ich in Entscheidungssituationen vor allem denjenigen Menschen zuhöre, die auch Expertise in dem entsprechenden Bereich haben – so kann man neue Perspektiven gewinnen. Damals versuchten mir allerdings Menschen meinen Traum auszureden, die niemals eigene Erfahrungen mit Selbständigkeit gesammelt hatten. Trotzdem gelang es mir nicht, ihre Meinungen auszublenden. Wenn ich abends im Bett lag, kamen die Stimmen. Als das Leben um mich herum still wurde, wurden sie laut:

«Du wirst pleitegehen», «Keiner wird dich buchen», «Du wirst so hart arbeiten müssen, dass du alle Freunde verlierst!». Die Stimmen wurden Nacht für Nacht lauter.

Irgendwann stellte ich mir die Frage: «Wer redet da eigentlich?» Und mir wurde klar: Es war die Stimme meines Vaters, die andere die meiner Freunde, wieder andere gehörten Verwandten. Ich erkannte, es sind ihre Stimmen, die zu meiner geworden waren. Aber nur, weil sie den Traum nicht träumen können, heißt das nicht, dass ich ihn nicht leben kann! Und so schob ich die zweifelnden Stimmen beiseite und machte mich ans Werk, mein Ziel weiter zu verfolgen.

An diesem Beispiel zeigt sich noch einmal, wie wichtig es ist, zu filtern, bei sich selbst zu sieben, was wir in Herz und Hirn hineinlassen. Gerade auf Social Media sind wir etlichen Meinungen ausgesetzt, zum Teil sehr negativen. Das bleibt nicht ohne Folgen – ich will gar nicht wissen, wie viele Träume täglich nicht umgesetzt werden, wie häufig Menschen verzweifeln, wie verunsichert Kinder sind, weil die skeptischen Stimmen anderer zu den eigenen werden.

Erinnern Sie sich an die Situation zu Beginn des Kapitels und das Zitat von George Bernard Shaw? Mein Team sollte erkennen, dass es sich bei seinen Vorschlägen die Gedanken anderer zu eigen gemacht hatte: Ich sollte mich verändern, um diese Kritik nicht mehr hervorzurufen.

Und hier können wir die Brücke zum Mobbing schlagen: Person A sagt etwas Negatives über Person B, und diese denkt darüber nach, wie sie sich ändern kann, damit es nicht mehr zutrifft.

Seine Persönlichkeit anzupassen, nur um akzeptiert zu werden – zeugt das von Selbstsicherheit? Nein. (Mal abgesehen davon, dass es immer Menschen geben wird, die etwas an einem auszusetzen haben.) Wenn ich mir meiner selbst allerdings sicher bin, dann bin ich zufrieden mit dem, was ich bin.

Hätte ich mich damals nach der Auswertung der Postings visuell oder sprachlich verändert, weil andere mich falsch fanden, wäre ich kein Vorbild für Kinder gewesen. Warum? Da ich den so wichtigen Dreiklang von Selbstbewusstsein, Selbstsicherheit und Selbstliebe, den ich versuche den Kindern zu vermitteln, nicht mit Leben gefüllt hätte. Und dieser ist einer der Schlüssel, um Mobbing nicht mehr zu *fühlen.*

Wir müssen unseren Kindern also dabei helfen, ein geübtes Gehirn zu bekommen, das Meinungen und Weltsichten anderer filtern kann. Denn ein geübtes Gehirn ist genauso wichtig wie ein gesunder Körper.

Aus bestem Gewissen

«Alles, was du in deinem Leben gemacht hast, hast du in diesem Moment aus bestem Gewissen gemacht. Es war deine beste Wahl. Hättest du eine bessere Alternative gekannt, hättest du sie gewählt», sage ich zu einem Kind, das in einer Klasse während des Trainings anfängt zu weinen. Ihm wurde bewusst, dass es einem Jungen aus seiner Klasse über Wochen sehr weh getan hatte, weil es ihn schikaniert und Unwahrheiten über ihn verbreitet hatte. Während einer Entspannungsübung brach es aus ihm heraus. Der «Täter» fing bitterlich an zu weinen, da er durch die Übung wieder mit sich und seinem Herzen in Kontakt gekommen war. Als ich diesen Satz zu ihm sagte, wurden einige seiner Mitschüler unruhig: «Das war doch nicht seine beste Wahl. Der hat das extra gemacht, der ist immer schon so gewesen ...!»

Auf den ersten Blick kann ich den Unmut nachvollziehen, aber ich bin überzeugt: Menschen handeln immer aus ihrer besten Option heraus. Würden wir eine bessere Alternative kennen, würden wir sie nutzen.

Stellen Sie sich folgende Situation vor: Phillip steht vor der Lehrerin im Klassenraum und berichtet über einen Vorfall in der Pause. «Der hat mir die Pokémon-Karten geklaut!» Ich stehe in der Tür und bekomme das Gespräch mit. «Wer?», fragt die Lehrerin. «Dave!» – «Okay, dann lass uns mit ihm reden!», sagt Frau Meiersfeld. Im Flur treffen beide auf den anderen Jungen. Dieser streitet direkt alles ab: «Ich war das nicht, was kann ich jetzt wieder dafür?» Eine längere Diskussion entbrennt. Am Ende stellt sich heraus, dass Dave die Karten doch geklaut hat.

Wer hat aus Ihrer Sicht heraus etwas falsch gemacht? Dave oder Phillip? Ich denke, die meisten werden Dave nennen, denn jemanden zu beklauen, ist eine Straftat. Und auch ich sehe das so. Doch trotzdem war es in diesem Moment seine beste Verhaltensoption, die Karten zu klauen. Nicht objektiv betrachtet. Sondern subjektiv, in den «maßgefertigten Schuhen» von Dave stehend. Er hat eigene Wünsche, Bedürfnisse, Gedanken, Überzeugungen etc. Wie jeder Mensch hat auch Dave das Bedürfnis nach Zugehörigkeit. Er glaubt allerdings, man könne nur dazugehören, wenn man wie alle anderen in der Klasse die neuesten Karten besitzt. Gleichzeitig weiß er, dass seine Eltern es sich nicht leisten können, ihm welche zu kaufen. Weil Dave durch Filme, YouTube-Videos und Songtexte außerdem vermittelt bekommt, dass Gewalt ein probates Mittel zur Durchsetzung der eigenen Wünsche ist, ist es aus der subjektiven Dave-Sicht vollkommen logisch zu klauen. Natürlich gäbe es unzählige bessere Verhaltensoptionen, die auch dazu führen könnten, dass er dazugehört oder eigene Karten besitzt. Doch ob *wir* das wissen, ist für diesen Moment irrelevant. Dave hatte zum Zeitpunkt der Entscheidung genau den Wissens- und Erfahrungsstand in Kombination mit den Bedürfnissen und Gedanken, den er eben hatte. Also klaute er. Es war in diesem Moment seine beste – und eine logische – Option. Heute hat er sicherlich andere Optionen im Verhaltensrepertoire, die er nutzen könnte. Damals nicht. Macht das seine Tat weniger schlimm? Nein. Aber wir können uns durch diese Sichtweise bewusst machen, dass Menschen handeln, wie sie handeln, weil es in diesem Moment, in ihrer Welt, die beste Wahl zu sein scheint. Akzeptieren wir das, können wir am Problem arbeiten und nicht nur am Symptom. Der Diebstahl war ein Symptom des eigentlichen Problems: Dave glaubt, nur dieses Kartenspiel ließe ihn dazugehören. Sein Bedürfnis, sich als Teil der Gruppe zu fühlen, ist nicht gestillt. Also könnten wir dort ansetzen und ihm dabei helfen. Das ist ein wichtiger Punkt, um langfristig etwas an der Mobbingproblematik zu verändern: Nicht nur die Opfer müssen gestärkt werden, sondern auch die Täter müssen lernen, andere Optionen für die Befriedigung ihrer Bedürfnisse zu finden.

Deshalb reicht es auch nicht aus, den Tätern ihre Vergehen emotional vor Augen zu führen. Denn selbst, wenn sie verstehen und es sie berührt, dass sie andere mit ihrem Verhalten verletzt haben, bleiben ihre Bedürfnisse, die erst für ihr Verhalten gesorgt haben, immer noch ungestillt. Kinder und Jugendliche brauchen deshalb Unterstützung dabei, neue Gedanken zu formen und neue Handlungskompetenzen zu lernen, die es ihnen ermöglichen, ihre Bedürfnisse sozialverträglich zu verfolgen.

Gehen wir zurück zur Anfangsszene, zur Schulklasse und zum weinenden Jungen. Sie erinnern sich, einige Schüler rebellierten nach meinen Worten: «Das war doch nicht seine beste Wahl. Der hat das extra gemacht, der ist immer schon so gewesen ...!» Ich wende mich der Klasse zu und sage: «Es *war* seine beste Wahl.

Wenn er eine andere gehabt hätte, dann hätte er sie genutzt. Ich bin mir sicher, er wollte etwas damit erreichen, dass er Kai immer wieder beleidigte und bloßstellte. Manuel, was war das?» – «Ich habe zu Hause immer nur Scheiße. Ich kriege immer eine drüber, Papa und Mutter streiten nur, es ist alles scheiße», antwortet der weinende Manuel. «Okay, aber was hat das damit zu tun, dass du andere fertigmachst? Was hat dir das Fertigmachen geschenkt?» «Wie, geschenkt? Ich weiß nicht, was du von mir willst!» Ich antworte: «Guck, alles, was wir tun, machen wir, damit es uns gut- oder zumindest bessergeht. Und es geht uns dann gut, wenn unsere Wünsche erfüllt sind. Ich habe mir als junger Erwachsener immer Aufmerksamkeit gewünscht. Darum habe ich angefangen, zu zaubern und aufzutreten. Ich stand auf der Bühne, alle guckten mich an, und ich fühlte mich super. Oder eure Eltern zum Beispiel. Wenn die wollen, dass ihr aufräumt, dann wünschen sie sich Ordnung. Das hat nichts mit euch zu tun, das ist ihr eigener Wunsch. Wenn ihr dann aufräumt, stillt ihr ihre Wünsche, und sie fühlen sich super. Aber nicht nur euretwegen, sondern weil ihre Wünsche gestillt worden sind. Was war also dein Wunsch hinter deinem Verhalten, Manuel?» Er sitzt auf seinem Stuhl und sagt: «Ich wollte auch einfach mal nicht der letzte Dreck sein. Alle sollten mich ernst nehmen und Respekt haben. Kai hat es nur abbekommen!» In diesem Moment werden einige Mitschüler laut. «Du bist so mies, Manuel. Kai kann doch nichts für deine Probleme!» Ich unterbreche die Gruppe: «Merkt ihr das? Ihr seid wie Manuel. Ihr handelt nach bestem Gewissen, aber das, was ihr hier macht, ist ebenfalls nicht gut!» Fragende Blicke. «Ihr seht hier vor euch einen Menschen, der gerade am Boden zerstört ist. Der weinend vor seiner Klasse zusammenbricht und ehrlich über seine Probleme redet. Der wahrscheinlich nicht weiß, wie er mit seinen Sorgen umgehen soll – und das Einzige, was ihr tut, ist: Ihr tretet nach. Ihr verletzt also einen anderen Menschen. Nicht, weil ihr das wirklich wollt, glaube ich. Ihr tut es, da es jetzt, genau in diesem Moment, eure beste Wahl war! Hättet ihr eine bessere gehabt, dann hättet ihr ihm möglicherweise Mut zugesprochen, ihm eine neue Chance gegeben und gemeinsam als Klasse eine Entscheidung für mehr Liebe und weniger Hass getroffen. Aber das habt ihr nicht getan. Ihr habt nachgetreten. Ihr und Manuel, ihr alle handelt danach, welche Möglichkeiten euch in diesem bestimmten Moment zur Verfügung stehen. Rückblickend kann man natürlich diskutieren, ob eure Reaktion wirklich clever war, und man kann lernen, seine Möglichkeiten bewusster zu wählen. Aber in diesem Moment gerade eben gab es für euch scheinbar keine andere Wahl, als dasselbe zu tun, was auch Manuel lange tat. Ihr denkt nur an euch. Was könnt ihr also davon mitnehmen?»

Ein Junge sagt: «Wir können probieren zu verstehen, dass Menschen die Sachen nicht wegen uns, sondern wegen sich selbst machen!»

Ich greife das auf: «Genau! Häufig denken wir über uns, dass wir Opfer sind. Oder selbst schuld daran, dass wir fertiggemacht werden. Das ist aber nicht so. Die Menschen, die so etwas machen, haben die Probleme. Das macht es zwar nicht unbedingt besser, aber es bringt etwas Entspannung für diejenigen, die betroffen sind. Denn jetzt ist man plötzlich nicht mehr das Opfer, sondern einfach wie eine Leinwand. Eine Leinwand, auf welcher der Täter sein Glück zu sehen glaubt. Versteht ihr das?»

«Eine Leinwand, weil Manuel ja Kai nicht geärgert hat, weil er ihn hasst, sondern weil er dachte, dadurch von allen respektiert zu werden», sagt ein Junge.

«Genau, und ihr habt in dem Moment, wo ihr gegen Manuel ‹nachgetreten› habt, in Manuel die Chance gesehen, euren Wunsch nach Gerechtigkeit zu stillen. Manuel war die Leinwand, auf der ihr euren Gerechtigkeitsfilm abspielen wolltet. Manuel ist nicht der Grund, warum ihr so reagiert habt. Es war euer Wunsch nach Gerechtigkeit!»

Ein Mädchen meldet sich: «Okay, aber dann müssten wir lernen, dass wir das, was uns wichtig ist, bekommen, ohne andere dabei zu verletzten. Dann wäre doch alles gut!»

«Das würde phantastisch sein, ist aber wohl nicht so leicht umzusetzen. Deshalb ist es wichtig, in den Fällen, in denen ihr etwas abkriegt, euch selbst nicht zum Opfer zu machen. Ihr seid nicht das Problem. Ihr seid nur die Leinwand. Lernt, euch gegenseitig dabei zu unterstützen, eine bessere Wahl zu treffen. Seid Vorbilder und zeigt anderen, wie es geht. Nicht ihr seid falsch in euren Wünschen. Manchmal habt ihr nur die falschen Ideen, wie ihr sie stillen könnt. Aber wenn jeder ab heute etwas mehr darauf achtet, Verhaltensmöglichkeiten zu nutzen, die allen guttun, dann werdet ihr etwas verändern. Stellt euch dazu bitte eine Frage: Wie wollt ihr, wenn ihr dreißig Jahre seid, auf eure Schulzeit zurückblicken? Welche Menschen wollt ihr gewesen sein? Die, die anderen weh getan, oder die Menschen, die andere stark gemacht haben und selbst leicht durch das Leben gehen? Wenn eure Antwort ist, dass ihr starke und unterstützende Menschen sein wollt, dann tut jeden Tag etwas dafür, dass es klappt!»

Die Klasse hatte verstanden.

Auch hier sind vor allem wieder wir Erwachsenen in unserer Vorbildfunktion gefordert. Zum einen müssen wir vorleben, was die Schüler erkannten: Verhaltensoptionen wählen, die Menschen aufbauen. Und zum anderen müssen wir dringend verstehen, dass auch die Täter Hilfe brauchen. Statt sie anzuprangern, auszugrenzen oder zu hassen und ihnen Schlechtes zu wünschen, müssen wir auch sie sehen und stärken. Denn sonst nutzen wir Mobbing als Kampf gegen Mobbing.

Der Wunsch nach Beachtung

«Traurig zu sein, ist etwas Schönes», sagt das Mädchen im Training zu mir. Es geht in der Trainingsstunde um Gefühle und in diesem konkreten Fall um Trauer. «Wie meinst du das, traurig zu sein, ist etwas Schönes?», frage ich sie erstaunt. «Bei mir zu Hause haben alle immer ganz viel zu tun. Keiner beachtet mich. Aber wenn ich anfange zu weinen, dann kümmern sich plötzlich alle um mich, und das ist doch super!»

Ich musste erst einmal durchatmen, als ich das hörte, denn es ist wirklich traurig, was dieses Kind berichtet. Sie wünschte sich Aufmerksamkeit und Beachtung, bekam diese aber nur, indem sie weinte. Ich kann mir gut vorstellen, dass ihre Eltern es durchaus auffällig fanden, wie weinerlich ihre Tochter ist. Welchen entscheidenden Beitrag sie selbst allerdings dazu leisten, sahen sie vermutlich nicht. Denken Sie an das vorherige Kapitel: Das Mädchen hat Bedürfnisse, die nicht gestillt wurden. Um sie zu stillen, hatte sie in ihrer gedanklichen Welt nur die Option zu weinen, um so Zuwendung zu bekommen.

Was eint uns Menschen? Wir wünschen uns Zugehörigkeit und Aufmerksamkeit. Leider haben manche Kinder nicht gelernt, wie man sich diese auf positive Weise verschafft. Im Gegenteil, häufig lernen Kinder sogar, dass man mit negativem Verhalten viel mehr Beachtung bekommt als durch positives.

Stellen wir uns eine Klasse mit fünfundzwanzig Kindern vor. Die meisten von ihnen machen einfach das, was die Lehrer sagen. Sie passen super ins System. Aber es gibt zwei Kinder, die sehr auffällig sind, die stören, quatschen, nicht mitmachen oder andere ärgern. Wer bekommt die meiste Aufmerksamkeit? Genau, die zwei, die die Regeln brechen, die rebellieren.

Auch ich bin nicht davor gefeit, das Negative unbewusst zu

verstärken: Mittagessen im Hause Duddek. Meine damals noch sehr junge Tochter konnte gerade mit dem Löffel essen und war natürlich stolz darauf. Ich saß vor ihrem Hochstuhl und schaute ihr beim Essen zu. «Sie macht das echt gut», dachte ich und stand auf, um schon mal schnell die Spülmaschine auszuräumen. In diesem Moment hörte ich ein platschendes Geräusch, drehte mich um und sah, wie meine Tochter Essen auf den Boden warf. Ich ging zu ihr und sagte: «Ach, süße Maus, iss bitte mit dem Löffel, das kannst du doch schon so gut!» Sie nahm wieder den Löffel, ich war zufrieden und wandte mich dem Geschirr zu – nur um dann kurz darauf wieder das platschende Geräusch zu hören. Ich drehte mich zu ihr um und sagte: «Hey, du kleiner Racker. Iss bitte mit dem Löffel!» In diesem Moment fiel es mir wie Schuppen von den Augen: Immer dann, wenn sie das tut, was ich gut finde, kümmere ich mich um den Haushalt – und wenn sie etwas macht, das ich eigentlich falsch finde, wende ich mich ihr zu. Damit verstärkte ich das, was ich eigentlich gar nicht verstärken wollte. Ich bin froh, dass mir das im Nachhinein bewusst geworden ist, sonst hätte ich meinen Anteil am Verhalten meiner Tochter gar nicht bemerkt.

An den beiden Beispielen sehen Sie, wie schnell wir Kindern «beibringen», etwas zu tun, das uns unlogisch erscheint, aber aus Sicht der Kinder Sinn ergibt, da sie damit unsere Aufmerksamkeit erlangen und beachtet werden. Das Mädchen aus dem Eingangsbeispiel und meine Tochter, beide wollten gesehen werden. Und auch wir Erwachsenen wollen gesehen und beachtet werden und tun Dinge, die uns als beste Option erscheinen, die aber objektiv betrachtet nicht sinnvoll sind: Wir wünschen uns eigentlich Anerkennung vom Chef und fangen an, schlecht über Kollegen zu reden, um uns ins bessere Licht zu rücken und die gewünschte Anerkennung zu bekommen. Der Wunsch nach Anerkennung ist nicht falsch. Wir haben allerdings eine Art gewählt, ihn uns zu erfüllen, die nicht sozial ist.

Übertragen Sie das nun auf Schulen und das Thema Mobbing. Warum mobben so viele Kinder und Jugendliche? Weil sie sich dadurch eine Form von Aufmerksamkeit erhoffen. Und das mit Erfolg: Nicht nur Aufsichtspersonen, sondern auch Mitschüler beachten sie, denn es gibt immer Zuschauer und Mitläufer, wenn Mobbing stattfindet.

Gehen wir einen Schritt weiter. Kinder wachsen in einer Welt auf, in der es in den Medien wie Instagram, Snapchat oder TikTok viel mehr um Schein als um Sein geht. Damit einher geht der Wunsch, ebenfalls zu dieser Welt zu gehören. Wo wir früher Freunde fanden, weil wir uns sympathisch waren, werden heute, überspitzt gesagt, Freundschaften geschlossen, weil das Gegenüber eine gewisse Reichweite in den sozialen Medien hat. Diese Tendenz ist wohl für jeden, der mit Jugendlichen zu tun hat, ersichtlich.

Likes und Followerzahlen sind für viele Jugendliche wichtig. Auch wenn ich in die Schulen komme, werde ich immer gefragt, ob ich bei Instagram oder YouTube bin und wie viele Follower ich dort habe.

Die sozialen Medien wirken wie ein Brandbeschleuniger für unseren Wunsch nach Anerkennung und Gesehenwerden. Er sorgt dafür, dass wir uns noch mehr Bestätigung wünschen, noch mehr Likes, Smileys und Herzen. Und hier können wir den Bogen zum Mobbing schlagen: Wir sehnen uns nach Bestätigung, durch die Bewertungskultur von Social Media wird diese Sehnsucht verstärkt – und wenn ich dann die Erfahrung mache, dass ich durch Beleidigungen, krasse Sprüche, Verleumdungen, Schmähkritik oder Pranks auf Kosten anderer Anerkennung und Beachtung bekomme, sei es on- oder offline, dann erscheint mir das als beste Verhaltensoption in diesem Moment. Können wir es den Kindern verübeln? Nein. Ihr Verhalten ist nur das Symptom ihrer inneren Bedürfnisse. Wir müssen deshalb als Gesellschaft den jüngeren Generationen zeigen, dass es Wege gibt, zu bekommen, was man will, ohne anderen zu schaden. Dafür nutze ich gerne die VAV-Methode, die ich auch schon in meinem letzten Buch beschrieben habe. Da diese Methode aber bereits so vielen Familien geholfen hat, möchte ich sie hier noch einmal vorstellen und im Kontext von Social Media anwenden.

Die VAV-Methode

V steht für Verbindung aufbauen, A für Alternative anbieten und V für Veränderungen anstoßen. Ziel ist es, die Kinder nicht nur mit den Gefühlen des anderen zu verbinden, um Empathie zu fördern (auf das Empathievermögen gehe ich im nächsten Kapitel noch mal gesondert ein), sondern ihnen vor allem Alternativen zu zeigen, wie die Situationen anders ablaufen könnten – um so letztlich Veränderung zu bewirken.

V steht für Verbindung aufbauen

Sehe ich, dass Kinder etwas tun, was anderen schadet, halte ich es für meine Pflicht, einzugreifen und die vermeintlichen «Täter» mit dem vermeintlichen «Opfer» zu verbinden. Dies erreiche ich je nach Alter auf verschiedene Weise: Bei jüngeren Kindern (anderthalb bis ca. vier Jahre, wobei dies auch variieren kann, je nach individueller Entwicklung des Kindes) sage ich, was ich glaube, dass der andere fühlt, und weise darauf hin, dass dieses Gefühl durch die Handlung des «Täters» ausgelöst wurde. Je jünger sie sind, desto weniger werden sie davon vielleicht verstehen. Es geht hier dennoch darum, die Kinder schon früh dafür zu sensibilisieren, dass die eigenen Handlungen für andere Konsequenzen haben. Wichtig ist dabei zu vermitteln, dass niemals das Kind selbst das Gefühl auslöst, sondern nur seine Handlungen. Deshalb sollte man Sätze vermeiden wie: «Du machst ihn wütend.» Besser wäre die Aussage: «Dass du ihn schubst, macht ihn wütend.»

Ab vier Jahren (je nach Entwicklung auch eher) kann man anfangen, nicht nur zu benennen, was der andere fühlt, sondern den «Täter» auch bewusst zu fragen, was er glaubt, dass der andere fühlt, und warum dies so ist. Manche Kinder können das sehr gut erkennen und formulieren, bei anderen muss man das Gesagte noch mal zusammenfassen und ggf. umformulieren.

Ab fünf, sechs Jahren sind die Kinder in der Lage zu benennen, was der andere fühlt, können dies jedoch nicht immer auf die eigene Handlung zurückführen. In dem Fall ist es wichtig, mit Hilfe von Nachfragen genau dies herauszuarbeiten.

Das V für Verbinden bedeutet somit, dass wir Täter und Opfer miteinander verbinden, sodass der Täter empathisch wahrnimmt, *dass er, was er* und *wie er* etwas in anderen ausgelöst hat. Der Post, in dem er sich über einen Mitschüler lustig gemacht hat, könnte also ein Aufhänger sein, um den Verfasser des Posts mit den Gefühlen des anderen zu verbinden.

A steht für Alternative

In dieser Phase geht es darum, den Kindern Alternativen anzubieten, ihnen andere Optionen, die Zwischenräume zu zeigen, die es zwischen den Speichen gibt. Bei den Jüngeren mache ich konkrete Vorschläge, die Älteren sollen selbst überlegen, wie sie das Bedürfnis, das ihrem Verhalten zugrunde liegt, alternativ hätten stillen können. Postet ein Junge z.B., wie er einen Mitschüler «geprankt» hat, könnte man ihm vorschlagen, stattdessen lieber selbst etwas Interessantes zu starten, um auf sich aufmerksam zu machen, ohne Dritte dafür als Vehikel zu nutzen: ein Musikvideo drehen, selbst Musik machen, ein Fußballturnier veranstalten, neue Tricks mit dem Fußball lernen und sie filmen, ein Baumhaus bauen, eine Playstationparty veranstalten etc. Was genau die Alternative sein kann, ist von der Situation abhängig. Hier müssen wir die Kreativität der Kinder fördern und sie ggf. auch bei der Umsetzung ihrer Ideen unterstützen.

Mir geht es darum, die Kinder nicht nur zu verbinden und dann mit der daraus resultierenden Erkenntnis über ihr Verhalten und die Gefühle anderer allein zu lassen, sondern ihnen Wege aus diesem inneren und äußeren Konflikt zu zeigen.

V steht für Veränderung

Aus den beiden vorangegangenen Punkten entsteht Veränderung. Zum einen fördern wir Empathie, zum anderen sehen die Kinder, dass es verschiedene Optionen gibt, um ein Bedürfnis zu stillen. Sie lernen, dass nicht sie selbst oder ihr Bedürfnis schlimm oder verwerflich sind, sondern die daraus entstandene «schädliche» Handlung.

Wie kann die VAV-Methode konkret in der Praxis angewendet werden? Stellen Sie sich folgende Situation vor:

Phillip und Markus hatten Streit. Wie schon öfter in letzter Zeit hat Markus seinem Mitschüler Phillip das Etui weggenommen. Das lässt sich der braunhaarige Junge nicht gefallen, und an der Klassenzimmertür schreit er Markus an, der ihn allerdings nur lauthals auslacht.

Kurz darauf sitze ich mit Markus im Klassenraum zusammen und beginne ein Gespräch. «Markus, ich kann nicht akzeptieren, dass du Phillip ständig das Etui wegnimmst. Ich bin erschrocken, dass du ihn dafür auslachst, wenn er es zurückverlangt, obwohl es sein gutes Recht ist, sein Etui zurückzubekommen. Dass ihr euch manchmal hänselt, verstehe ich, aber andere dafür auszulachen, wenn sie für ihr Eigentum einstehen, ist ziemlich mies!»

«Phillip ist selbst schuld, dem kann das doch egal sein, der hat doch sowieso immer die neuesten Sachen», erwidert Markus mit rotem Kopf. Er verschränkt die Arme und sitzt trotzig auf seinem Stuhl. Ich überlege, wie Markus die Situation sieht. Er nimmt Phillip etwas weg und lacht ihn aus, wenn er es wiederhaben möchte. Er scheint Gefallen daran zu finden, wenn der sich dann aufregt. Ich frage: «Sag mal, Markus, gibt es dir ein gutes Gefühl, Phillip zu ärgern? Sei bitte ehrlich, es wird keinen Ärger wegen deiner Antwort geben!» – «Ja, irgendwie schon», antwortet der Junge schließlich. Ich frage ihn: «Was genau wünschst du dir denn von Phillip?» – «Weiß nicht ... dass er ausrastet», sagt Markus. «Okay, aber warum soll er ausrasten, was bekommst du dadurch?» – «Na, Spaß halt!» Ich wage einen Vorstoß: «Markus, kann es sein, dass du möchtest, dass Phillip dich beachtet?» Er horcht auf, schweigt einen Moment und sagt dann: «Ja, der spielt gar nicht mehr mit mir, so wie früher. Außerdem hat er immer die coolsten Sachen und ich nie!» Ich lehne mich etwas zurück: «Du wünschst dir, dass Phillip dich beachtet und mit dir spielt, und deswegen ärgerst du ihn, damit du Aufmerksamkeit von ihm kriegst, richtig?», frage ich mit ruhiger Stimme. «Ja genau, sonst macht der ja nichts mehr mit mir!» – «Weißt du, Markus, ich verstehe, wie du dich fühlst. Ich habe das auch manchmal, wenn z. B. meine Frau viel zu tun hat und wir daher nicht viel Zeit zusammen haben. Dann probiere ich auch, durch kleine Neckereien auf mich aufmerksam zu machen. Dir ist Phillip wichtig, oder?» Er nickt zögernd. «Phillip scheint aktuell andere Dinge machen zu wollen, als mit dir zu spielen. Und das ist tatsächlich auch sein gutes Recht. Aber eins ist noch wichtiger: Wenn du ihm jetzt immer was wegnimmst, dann fühlt er sich ähnlich schlecht, wie du dich fühlst, wenn er dich nicht beachtet. Er ist einfach mal übel genervt. Das heißt, wenn du ihm was wegnimmst, dann wird eher das Gegenteil von dem passieren, was du eigentlich möchtest. Er will weniger mit dir machen, und du bekommst weniger Aufmerksamkeit von ihm. Macht es also Sinn, ihm immer wieder aufs Neue was wegzunehmen?» Markus schüttelt den Kopf. «Aber es gibt bestimmt eine Möglichkeit, das Problem zu lösen. Wie könntest du Beachtung von Phillip bekommen, ohne ihm dafür etwas wegzunehmen? Denn dass du seine Aufmerksamkeit willst, ist völlig in Ordnung. Ihm dafür aber Sachen wegzunehmen, ist keine gute Idee - und letztlich auch völlig daneben, oder?» Markus findet es scheinbar gut, dass ich entspannt bin und ihn nicht ausschimpfe, sondern versuche, empathisch zu sein. «Hm, vielleicht könnte ich mir ein neues Spiel ausdenken und dann sagen, dass er ja mitspielen kann. Ich könnte auch noch andere fragen, sodass er nicht alleine ist?» - «Yes», sage ich und nicke ihm anerkennend zu, während wir uns ein High Five geben. «Denk dir was Gutes aus und dann überzeug sie davon. Wenn du dich traust, sag ihm, warum du ihn geärgert hast und dass er dir wichtig ist. So kann er entscheiden, ob er dann wieder mehr Zeit mit dir verbringen wird. Ich glaube, er wird das verstehen!» Ich ergänze: «Wichtig ist in jedem Fall, dass du aufhörst, ihm seine Sachen wegzunehmen, denn das macht es nur schlimmer. Alright?» - «Was heißt das?», fragt er. Ich lache: «Das heißt: Alles klar?!» Er lacht auch und bestätigt mir, dass er verstanden hat, worum es geht, und nun eine Alternative gefunden hat, um sein Bedürfnis zu stillen.

Lassen Sie mich zum Abschluss noch etwas Grundsätzliches zur Anwendung der VAV-Methode sagen: Kinder müssen in dem Moment, in dem sie anderen schaden, «da durch». Sie müssen lernen, Verantwortung zu übernehmen und einzusehen, dass es unter anderem auch wegen ihrer Handlungen anderen schlecht geht.

Dies fällt vielen Erwachsenen schwer, gerade bei den eigenen Kindern. Hat der Sohn oder die Tochter anderen Schaden (seelisch und/oder körperlich) zugefügt und nehmen die Erwachsenen ihn oder sie deshalb in die Verantwortung, zeigen ihnen auf, was sie durch ihre Tat ausgelöst haben, passiert häufig Folgendes: Das Kind schämt sich für sein Verhalten, wird selbst traurig und fängt vielleicht sogar an zu weinen. Diese Reaktion halten einige Eltern dann nicht aus und versuchen, ihre Kinder zu trösten: «Na ja, sooo schlimm war es nicht!» Ich denke dann oft: «Doch, war es!»

Was ich damit sagen will: Kinder müssen lernen, dass sie eine Mitverantwortung für andere haben und ihr Verhalten etwas in anderen auslöst. Natürlich muss man zwischen einem Zehnjährigen, der andere massiv verunglimpft, und einem Zweijährigen, der andere rumschubst, unterscheiden: Der Zweijährige hat mitunter noch gar nicht die komplette Einsicht in die Konsequenzen seines Verhaltens. Doch auch jüngere Kinder sollten und können dafür sensibilisiert werden, was ihr Verhalten in anderen auslösen kann.

Fest steht: Wir müssen akzeptieren, dass wir Menschen nach Aufmerksamkeit gieren. Auch Kinder und Jugendliche tun dies, und das ist in Ordnung. Es ist nur wichtig, diese «Sucht» nach Beachtung in Bahnen zu lenken, die ein gutes Zusammenleben ermöglichen. Das schaffen wir, indem wir mit den Kindern Alternativen und neue Optionen dafür erarbeiten, sie unterstützen und selbst Vorbild sind.

Ich fühle deinen Schmerz ... nicht

«Sie denkt wirklich, sie ist etwas Besseres!» Mit diesem Satz begann in meiner Realschulklasse das, was wir heute als Mobbing bezeichnen würden.

Ich würde nun gerne schreiben, dass ich mich damals für das Opfer eingesetzt habe. Aber dem war nicht so. Ich war Mitläufer. Die Mitschülerin, die fortan von allen fertiggemacht wurde, litt sichtlich darunter. Doch die Mobbinganführer machten weiter, und wir anderen machten mit.

Was dabei auf den ersten Blick komisch klingen mag: Ich schritt nicht ein, obwohl ich mit dem Opfer mitfühlte und den Schmerz des Mädchens förmlich spüren konnte. An mangelnder Empathie lag es also nicht. Empathie? Empathie, Einfühlungsvermögen, bedeutet, dass ich mich mit einer anderen Person verbinden, mich in ihre Gedanken-, Gefühls- und Erlebniswelt hineinversetzen kann. Empathie ist im Grunde die bewusste Verbindung zu einer anderen Person. Wir Menschen sind in der Lage, mit anderen mitzufühlen. Ich selbst würde für mich in Anspruch nehmen, gute «Antennen» für die Gefühle anderer zu besitzen – und trotzdem habe ich damals mitgemacht.

Wir stehen uns selbst nun mal am nächsten. Für mich war Mitläufer zu sein damals die beste Option, denn ich war ein junger Mensch voller Minderwertigkeitskomplexe. Ich dachte: «Wenn ich nicht mitmache, dann werde ich selbst zum Opfer, und das verkrafte ich nicht!» Mein Verhalten war reiner Selbstschutz.

Heute, als emotional gefestigter Erwachsener, würde ich natürlich völlig anders reagieren. Damals in der Pubertät jedoch habe ich mich nicht in der Lage gefühlt, anders zu handeln. Hinzu kam, dass niemand in der Schule die Situation aufgriff oder uns gegen Mobbing wappnete. Ich habe also damals bewusst die

Verbindung zu einer anderen Person gekappt und mich auf mich konzentriert – obwohl ich dazu erzogen worden bin, Mitgefühl mit anderen zu haben, mich zum Wohle der Gemeinschaft auch mal zurückzunehmen und andere zu unterstützen. Erinnern Sie sich? Wir Menschen handeln, wie wir handeln, weil wir denken, wie wir denken.

Erziehung heute ist ganz anders als früher. Sicher nicht in allen Familien, doch es gibt Trends, die Kinder immer egozentrischer werden lassen. Und das ist ein Problem, denn wenn selbst ich als empathischer Jugendlicher, dem Werte wie Mitverantwortung, Gemeinschaft und Unterstützung beigebracht worden sind, zum Mitläufer und Mitmobber werden konnte – wie sieht es dann erst bei Menschen aus, die in ihrer Kindheit lernten, dass nur sie und ihr eigenes Wohlbefinden wichtig sind?

Kindern wird heute leider oft vermittelt, dass sie der Mittelpunkt des Universums sind und immer alles um sie und ihre Bedürfnisse kreist. Einigen Kindern werden keine Grenzen aufgezeigt. Sie lernen nicht, dass auch andere Menschen Gefühle und Bedürfnisse haben, da sie sich nie anpassen oder zurücknehmen müssen. Das fängt bei Kleinigkeiten an: Räume ich beispielsweise mein Zimmer auf, obwohl ich keine Lust habe, aber weil ich weiß, dass es meinen Eltern wichtig ist, dann ist das die Essenz von Empathie: Ich tue Dinge nicht ausschließlich, weil sie mir, sondern weil sie (auch) anderen guttun.

Befolgen Kinder Regeln allerdings nur, weil sie sonst bestraft werden, hat das nichts mit Empathie zu tun. Sie handeln dann lediglich, um sich selbst vor der Strafe zu bewahren, nicht weil sie ihren Eltern etwas Gutes tun wollen. Hier geht es also um egoistische Gründe. Das darf an dieser Stelle nicht verwechselt werden. Mir geht es allerdings um die Fähigkeit, etwas für andere zu tun und mich selbst dafür zeitweise auch mal einzuschränken. Nicht aus Angst, sondern aus Liebe heraus, da ich empathisch fühle, wie gut das den anderen in diesem Moment tut. Dafür muss ich als Elternteil aber selbstverständlich erst mal meine eigenen Bedürfnisse benennen und auch klarmachen, wenn Grenzen überschritten werden. Grenzen setzen heißt für mich nicht, Grenzen um das Kind herumzuziehen, sondern um mich selbst. Ich behaupte mich vor meinem Kind und zeige ihm, dass auch ich Wünsche und Gefühle habe.

Warum verteidigen viele Eltern ihre eigenen Grenzen nicht mehr? Manchmal ist es sicherlich die Unwissenheit darüber, wie wichtig es ist, für sich selbst einzustehen. In anderen Fällen ist es die Unlust, die Konfrontation mit ihrem Kind einzugehen. Denn wenn ich Wünsche äußere, kann es zu Diskussionen und Streitigkeiten kommen – das ist anstrengend und oft genug sehr nervig.

In wieder anderen Fällen setzen Eltern deshalb keine Grenzen, weil sie ihre Kinder als kleine Prinzen und Prinzessinnen sehen, die einfach eine wunderschöne Kindheit haben sollen, ohne Mühsal, Verpflichtungen und Verantwortlichkeiten. Gerade bei Eltern, die selbst sehr autoritär erzogen worden sind, schlägt die eigene Erziehung – bewusst oder unbewusst – oft ins andere Extrem um: Sie setzen gar keine Grenzen und stellen immer und stets die Bedürfnisse der Kinder in den Vordergrund. Inwiefern das für die Gemeinschaft im Allgemeinen und die Familie im Besonderen nachteilig sein kann, wird dabei oft ausgeblendet.

Hinter diesem Erziehungskonzept steckt häufig der Gedanke, dass Grenzensetzen der Autonomieentwicklung der Kinder schadet. Allerdings tut sich da schnell ein Widerspruch in der Praxis auf: Eltern, die sich wünschen, dass ihr Kind frei tun darf, was es will, sehen es mit der Autonomie des Kindes plötzlich ganz anders, wenn es nicht um ihre eigene Tochter oder ihren eigenen Sohn geht.

Lassen Sie mich das an einem Beispiel verdeutlichen: Die kleine Marie soll nach Auffassung der Eltern immer das tun können, was ihr gerade wichtig ist. Sie soll ihre Bedürfnisse achten und leben. Ohne Grenzen und Regeln. Nimmt der Nachbarsjunge Emil nun Marie das Sandspielzeug weg, empören sich ihre Eltern darüber, weil ihre kleine Marie leidet. Dabei wäre ihrer Argumentation zufolge Emil ja nur seinem Bedürfnis nachgekommen, mit den Förmchen zu spielen. Für das eigene Kind soll also die Regel gelten, für andere nicht.

Ich bin der Auffassung, dass wir als Eltern, Lehrer oder Erzieher die Wünsche und Bedürfnisse der Kinder sehen und respektieren müssen, da das wichtig für eine gesunde Entwicklung ist. Doch auch hier gibt es eben nicht nur die Speichen, sondern auch den Zwischenraum, der das Rad macht. Mit anderen Worten: Es gibt kein Entweder-oder. Man muss sich nicht entscheiden, ob man ausschließlich bedürfnisorientiert agiert oder immer Grenzen setzt. Es ist ein Wechselspiel. Denn wenn ich nur die Bedürfnisse meines eigenen Kindes sehe, ist die Chance groß, kleine Egomanen heranzuziehen. Kinder sollen in ihrer Individualität gesehen werden. Doch sie müssen darüber hinaus lernen, ihre eigenen Bedürfnisse und Wünsche so auszuleben, dass sie der Gemeinschaft zuträglich sind. Ja, dass man sich zum Wohle der Gemeinschaft hin und wieder ein wenig zurücknehmen muss.

Ich bin überzeugt: Für ein friedliches Zusammenleben ist es grundsätzlich gut, dass es Regeln und Normen gibt, die das Miteinander erleichtern. Gegner dieser Ansicht führen häufig ins Feld, wir würden Regeln nur deshalb gutheißen, weil wir selbst als Kind durch Grenzsetzungen verletzt wurden. Kinder seien umsichtig und würden niemandem schaden, wenn wir sie einfach nur machen ließen.

Übertragen wir das auf andere Lebensbereiche, z.B. auf den Straßenverkehr: Nur mal angenommen, es gäbe keine Verkehrsordnung und alle Menschen würden umsichtig fahren und einander achten. Nun hat aber mal einer dieser Menschen einen schlechten Tag, ist unkonzentriert, gestresst und fährt deshalb rücksichtslos über eine Kreuzung (es gibt ja keine Ampel und keine Vorfahrtsregeln), fährt Sie an und verletzt Sie. Spätestens in diesem Moment würden Sie sich wünschen, es hätte klare Richtlinien gegeben, die das Zusammenleben sicherer gemacht hätten. Auch das ist, wie wir wissen, keine Garantie, Unfälle zu vermeiden. Aber die Wahrscheinlichkeit wäre erhöht.

Oder nehmen wir folgendes Beispiel aus der Lebenswelt der Kinder: In der Kita von Anne gibt es einen Morgenkreis, in dem sich alle gemeinsam versammeln, um gleich zu Beginn des Tages Zusammensein und Zugehörigkeit zu erleben. Anne hat aber keine Lust und weigert sich. Die Erzieherinnen bestehen aber trotzdem darauf, dass sie teilnimmt. Mutter Franziska ist empört, als sie nachmittags davon hört: Wie kann ihr Kind nur derart in seiner Autonomie eingeschränkt werden?

Für mich stecken hinter einer solchen Haltung Empathielosigkeit und Egozentrik: Nur Menschen, die einzig sich und das eigene Kind sehen, kommen auf die Idee, dass die Erzieherinnen das Kind gängeln. Alle mit Empathie erkennen, dass sie mit diesem Ritual für Gemeinschaft sorgen und nicht etwa Anne in ihrer Freiheit unterdrücken möchten.

Ich denke, wir müssen das Gesamtbild sehen. Grenzen zu setzen und Kindern aufzuzeigen, dass sie eine Mitverantwortung für andere haben, ist gut für alle Beteiligten. Meiner Erfahrung nach sind Kinder sogar sehr dankbar, wenn sie respektvoll Grenzen aufgezeigt bekommen und gleichzeitig erfahren, dass sie an anderer Stelle durchaus für ihre eigenen Grenzen einstehen dürfen. Es führt dazu, dass sie erkennen, wie unterschiedlich Menschen sind, welche unterschiedlichen Bedürfnisse und Gefühle sie haben, die es zu beachten gilt!

Und damit sind wir wieder am Anfang des Kapitels: Ich konnte damals den Schmerz des Mädchens in meiner Klasse fühlen, habe es aber ignoriert. Heute gibt es viele Kinder und Jugendliche, die den Schmerz des anderen erst gar nicht wahrnehmen. Und das macht die Sache noch extremer. Denn wo ich mich damals für mein eigenes Verhalten geschämt habe, aber mich aus Selbstschutzgründen nicht getraut habe, mich anders zu verhalten, empfinden heute viele keine Scham mehr, andere schlecht zu behandeln. Sie sehen nur sich selbst. Sie fühlen den Schmerz scheinbar nicht. Unsere Aufgabe ist es, Kinder wieder für die Gefühle anderer zu sensibilisieren. Das wiederum beginnt zu Hause, indem wir offen über Gefühle reden und anstatt zu strafen, eine gesunde Beziehung zu unseren Kindern aufbauen, in der wir ihnen aufzeigen, wo unsere Grenzen sind, und gleichzeitig auch den Kindern die Freiheit geben, ihre Grenzen zu setzen. Denn so wachsen sie selbstbewusst und empathisch auf. Und das ist Teil der Lösung.

Das bedeutet auch, Kindern in Mobbingfällen nicht einfach Schuld zuzuweisen, sondern ihnen zu helfen, wieder zu fühlen, wie viel Leid sie auslösen. Das alleine ist zwar kein Garant für eine mobbingfreie Gesellschaft, aber es ist ein wichtiges Zahnrad. Darüber hinaus müssen wir den Kindern Handwerkszeug mitgeben, wie sie anders handeln können – die im vorherigen Kapitel beschriebene VAV-Methode kann dabei hilfreich sein.

Wir müssen *allen* Lösungen und Handlungsalternativen anbieten: Tätern, Opfern, Mitläufern, Zuschauern und Helfern. Auch ich hätte damals eine Alternative gebraucht, die mich selbst nicht Opfer werden lässt, mich aber trotzdem nicht zum Täter macht.

Falls Sie sich fragen, wie die Situation damals in meiner Realschule endete: Immer mehr Mitschüler sahen, wie sehr das Mädchen litt, und es bildete sich irgendwann eine Gruppe mutiger Mädchen, die sich dagegenstellte. Sie fand sofort Zuspruch in der Klasse. Und als ich erkannte, dass ich nicht alleine war, schloss auch ich mich dieser Gruppe an, und wir nahmen dem Hauptmobber somit den Nährboden für weitere Schikanen. Er merkte, dass er durch sein Verhalten das verlor, was ihm am wichtigsten war: Anerkennung.

Hätten wir damals nicht die Fähigkeit gehabt, den Schmerz des Mädchens wirklich wahrzunehmen, weiß ich nicht, wie es geendet hätte.

Gelernte Hilflosigkeit

«Ich weiß nicht, was ich machen soll!» Der Junge steht vor einem Schrank, auf dem sein Etui in der obersten hintersten Ecke eingeklemmt liegt. Wir sind mitten in einem Mobbingpräventionstraining in seiner Schule. Die Übung sieht so aus, dass ich den Kindern etwas wegnehme und sie sich dieses nur durch den Einsatz von Worten wiederholen sollen. Es geht um Durchsetzungsstärke. Es gibt immer den Moment, wo ich das Etui nicht einfach nur wegnehme, sondern es direkt irgendwo draufwerfe. Einige Kinder wissen sofort, wie sie das Problem lösen können. Der Großteil steht allerdings da und ist überfordert mit der Situation. «Dann finde eine Lösung!», sage ich zu dem Jungen. Er schaut mich an, und ich sehe, dass seine Augen sich mit Tränen füllen. Hilflos sieht er sich um. «Aber ich komm da nicht dran», bringt er schließlich hervor. Während ich mich auf einen Stuhl setze, schaue ich ihn an und sage: «Ich weiß, dass du das denkst und dir diese Geschichte erzählst, aber versuch doch stattdessen einfach mal, eine Lösung zu finden!» Er traut seinen Ohren nicht, und ich merke, dass er kurz davor ist zu weinen. «Guck mich mal an, Mike», sage ich und fixiere ihn mit meinem Blick. «Ich sehe, dass du ein cleverer Typ bist. Aber ich sehe auch, dass du dir gerade selbst einredest, dass du das nicht kannst. Und solange du das tust, wird sich nichts ändern. Jetzt glaub mir einfach mal. Du kannst das, du bist gut, du bist clever und jetzt löse das Problem!»

Gelernte Hilflosigkeit ist das, was wir bei Mike beobachten können: Das, was er da erlebt, ist kein wirkliches Problem. Maximal ein Problemchen. Er müsste sich lediglich einen Stuhl nehmen und das lange Lineal von der Tafel und könnte dann sein Etui vom Schrank fischen. Vielleicht muss er auch die Lehrerin fragen, ob er das darf. Aber das sind alles Dinge, die ein Schulkind kann – es sei denn, es hat nicht gelernt, Probleme allein zu lösen. Und genau das ist bei vielen Kindern der Fall: Ihre Eltern nehmen ihnen viel zu viele Aufgaben ab, anstatt sie anzuleiten, selbst Probleme zu dekonstruieren, Lösungswege zu finden und diese auch umzusetzen. Ich möchte Ihnen das anhand meines Elternmodells aufzeigen, das ich entwickelt habe, um Eltern die Auswirkung ihrer eigenen Erziehungsmethoden aufzuzeigen. Dabei unterscheide ich fünf Elterntypen, denen ich der Anschaulichkeit halber verschiedene Tiere zugeordnet habe.

Der erste Elterntyp sind die *Krabben*. Krabben «lenken» ihre Kinder nicht und zeigen kaum Wertschätzung und Liebe. Kinder von Krabben werden vernachlässigt. In meiner Show sage ich immer etwas sarkastisch, dass höchstwahrscheinlich keine Krabben im Publikum sitzen, da eine Krabbe nicht auf die Idee kommen würde, sich eine Bühnenshow zum Thema Erziehung anzusehen. Sie interessiert sich ja nicht wirklich für ihre Kinder.

Dieser Elterntyp ist für die Entwicklung der Kinder definitiv am schlimmsten, da Liebe und Geborgenheit fehlen.

Der zweite Elterntyp sind die *Bären*. Bären lieben ihre Kinder über alles, sie überhäufen sie mit Liebe, behaupten aber oft ihre eigenen Grenzen nicht und lassen die Kinder in jederlei Hinsicht frei gewähren. Wenn Sie bei einem Bärenelternpaar zu Besuch sind, könnten Sie Situationen wie die folgende erleben: Sie sitzen am Tisch, draußen regnet es in Strömen. Die Haustür öffnet sich, und Sie hören ein regelmäßiges schmatzendes Geräusch, bis ein komplett nasses Kind im Wohnzimmer steht und mit matschigen Schuhen über den Teppich durchs Zimmer läuft. Schmatz, schmatz, schmatz ... Und während Sie selbst noch denken: «Okay, jetzt werden die Eltern es zur Räson rufen, und es wird wohl zum Lappen greifen müssen», fängt das Kind auch noch an, mit dem nassen Ball zu prellen. Doch was sagen Bären? «Nun ja, es sind halt Kinder!» Bären setzen keine Grenzen – mit den besten Absichten und aus großer Liebe heraus, aber letztlich können ihre Kinder tun und lassen, was sie wollen.

Der dritte Typ ist der *Gorilla*. Gorillakinder erfahren wenig bis keine Wertschätzung, dafür werden sie massiv gelenkt. Es gibt unzählige Regeln, deren Befolgung der Gorilla autoritär einfordert. Drohungen und Strafen sind seine Erziehungswerkzeuge, vom Kind wird Gehorsam erwartet. Klassische Gorillasätze sind: «Solange du deine Füße unter meinem Tisch hast, wird gemacht, was ich dir sage», oder: «Wenn der Kuchen redet, hat der Krümel Pause!»

Der vierte Elterntyp ist der *Löwe*. Löwen lieben und wertschätzen ihr Kind, Regeln und Werte gehören aber genauso zu ihrem Erziehungskonzept dazu. Sie geben ihren Kindern Freiraum, nehmen allerdings auch ihre eigenen Bedürfnisse wichtig. Sie unterstützen ihre Kinder darin, für ihre Wünsche einzustehen, und zeigen ihnen zugleich, dass es manchmal wichtig ist, sich selbst zurückzunehmen.

Zu guter Letzt gibt es noch den fünften Elterntyp: die *Hummeln*. Diese lieben ihr Kind über alles, schränken es aber auch massiv ein, da sie immer um die Kinder herumschwirren, ihnen alles abnehmen und eventuelle Schwierigkeiten oder Probleme für sie aus dem Weg räumen. Die Kinder werden sprichwörtlich in Watte gepackt.

Stellen Sie sich diese fünf Elterntypen einmal auf einem Spielplatz vor.

Was macht die Krabbe? Richtig, sie ist gar nicht zu sehen, denn Krabben unternehmen nur selten etwas mit ihren Kindern. In dieser Zeit könnten sie ja auch am Handy spielen und das Kind vor den Fernseher setzen.

Was machen Bären auf dem Spielplatz? Sie setzen sich auf eine Bank und stehen für die restliche Zeit des Spielplatzbesuchs auch nicht mehr davon auf. Ihre Kinder können machen, was sie wollen, und sich benehmen, wie es ihnen gefällt: Ob sie anderen Kindern Spielzeug wegnehmen, die Rutsche blockieren oder sich bei der Schaukel partout nicht in die Warteschlange stellen wollen – der Bär greift nicht ein. Er zeigt seinem Kind nicht auf, dass sein Verhalten die Gefühle anderer verletzt.

Und der Löwe? Der spielt zeitweise mit seinem Kind, um sich dann zwischendurch immer wieder zurückzuziehen, um dem Kind Freiraum zu geben, eigene Erfahrungen zu machen.

Und während der Löwe Spaß mit seinem Kind hat, kommt der Auftritt des Gorillas. Er sieht, wie sein Kind auf eine Rutsche klettert. Das hatte er ihm aber verboten, da das Kind sich nicht schmutzig machen soll. Er steht auf und schreit über den ganzen Spielplatz: «Joooooonas!» Jonas dreht sich um und winkt. Der

Gorilla sieht darin eine Respektlosigkeit und probiert es noch mal, lauter und energischer: «Jonas Meier-Schulze, wie oft muss ich es dir noch sagen?» Jonas winkt wieder fröhlich, da er gar nicht weiß, was der Elternteil will. Typisch Gorilla. Er glaubt, dass Kinder nur durch das Schreien ihres Namens wissen, was sie (nach Ansicht ihrer Eltern) falsch gemacht haben, was sie anders machen sollen, und auch, wann sie damit beginnen müssen. Der Gorilla stampft nun wutentbrannt los, um sich sein Kind «vorzuknöpfen». In diesem Moment sieht die Hummel, wie ihr Kind alleine in den Sandkasten steigen will. Das Mädchen hebt ein Bein, um die Sandkastenumrundung zu überwinden, und schon fangen bei der Hummel sämtliche Alarmglocken an zu schrillen. Sie springt auf und reicht dem Kind die Hand. Wenn es das Gleichgewicht verloren und hingefallen wäre! Was da nicht alles hätte passieren können! Im Sandkasten angekommen, will sich das Hummelkind eine Schaufel von einem anderen Kind nehmen. Und wieder schrillen die Alarmglocken. Die Hummel schnappt sich die Schippe, guckt panisch die anderen Eltern auf der Bank an und fragt: «Sind da Weichmacher drin, ist die Schaufel TÜV-geprüft? Weiß das einer?» Zur Vorsicht nimmt sie lieber alles Spielzeug aus dem Sandkasten. In diesem Moment geht der Gorilla an der Hummel vorbei und deutet die Situation völlig anders: «Richtig so. Wenn die Blagen Quatsch machen, sofort Spielzeugverbot!» Der Bär sitzt währenddessen auf der Bank und denkt: «Ach, lass sie doch, so sind Kinder eben!» Der Löwe verbringt mit seinem Kind eine lustige Zeit mit Sandkuchenbacken, und die Krabbe kriegt von dem ganzen Spektakel nichts mit, erreicht aber zu Hause ein neues Level in *Candycrush*.

Natürlich sind diese fünf Typen gewissermaßen Prototypen, und wir alle sind im Alltag nicht immer nur ein Typ, sondern schwanken je nach Situation und Nervenkostüm hin und her. Aber meist hat jeder von uns eine dominante Ausprägung, und diese hat Auswirkungen auf die Entwicklung der Kinder.

Bei der Krabbe, die sich nicht groß um ihre Kinder kümmert, ist es natürlich leicht zu erkennen, dass diese Vernachlässigung schlecht für die Entwicklung der Kinder ist: auffälliges Sozialverhalten wie mangelnde Selbstkontrolle und aggressives Verhalten können die Folgen sein. Krabbenkinder neigen zu Orientierungslosigkeit und können nur schwer eine vertrauensvolle Bindung zu anderen Menschen aufbauen.

Bärenkinder tendieren indes dazu, Regeln außerhalb des Elternhauses nur schwer zu akzeptieren, da sie es nicht gewohnt sind, sich selbst zurückzunehmen. Manchmal neigen sie auch dazu, immer extremer das Limit auszutesten. Dahinter verbirgt sich oft ein Hilferuf, der Wunsch nach Sicherheit und Orientierung, da Grenzen und klare Rahmenbedingungen nicht automatisch etwas Schlechtes sind, sondern Halt geben können.

Gorillakinder wiederum neigen entweder dazu, sich anzupassen und ihre eigenen Bedürfnisse zu ignorieren, da sie es gewohnt sind, sich unterzuordnen, oder sie rebellieren und werden selbst sehr grenzüberschreitend, um die Unterdrückung aus dem Elternhaus zu kompensieren.

Löwenkinder hingegen können sich Freiraum nehmen, sich aber auch selbst zurücknehmen. Sie lernen, auf ihre Gefühle zu hören, und wissen, wie man respektvoll eigene Grenzen behauptet, da ihre Eltern ihnen das vorleben. Sie können die Wünsche anderer sehen und ernst nehmen, da sie selbst ernst genommen werden. Der Löwe ist der Elterntyp, der die Kinder positiv in ihrer Entwicklung beeinflusst.

Kommen wir zur Hummel, dem Elterntyp, der den Kindern (fast) alles abnimmt. Und genau dieser bringt den Kindern Hilflosigkeit bei, auch wenn die Intention hinter diesem Verhalten eigentlich eine positive ist: das Kind vor Verletzungen und Problemen zu bewahren. Doch wenn ich in meinem jungen Leben nie die eigenen Grenzen kennenlerne, weil ich nie Probleme alleine lösen muss, dann hat das selbstverständlich eine Wirkung auf mein Selbstbild. Das Kind lernt: Alleine kann ich es nicht schaffen – ich muss es aber auch gar nicht erst versuchen, Mama, Papa oder andere Erwachsene müssen – und werden! – mir helfen. So erzieht man Kinder zu Hilflosigkeit, aber auch zu Egozentrik und Bequemlichkeit: Ein Kind, das sich mit acht Jahren nicht alleine die Schuhe binden muss, das nie aufzuräumen, nie Konflikte zu lösen braucht, ist natürlich hilflos. Gelernt hilflos.

Es ist keine unterlassene Hilfeleistung, wenn man Kindern zutraut, alleine Lösungen zu finden. Pädagogen und Lehrer kennen es aus ihrem Alltag: Viele Kinder, mehr als Sie als Leserin oder Leser vielleicht vermuten, bitten für jede Kleinigkeit um Hilfe. Und ja, es ist gut und wichtig zu wissen, dass man in Ernstfällen Hilfe bekommt. Doch Kinder erhalten eben auch in Situationen und bei Konflikten Hilfe, die sie alleine lösen könnten, wenn sie sich nur ein bisschen anstrengen würden und Vertrauen in ihr eigenes Problemlösungspotenzial hätten. Das Wissen, selbst etwas erreichen zu können, vor allem auch dann, wenn es schwer ist, würde ihnen jedoch Selbstvertrauen schenken – Selbstvertrauen, das in Mobbingsituationen so dringend gebraucht wird. Denn lassen Sie uns ehrlich sein: Ein Kind, das immer nur in Watte gepackt und nie in die Verantwortung genommen wird, selbst Probleme zu lösen, wird unter so massiven Problemen wie Mobbing mehr leiden als ein Kind, das Problemlösungskompetenz besitzt und bereits häufig erlebt hat, wie Konflikte gelöst werden können. Den Hummelkindern fehlt häufig genau diese Referenzerfahrung und somit der Glaube daran, dass sie in der Lage sind, Herausforderungen zu meistern.

Geben Sie Ihren Kindern das Vertrauen, Probleme alleine meistern zu können. Anstatt das Problem für sie zu lösen, erarbeiten Sie mit Ihrem Kind Strategien, wie es die Probleme alleine angehen kann. Signalisieren Sie ihm, dass Sie als Rettungsnetz da sind, um es aufzufangen, sollte es gar nicht weiterkommen. Doch der erste Versuch muss, um im Bild zu bleiben, immer sein, alleine über das Seil zu balancieren.

Ich spreche hier vor allem von den vielen kleinen Herausforderungen und Problemen des Alltags: die dreckigen Schuhe säubern. Den Ball aus dem Garten der Nachbarn holen und dafür dort klingeln müssen. Dem Freund, der etwas wegnimmt, Grenzen setzen. Alleine zum Bäcker gehen und Brötchen holen. Es gibt so viele große und kleine Herausforderungen, die alle eine tolle Möglichkeit sind, sich weiterzuentwickeln. Und darum geht es doch: Wenn wir unsere Kinder gegen Mobbing wappnen wollen, dann müssen wir sie so begleiten, dass sie sich zu charakterfesten und resilienten Persönlichkeiten entwickeln können. Und das geht nur, wenn wir selbst daran glauben, dass unsere Kinder stark sind. Es ist unser Bild von unseren Töchtern und Söhnen, das darüber entscheidet, wie wir sie begleiten. Ich höre nach Kursen und Trainings immer wieder: «Das war schon krass, wie du da einfach gesagt hast, dass er das alleine schafft. Ganz ehrlich, Daniel, als ich ihn da so hab stehen sehen, da tat mir das im Herzen weh. Ich hätte ihn so gerne aus der Situation genommen und getröstet, aber du hast ihm einfach Mut gemacht und gar nicht mitgelitten. Und dann hat er es ja geschafft und war so stolz auf sich. Das war sehr schön zu sehen!»

Denken Sie wieder daran, dass unsere inneren Überzeugungen zu unseren Handlungen führen. Ich bin felsenfest davon überzeugt, dass Kinder stark sind und dass sie das Recht darauf haben, auch so behandelt zu werden. Denn nur so können sie ihre Stärke voll entfalten. Und nur so bekommen sie die innere Haltung, die sie brauchen, um sich gegen Mobbing zu wehren.

Wenn Kinder in schwierigen Situationen stecken, habe ich zwar Mitgefühl, aber kein Mitleid. Denn wenn ich mitleiden würde, würde ich nicht aus Stärke heraus handeln, und das würde sich auf die Kinder übertragen. Wo entwickeln wir Menschen uns weiter? In den Momenten, in denen alles entspannt und vertraut ist, oder in denen, wo wir plötzlich Neuem und Herausforderndem gegenüberstehen?

Also freue ich mich für Kinder, wenn sie neue Erfahrungen machen, auch wenn sie vielleicht auf den ersten Blick sehr herausfordernd waren. Alles andere würde ja bedeuten, dass ich ihnen keine Weiterentwicklung zutrauen und gönnen würde. Aber genau das tun viele Eltern und auch Pädagogen. Sie trauen Kindern Dinge nicht zu. Warum? Weil sie selbst verlernt haben, sich weiterzuentwickeln und ihre Grenzen zu erweitern. Deshalb mein Appell: Entwickeln Sie sich mit Ihrem Kind weiter. Erleben Sie Abenteuer! Bringen Sie sich in neue Situationen und finden Sie gemeinsam Wege, diese zu meistern! Ermuntern Sie Ihr Kind, es erst einmal selbst zu versuchen – der Stolz und das Selbstvertrauen, die es dadurch erlangt, sind unbezahlbar. Aus gelernter Hilflosigkeit wird gelernte Selbstwirksamkeit: das Wissen, dass ich selbst Einfluss auf das Geschehen um mich herum habe und nicht nur Spielball anderer bin.

Krieg im Kopf. Krieg auf dem Schulhof

«Daniel, wenn ich das Haus verlasse, dann ziehe ich meinen Panzer an und ziehe in den Krieg.» Sie erinnern sich vielleicht noch an Miguel aus dem Kapitel «Freie Meinung und ihre Grenzen». Das waren seine Worte, als er in mein Trainingsprogramm kam. Er wurde täglich von seinen Mitschülern schikaniert und versuchte, sich massiv dagegen zu wehren.

Ich kann sein Verhalten sehr gut nachvollziehen. Wie oft haben Kinder Sätze wie «Lass dir das bloß nicht gefallen», «Du musst du dich dagegen wehren» oder «Setz dich durch, das muss ein Ende haben» von uns Erwachsenen gehört? Viele Kinder glauben, dass es sinnvoll ist, in den Kampf zu ziehen: Wenn dir jemand etwas antut, so haben sie es gelernt, musst du ihm Grenzen setzen. Und ich finde das grundsätzlich richtig. Doch ich kann meine Grenzen entweder aus innerer Stärke oder aus Verletzung heraus behaupten. Um Ersteres zu schaffen, muss ich vor allem lernen, mich selbst anzunehmen, wie ich bin. Dann ist in den «Krieg» ziehen auch nicht mehr die einzige Handlungsoption für mich.

Lassen Sie uns noch mal gemeinsam in die Tiefen unserer Gedanken abtauchen. Ich führte bereits aus, wie Kinder heute häufig Idealen nachstreben, die sie in den sozialen Medien und dem Fernsehen sehen. Aber seien wir ehrlich: Auch uns Erwachsene erreichen diese Werbebotschaften und Idealbilder und hinterlassen ihre Spuren in uns. Auch wir streben nach mehr Schönheit, mehr Erfolg, mehr Luxus, mehr Anerkennung. Daran ist nichts Verwerfliches, wir dürfen nur nicht dem Irrglauben aufsitzen, dass wir nur dann etwas wert sind, wenn wir bestimmten Idealen oder gesellschaftlichen Normen entsprechen. Doch genau das passiert. Wir werden ständig damit konfrontiert. In der Werbung, auf Instagram oder ähnlichen Netzwerken sind wir täglich Inhalten ausgesetzt, die zu innerer Unzufriedenheit führen können. Denn wenn ich ständig sehe, wie gut es andere haben oder wie hübsch und erfolgreich sie sind, ich mich selbst aber nicht als erfolgreich empfinde oder glaube, den gezeigten Idealen nicht zu entsprechen, bleibt das nicht ohne Folgen für mein Selbstwertgefühl. Meine Vorstellung davon, wie das Leben zu sein hat, stimmt nicht mit dem Leben überein, das ich führe. Und diese Diskrepanz ist oft ein Auslöser für Gefühle von Unzulänglichkeit. Mit der Folge, dass wir anfangen, uns selbst fertigzumachen: Wir mobben uns selbst, obwohl wir unseren Kindern gegenüber Mobbing verurteilen. Doch nur, wenn wir aufhören, uns selbst zu mobben, und beginnen, uns selbst zu lieben, können wir hoffen, dass Mobbing in unserer Gesellschaft weniger wird. Denn Kinder haben die gleichen Sorgen wie wir. Sie sind nicht zufrieden mit sich selbst. Sie sind häufig im Krieg mit sich, und das äußert sich natürlich auch auf Schulhöfen.

Lassen Sie mich das an einem Beispiel verdeutlichen: Wenn ich denke, dass Menschen nur dann geliebt werden, wenn sie einem gewissen körperlichen Ideal entsprechen, und ich selbst diesem Ideal nicht entspreche, dann entstehen Frustration und vielleicht sogar Widerstand gegen mich selbst; ich lehne mich selbst ab. Würde ich mich selbst hingegen annehmen, würde die echte Welt kein Leid auslösen, denn meine Idealvorstellungen und die Realität «beißen» sich nicht.

Kommen wir noch einmal auf das Beispiel aus dem Kapitel «Respekt. Eine Tugend» zurück. Es ging um Ordnung im Kinderzimmer. Wenn ich selbst Ordnung wichtig finde und sehe, dass das Zimmer meines Kindes unaufgeräumt ist, dann löst das schlechte Gefühle in mir aus. Könnte ich allerdings den Gedanken, dass Ordnung wichtig ist, fallenlassen, würde meine Vorstellung von der Welt nicht mehr mit der echten Welt kollidieren.

Denn die echte Welt (in diesem Fall das unordentliche Zimmer meines Kindes) zeigt mir ja, dass Ordnung nicht immer und nicht für jeden essenziell ist – es geht offenbar auch ohne.

Leid entsteht also immer dann, wenn meine Vorstellung von der Welt (Gedanken) nicht mit der echten Welt im Einklang steht. Wir wünschen uns, dass die Welt ist, wie wir sie gerne hätten, nur um immer wieder festzustellen, dass wir darauf nur bedingt Einfluss haben. «Die Welt», «mein Kind», «mein Körper», «mein Partner», «meine finanzielle Situation» – sie verändern sich einfach nicht so, wie ich es gerne hätte – und das führt zu noch mehr negativen Gefühlen, weil wir uns abhängig und damit handlungsunfähig machen.

Wie kommen wir aus dieser Gedankenschleife heraus? Wir können natürlich weiterhin darauf hoffen und beharren, dass andere sich verändern. Wir können sinnbildlich in den Krieg ziehen – oder wir gehen in die Eigenverantwortung und ändern unsere Art zu denken und überlegen, was *wirklich* die Lösung sein könnte. Wollen wir ständig Kämpfe ausfechten oder ein glückliches, zufriedenes Leben führen?

Das bedeutet nicht, nicht mehr für unsere Bedürfnisse einzustehen, uns nicht mehr weiterzuentwickeln oder zu verändern. Aber eben nicht mit der Intention, dass andere sich verändern müssen, damit es uns gutgeht. Denn wenn wir uns für uns selbst das Recht herausnehmen, so zu sein, wie wir sind, dürfen das auch andere. Es ist sinnvoller zu erkennen, dass wir andere zwar um etwas bitten können, sie am Ende aber immer noch selbst entscheiden, was für sie richtig ist. Wir können aus Liebe heraus unsere Argumente formulieren, und dann liegt es in der Hand der Menschen um uns herum, ob sie unseren Wünschen folgen und sich anpassen oder eben nicht. Wir können Menschen nicht ändern. Nur uns selbst. Grenzen setzen ist wichtig, aber Menschen dazu zu zwingen, sich zu verändern, nur damit es uns gutgeht, ist sicher kein Weg. Und wenn ich merke, dass ein Mensch sind nicht ändern möchte oder kann, kann ich in den Krieg ziehen oder bei mir bleiben und überlegen, was ich wirklich will. Krieg oder Frieden?

Ich kann versuchen, andere zu zwingen, sich an meine gedankliche Welt anzupassen, oder hinterfragen, ob meine Art des Denkens vielleicht ein Teil des Problems ist. Welche meiner Vorstellungen, Gedanken, Glaubenssätze befördern das Problem? Diese magische Frage führt uns näher zusammen, anstatt uns weiter zu trennen. Denn ich bleibe in der Eigenverantwortung und kann meine gedankliche Welt mit der realen Welt in Einklang bringen.

Stellen Sie sich vor, wie die Welt wäre, wenn wir Erwachsenen nicht ständig in mentale Kriege ziehen würden. Was würden wir unseren Kindern mitgeben? Sie würden lernen, bei sich zu bleiben, und nicht ständig probieren, über andere zu richten, nur weil sie nicht ihrer eigenen Wahrheit entsprechen. Bin ich der Überzeugung, man ist nur mit Markenschuhen cool, dann ist das *meine* Wahrheit. Wäre ich stattdessen der Ansicht, dass Kleidung nichts über Menschen aussagt, würde ich anders handeln – ich würde andere nicht wegen ihrer Kleidung hänseln und es selbst weniger schlimm finden, wenn jemand etwas Negatives über meine Klamotten sagt.

Was müsste sich also ändern? Das Denken der Kinder oder ihre Kleidung? Es ist das Denken unserer Kinder, das Probleme auf dem Schulhof begründet. Mobbing ist ein Symptom. Das Problem dahinter ist die Unfähigkeit, die Realität anzunehmen. Hätten wir Frieden im Kopf, hätten wir Frieden in der Gesellschaft. Doch anstatt an uns selbst zu arbeiten, wünschen wir uns, dass sich andere ändern, dass es z.B. Schuluniformen gibt, um Probleme wegen der «richtigen» Kleidung gar nicht erst aufkommen zu lassen. Doch ich bin überzeugt: Nur wenn wir lernen, uns selbst und andere zu respektieren und zu lieben, werden wir das Problem lösen. Denn wenn wir immer nur die Symptome angehen und uns nicht zur Ursache hervorwagen, werden wir Mobbing nicht eliminieren.

Vielleicht protestieren Sie gerade innerlich, weil Sie der Ansicht sind, nicht wir müssten uns ändern, sondern die Gesellschaft. Aber wer ist die Gesellschaft? Sie und ich. Wir. Und wenn jeder anfängt, zu erkennen, dass es meist der Krieg im Kopf ist, der zu Krieg im echten Leben führt, dann verändert sich etwas.

Möglicherweise denken Sie an Ihren Familienalltag und die vielen Konflikte, die es da gibt, und sagen: «Klingt ja alles schön und gut. Klar kann ich mein Denken hinterfragen und schauen, ob es Teil des Problems ist. Aber wenn mein Kind z.B. nicht Zähne putzen will, dann muss ich etwas dagegen tun. Dann kann ich doch nicht nur mein Denken hinterfragen und mein Kind gewähren lassen!» Und ja, ich gebe Ihnen recht. Doch auch hier ist die Frage, *wie* Sie Ihr Kind dazu anleiten wollen, Zähne zu putzen: mit Druck oder aus einem Gefühl der inneren Ruhe heraus, da Sie bei sich bleiben und über ihre Bedürfnisse und Sorgen reden, anstatt nur über Ihr Kind zu richten? Auch hier ist Letzteres sicherlich besser. Denn bei der ersten Variante leidet Ihre Beziehung, und die Fronten werden sich verhärten, oder Ihr Kind tut zwar, was Sie wollen, aber nur aus Angst, abgewertet oder gar bestraft zu werden.

Vielen Eltern fällt es schwer zu glauben, dass Kinder bestimmte Dinge lieber tun, wenn sie nicht mehr denken, sie müssten sie tun. Aber gucken Sie doch einmal bei sich selbst: Auf welche Ratschläge legen Sie mehr wert? Auf die Ratschläge von Menschen, die Sie unter Druck setzen, da sie wollen, dass Sie sich ihren Vorstellungen anpassen, oder auf die, die Sie unterstützen, Ihre Meinung akzeptieren und zu denen Sie eine starke Bindung haben? Uns haben schon immer die Menschen stärker und nachhaltiger beeinflusst, die uns aus Liebe überzeugten und nicht durch Zwang. Beim Zähneputzbeispiel könnte das auch bedeuten, dass man aus dem täglichen Putzen eine kleine «Party» macht, die für Freude und somit für Motivation sorgt.

Zu denken, Menschen müssten sich nach unseren Vorstellungen ändern, führt jedoch genau dazu: zu Zwang und Druck. Es führt allerdings nie zu einer guten Beziehung. Und Beziehung ist das, was Kinder brauchen.

Das bedeutet wie gesagt nicht, dass Sie nie wieder für Ihre Wünsche einstehen sollen. Es geht nur darum, aus welcher Einstellung heraus Sie es tun: Was können Sie wirklich ändern, und was liegt nicht in Ihrer Macht? Wenn Frieden herrschen soll, müssen wir alle beginnen, friedlicher und wohlwollender zu sein – auch und vor allem mit uns selbst. Kann ich heute sofort sportlicher und reicher sein? Nein? Warum dann dagegen kämpfen, dass ich unsportlich bin? Besser wäre, anzunehmen, was ist, und dann zu schauen, was ich tun kann, um fitter zu werden und einen größeren finanziellen Spielraum zu erreichen.

Wird mein Kind noch heute zu einem Menschen, der immer gerne aufräumt? Wahrscheinlich nicht. Also sollte ich erst mal annehmen, was ist, und dann kleine Schritte gehen, ohne den Gedanken, dass mein Kind auf eine gewisse Weise zu sein hat. Wir sollten nicht aus Mangel, sondern aus Fülle heraus handeln. Aus der Überzeugung, dass Menschen unsere Bitten annehmen, wenn die Beziehung wirklich gut ist.

Ziehen wir noch einmal das Beispiel der teuren Markenschuhe heran: Ein Kind, das sich solche Schuhe wünscht, obwohl sich seine Eltern sie sich nicht leisten können, könnte nun natürlich in den inneren Krieg ziehen und leiden, da es sich einredet, es brauche diese Schuhe, um anerkannt zu werden. Aber was wäre, wenn es akzeptieren könnte, dass die finanziellen Mittel momentan nicht ausreichen? Wenn es lernen würde, die eigenen Überzeugungen fallenzulassen und zu denken: «Ich respektiere, dass ich das Geld aktuell nicht habe, und finde einen Weg, mir die Schuhe in sechs Monaten kaufen zu können!»

Wir könnten dem Kind natürlich auch zeigen, dass die Schuhe gar nicht so wichtig sind und schon gar nichts mit dem eigenen Selbstwert zu tun haben. Noch sinnvoller wäre es aber, den Wunsch zu respektieren und den Kindern zu helfen, Wege zu finden, ihre Ziele zu erreichen, und ihnen Handlungskompetenz dafür zu vermitteln. Die Ist-Situation zu respektieren, hat nichts mit Resignation zu tun. Für die eigenen Überzeugungen aufzustehen, ohne die «Gegenseite» zu hassen, würde aus meiner Sicht unser Miteinander erheblich verbessern. Reagiere ich stattdessen auf Menschen, die mich anfeinden, ebenfalls mit Anfeindungen – lege ich dann nicht genau dasselbe Verhalten an den Tag, das ich an ihnen kritisiere? Wenn wir als Erwachsene anfangen, wieder mehr Frieden in uns zu tragen, da wir das ändern, was wir ändern können, aber nicht gegen das kämpfen, was nicht in unserer Macht liegt, würden unsere Kinder dies ebenfalls lernen können.

Miguel lernte während des Coachings, dass es bei ihm selbst losgeht, weil es in seiner Hand liegt, etwas zu ändern. Er lernte zuerst, sich selbst so anzunehmen, wie er ist, und auch die Kinder in seiner Schule «anzunehmen», wie sie sind. Er kämpfte nicht mehr und legte den Panzer ab, mit dem er täglich in den Krieg zog. Er war wieder freundlich und aufgeschlossen. Auch zu denen, die ihn schlecht behandelten. War das leicht für ihn? Nein. Hat es sein Problem gelöst? Ja. Hat er etwas für sein Leben mitgenommen? Ja. Wird es die Veränderung sein, die wir uns so sehr wünschen? Ja. Weil er sich änderte und nicht andere ändern wollte.

Hass

Auf dem Schulhof spielt sich folgende Situation ab: Svenja provoziert Angelina, welche sie einfach nicht ausstehen kann. Angelina hat sie komisch angeguckt, und das muss sie sich doch nicht gefallen lassen, denkt Svenja. Sie provoziert Angelina immer mehr. Die hat es schließlich nicht anders verdient, so blöd, wie die ist. Angelina berichtet Lehrkräften davon, wird aber nicht wirklich ernst genommen. Selbst kennt sie keine Strategien, diesen Provokationen zu begegnen und sich mental davon abzugrenzen. Sie fühlt sich ausgeliefert, hilflos, wird immer wütender und beginnt tatsächlich, Svenja in den Pausen immer aggressiver anzugucken. Sie soll leiden, denkt sie. Das Ganze zieht sich über mehrere Wochen hin. Die Wut in Angelina verwandelt sich langsam in stumpfen Hass. Allein der Anblick von Svenja lässt sie fast ausrasten – und auch deren Provokationen werden immer intensiver. Eines Tages explodiert Angelina. Sie rastet komplett aus, wirft Svenja auf den Boden und würgt sie. Sie sieht rot. Svenja soll endlich aufhören. «Die soll ein für alle Mal die Schnauze halten», dröhnt es in Angelinas Kopf. Mitschüler werden Zeugen, benachrichtigen die Pausenaufsicht, und schnell greift ein Lehrer ein. Ab diesem Moment ist für beide Seiten klar, dass sie sich hassen. Angelina hält sich fortan zurück, da sie von der Schule wegen ihres tätlichen Angriffs bestraft worden ist. Svenja kommt relativ unbescholten davon, ist nun aber ebenfalls voller Hass, da niemand sie würgen darf. Niemand. Menschen, die das machen, sollen fertiggemacht werden, denkt sie. Also mobilisiert sie nun Mitschüler, die ihr helfen, heimlich, für die Lehrer kaum erkennbar, Angelina weiter zu provozieren. Es wird intrigant. Tatsachen werden verdreht und Gerüchte gestreut. Angelina frisst die Wut über die Anfeindungen weiter in sich rein, und der Hass gegen Svenja nimmt unkontrollierbare Folgen an. Die nächste Eskalation ist vorprogrammiert: In einer Pause schlägt Svenja Angelina unvermittelt so hart ins Gesicht, dass diese auf den Boden knallt und sich dabei das Jochbein bricht.

«Ich hasse ihn einfach», «Boaahh, wie ich diese Leute hasse!». Sie alle kennen solche Sätze. Vielleicht sind sie Ihnen schon selbst über die Lippen gekommen. Häufig meinen wir sie noch nicht einmal wirklich ernst. Nicht immer, wenn wir von Hass reden, hassen wir wirklich. Manchmal sind wir einfach von etwas oder jemandem genervt und können bestimmte Verhaltensweisen nicht ausstehen. Doch wann reden wir von echtem Hass? Hass bedeutet, ein starkes, intensives Gefühl der Abneigung gegen eine Person, eine Gruppe oder auch Tätigkeiten zu verspüren, was in aggressive Handlungen münden kann. Hass entsteht, wenn tiefe und lang andauernde Verletzungen nicht abgewehrt werden können und/oder nicht bestraft worden sind. Hass ist groß. Hass führt zu Vernichtung. Denn dieses Gefühl mündet meist in den Wunsch, das Gegenüber zu schädigen, wir wünschen uns, dass die Verletzungen und Anfeindungen aufhören.

Wenn wir alle weniger Hass in der Welt haben wollen, müssen wir uns selbst hinterfragen. Hassen wir? Warum hassen wir? Und was wollen wir wirklich? Nur mal angenommen, Sie hassen eine gewisse Person aus Ihrem Leben, warum sollten dann Kinder auf Schulhöfen dieses Gefühl nicht auch spüren dürfen?

Eine Frage, die helfen kann, wenn wir Handlungen unserer

Mitmenschen verabscheuen, ist diese: «Habe ich in einer anderen Situation schon einmal ähnlich gehandelt wie diese Person, und welches Bedürfnis hatte ich in dem Moment?»

Wenn wir ehrlich zu uns sind, werden wir feststellen, dass wir uns in gewissen Situationen schon einmal ähnlich verhalten haben wie die Personen, die wir hassen. Das zu erkennen, führt nicht dazu, dass wir die andere Person lieben, aber es bewegt den Fokus weg von ihr, hin zu mir. Bleiben Sie bei sich, anstatt sich in den Hass gegen andere hineinzusteigern!

Ich hatte einmal ein Gespräch mit einer Frau, die in ihrer Firma massiv gemobbt wurde. Ich war erstaunt, wie empathisch sie über die Menschen sprach, die ihr all die intriganten Dinge antaten. Sie kritisierte natürlich, was da passierte, aber sie hasste ihre Kollegen nicht. Ich fragte sie, warum sie nicht auch Hass ihnen gegenüber spürte. Sie sagte: «Weil ich dann nicht besser wäre als sie!» Ich war beeindruckt.

Wenn ich Mobber dafür hasse, dass sie mir aus Hass oder anderen Gründen etwas angetan haben, dann bin ich im Kern wie sie. Ich kann meinen Hass vielleicht besser kontrollieren als sie, aber hassen würde ich dennoch. Und je länger dieser Hass in mir keimt, desto fataler werden möglicherweise auch meine Taten. Vielleicht nicht gegen die Mobber, sondern gegen andere, Schwächere, vielleicht aber auch gegen mich selbst. Vielleicht verletze ich mich und füge mir Schaden zu. Nicht nur körperlich, sondern durch vergiftete Dialoge mit mir selbst. Dialoge, in denen ich mir selbst sage, dass ich vielleicht wirklich schlecht bin, nicht gut genug, selbst schuld bin, dass es mich trifft. Oder solche, in denen ich Gewaltphantasien gegen die Täter formuliere. Solche von Negativität durchtränkten inneren Gespräche schaden mir. Und wenn ich andere dafür kritisiere, dass sie mir schaden, mir dann aber aus dem daraus entstehenden Hass selbst etwas antue (oder ihnen), dann tue ich das, was andere nicht tun sollen.

Ich muss nicht gutheißen, was andere mir antun, kann aber versuchen, Empathie auch für diejenigen Personen zu empfinden, deren Verhalten ich kritisiere. Empathie ist der Schlüssel, um dem Hass zu entkommen und Menschen anzunehmen. Dabei verbinde ich mich nicht mit meinen eigenen, sondern mit den Gefühlen und Gedanken des anderen, quasi wie eine Funkverbindung. Der empathische Mensch muss den Willen haben, seine Funkfrequenz an die des anderen anzupassen. Häufig erwarten wir allerdings, dass andere Menschen erkennen, wie es uns geht, und sich uns anpassen, umgekehrt sind wir allerdings nicht dazu bereit. Wenn ich aber passiv bleibe, dann bin ich in der Opferhaltung. Und ich möchte mein Leben selbst in der Hand haben und nicht darauf warten, dass andere mich glücklich machen.

An dieser Stelle höre ich oft den Einwand, dass man nun wirklich nicht erwarten kann, auch noch mitfühlend mit seinen Mobbern zu sein.

Ich erwarte das auch nicht. Ich sage nur, dass das ein Weg zur Konfliktlösung sein kann. Am Ende können Sie selbst entscheiden, ob Sie warten, bis Ihr Mobber erkennt, dass er Fehler macht, oder ob Sie endlich in die Eigenverantwortung gehen. Denn nur, wenn Sie versuchen, den «Gegner» zu verstehen, kommen Sie raus aus den negativen Gefühlen und aus der Wut oder dem Hass, der zu Sabotage gegen sich oder gegen andere führt. Empathie bedeutet nicht Zustimmung. Ich muss das Verhalten meines Gegenübers nicht gutheißen, um seine Gefühle und Bedürfnisse zu verstehen. Empathie heißt vielmehr, die Sichtweise des anderen nachzuvollziehen, auch wenn ich sie selbst falsch finde. Es geht darum, die Bedürfnisse des anderen zu erkennen, und nicht darum, diese zu bewerten, gutzuheißen oder zu beschwichtigen. Ich habe nicht gesagt, dass das leicht ist. Auch in diesem Fall gilt: Der Weg ist das Ziel.

Ich verstehe jeden, der diesen Weg nicht gehen will, da er lieber Vergeltung und Bewertung als Empathie leben will. Aber ich glaube nicht, dass das die Probleme lösen wird. Am Ende sind Sie selbst für Ihr Leben verantwortlich. Für mich jedenfalls ergibt es keinen Sinn, nach mehr Respekt und Liebe in der Welt zu rufen, dann aber Mobbern Empathie zu verweigern. Denn so wird sich nie etwas ändern. Im Gegenteil: Wer Mobber hasst, ist Teil des Problems. Empathie zu entwickeln, macht zwar nicht jede Situation angenehmer, aber sie hilft zu erkennen, dass nicht man selbst das Problem ist. Denn häufig denken gemobbte Kinder, dass sie selbst – ihre Art, ihr Äußeres, ihr Charakter – der Grund sind, dass sie gemobbt werden, was dann zu Selbsthass führen kann. Wenn diese Kinder lernen, empathisch zu sein und zu erkennen, dass der Mobber aus eigenen, nicht gestillten Bedürfnissen handelt, dann sehen sie, dass es zwar die Handlungen abkriegt, aber nicht schuld daran ist. Es ist die bereits beschriebene Leinwand, auf welcher der Mobber die Erfüllung seiner Wünsche sieht. Um mein Gegenüber zu verstehen, kann ich mir drei Fragen stellen.

1. Was wünscht sich mein Gegenüber?
2. Wie muss mein Gegenüber denken, um so zu handeln?
3. Was ist sein Ziel für sich selbst?

Damit endet das Mobbing im Außen nicht direkt. Die Kinder fühlen sich dadurch aber deutlich weniger gemobbt – und darum geht es im ersten Schritt. Denn wenn sich die Kinder nicht mehr gemobbt fühlen, reagieren sie entspannter auf die Anfeindungen, was den Mobbern meist den Wind aus den Segeln nimmt.

Kehren wir zum Eingangsbeispiel von Angelina und Svenja zurück. Svenja provozierte sie regelmäßig, was zu Hass führte, da Angelina alles auf sich bezog und irgendwann Vergeltung wollte. Stellen Sie sich vor, Angelina hätte sich die drei obigen Fragen gestellt.

«Was wünscht sich Svenja?» Aufmerksamkeit anderer und Macht.

«Wie muss sie denken, um so zu handeln?» Sie denkt, dass andere sie mehr mögen und beachten, wenn sie mich abwertet. Sie denkt, wer andere kränkt, ist stark.

«Was ist Svenjas Ziel für sich selbst?» Sie will geliebt werden.

Nun könnte Angelina Mitgefühl haben und, wenn sie selbst stark ist, Angelina genau das geben, was sie eigentlich will. Wertschätzung und Liebe. Wie das umsetzbar ist, werden wir im Kapitel «Liebe ist stärker als Hass» ausführlicher sehen. Doch der Unterschied liegt auf der Hand: Wenn Angelina sich immer einredet, wie «scheiße» diese «blöde Bitch» Svenja doch ist, wird die Situation anders ausgehen, als wenn sie sich diese drei Fragen stellt.

Gehen wir einen Schritt weiter. Im Eingangsbeispiel gab es noch ein weiteres Problem: Svenja provozierte Angelina regelmäßig und reizte sie bis aufs Blut. Natürlich ist es völlig inakzeptabel, dass Angelina Svenja gewürgt und ihr sogar das Jochbein gebrochen hat. Aber Svenja trägt Mitschuld daran. Man kann nicht durchs Leben gehen und andere kränken und provozieren und dann davon ausgehen, dass das ohne Auswirkungen bleibt. Plump gesagt, wenn ich in eine U-Bahn-Station gehe, in der gerade eine Straßengang Alkohol konsumiert, mich vor die Gruppe stelle und anfange, sie zu beleidigen, muss ich mich nicht wundern, wenn ich später im Krankenhaus aufwache. Dann zu klagen, wie schlimm die Gangszene geworden und dass man nirgends mehr sicher sei, ist nicht sehr klug. Aktion und Reaktion. Diese Wechselwirkung ignorieren viele.

Verstehen Sie mich bitte richtig: Beleidigungen sind keine Rechtfertigung für Gewalt. Aber wenn ich weiß, dass die Chance eines derartigen Echos groß ist, muss ich mich selbst im Griff haben.

Svenja hat provoziert, und es gab ein Echo. Es war unverhältnismäßig, ja, aber Hass führt eben zu unverhältnismäßigem Handeln. Als sich die Lehrer komplett auf Svenjas Seite gestellt haben, fühlte sich Angelina in ihrer Wut alleingelassen und wurde noch hilfloser.

Wir müssen also immer beide Seiten sehen: Angelina muss lernen, dass der Hass, den sie gegen Svenja verspürt, sich lösen lässt, indem sie Empathie lebt. Aber auch Svenja muss lernen, dass sie eine Mitverantwortung für die Situation trägt und dass sie mit ihrem Verhalten den Hass erst geschürt hat. Sie muss lernen, mehr Respekt zu haben: Es ist inakzeptabel, über den Schulhof zu gehen und andere zu provozieren.

Welches Fazit ziehen wir daraus? Am Ende steht wieder mein Appell, bei uns selbst anzufangen. Wenn wir selbst aufhören zu hassen, indem wir uns die drei Fragen der Empathie stellen. Oder uns zumindest darauf einlassen, dass wir unser Bestes geben und Mitgefühl entwickeln. Nur dann können unsere Kinder es lernen.

Vielleicht denken Sie immer noch, dass die Mobber den ersten Schritt machen müssen. Dass sie sich zumindest entschuldigen sollten, bevor Sie Empathie mit ihnen haben. Aber so wird sich nichts ändern. Denn wenn alle warten, aber keiner den ersten Schritt unternimmt, dann lassen alle ihr Leben von anderen steuern, statt das Ruder selbst in die Hand zu nehmen. Wenn Ihr Kind aktuell geärgert oder gemobbt wird, helfen Sie Ihrem Kind,

Empathie zu entwickeln. Das wird am Anfang schwer sein. Denken Sie daran: Der Weg ist das Ziel. Es ist der Prozess, der wichtig ist.

Beantworten Sie mit Ihrem Kind gemeinsam die drei Fragen aus diesem Kapitel und begleiten Sie es so aus der Opferrolle heraus. Und selbst, wenn Ihr Kind aktuell nicht unter großen Problemen leidet, können Sie anhand von kleinen Alltagssituationen wie dem Aufräumen diese Fragen stellen. Denn wenn Kinder lernen, sie intuitiv zu beantworten, dann werden sie ihr Leben lang darauf zurückgreifen. Und das würde mehr Frieden und weniger Kampf in die Welt bringen.

Lösungsansätze. Was Kinder brauchen, damit sie Mobbing beenden können

Sicherer Hafen. Die Grundlage

Im Kapitel «SmartMob» habe ich bereits John Augustus Shedd zitiert: «Ein Schiff im Hafen ist sicher, doch dafür werden Schiffe nicht gebaut.» Er bringt es auf den Punkt: Schiffe müssen auf dem stürmischen Meer bestehen können. Und genauso ist es mit unseren Kindern. Sie werden in das stürmische Meer namens Leben ziehen und auch mit Seegang, Flauten und Stürmen klarkommen müssen.

Im Gegensatz zu manchen Eltern halte ich allerdings nichts davon, wenn die Kinder bereits zu Hause Stürme erleben, damit sie «abgehärtet» werden. Vielmehr brauchen Kinder zu Hause Liebe und Geborgenheit; sie brauchen einen sicheren Hafen, in dem sie sich aufladen können für die stürmischen Zeiten des Lebens. Ich erzählte Ihnen im Kapitel «SmartMob» bereits von dem Schwenkbus, der meine «minus zwanzig Minuten» war. Dieser Bus brachte mich in meinen sicheren Hafen, weg von Hänseleien und Ausgrenzung in der Schule. Zu Hause konnte ich meinen «Widerstandsfähigkeits-Muskel» trainieren für den nächsten Schultag.

In diesem Kapitel möchte ich darauf eingehen, welche Fehler von uns Eltern dazu führen, dass Kinder ihr Zuhause weniger als sicheren Hafen, sondern vielmehr als einen stürmischen Ort empfinden. Außerdem wird es darum gehen, wie wir es schaffen, dass Kinder sich geborgen und wohl fühlen und zu Hause die Energie tanken, die sie brauchen, um stark durch ihr Leben zu gehen. Das Wort «Fehler» mag in manchen Ohren möglicherweise etwas hart klingen, da die Dinge, die ich im Folgenden beschreiben werde, von den meisten Eltern oder Pädagogen sogar gut gemeint sind. Aber gut gemeint ist nicht automatisch gut gemacht. Daher spreche ich die Dinge hier einfach unverblümt an, da wir alle ein gemeinsames Ziel haben: unsere Kinder gegen Mobbing zu wappnen.

Fehler Nr. 1: an Bedingungen geknüpfte Liebe

Wahrscheinlich würden die allermeisten Eltern sagen, dass sie ihre Kinder bedingungslos lieben. Doch kommt das bei den Kindern auch so an? Ich kann aus meiner Arbeit mit Kindern und Jugendlichen quer durch das Land sagen: «Nein, das tut es nicht!» Viele Kinder machen die Erfahrung, dass Liebe an Bedingungen geknüpft ist. Oder, etwas milder ausgedrückt, dass Wertschätzung und Anerkennung an Bedingungen geknüpft sind. Und das ist manchmal durchaus auch sinnvoll, denn Kinder lernen durch Versuch und Irrtum sowie durch Erfolgserlebnisse. Kinder probieren Dinge aus und haben mit ihrem Verhalten entweder Erfolg oder Misserfolg. Wir Menschen etablieren logischerweise diejenigen Verhaltensweisen, mit denen wir erfolgreich sind, und nicht solche, mit denen wir Misserfolge erleben. Nehme ich z. B. meinen Sohn in den Arm, nachdem er seinem kleinen Bruder geholfen hat, und vermittle ihm so Wertschätzung, dann ist das sinnvoll, denn so lernt er, dass es etwas Gutes ist, anderen Menschen zu helfen. Doch ich kann auch wertschätzend und liebevoll sein, wenn die Kinder aus meiner Sicht Fehler machen. Ich kann sie klar benennen und ansprechen, aber trotzdem fair sein und das Kind nicht für sein Verhalten demütigen (z. B. indem ich deutlich mache, dass nicht das Kind an sich «falsch» ist, sondern es sich meiner Ansicht nach falsch verhalten hat und dass ich es immer liebe, auch dann, wenn es mal Probleme oder Unstimmigkeiten gibt). Doch leider passiert oft genug genau das Gegenteil.

Sie kennen sicherlich auch folgende Situation aus Ihrer Familie oder Ihrem Bekanntenkreis: Es gab eine Absprache mit dem Kind, die nicht eingehalten worden ist. Die Eltern sind enttäuscht, und am Abend wird nicht nur die Gute-Nacht-Geschichte gekürzt, sondern die Eltern verhalten sich auch nicht wirklich liebevoll beim Ins-Bett-Bringen, da das Kind tagsüber nicht so «funktioniert» hat, wie sie es gerne gehabt hätten. Das ist an Bedingungen geknüpfte Wertschätzung. Das gilt auch für folgende Sätze: «Wenn du heute gut aufräumst, dann können wir abends länger spielen», oder: «Wenn du im Restaurant lieb bist, dann gehen wir am Wochenende ins Kino und machen uns einen tollen Tag.» Auch das ist an Bedingungen geknüpfte Liebe bzw. Aufmerksamkeit. Wenn das Kind gewisse Kriterien erfüllt, handeln wir anders, als wenn es das nicht tut. Erst mal klingt das vielleicht vertraut und normal und nach konsequentem Erziehen: Hältst du dich nicht an Absprachen, hat das negative Folgen für dich.

Nun stellen Sie sich vor, eine Freundin von Ihnen erzählt Ihnen Folgendes: «Mein Mann ist wirklich schwierig zurzeit. Wenn ich aufräume, putze, koche und seine Bedürfnisse befriedige, ist er superlieb und aufmerksam. Wenn ich das nicht tue, wird er kühl und beachtet mich kaum, manchmal demütigt er mich sogar!» Ich denke, wir alle würden dieser Freundin sagen, dass sie eine sehr ungesunde Beziehung führt und ihr Mann seine Zuneigung und Wertschätzung doch nicht an die Verrichtung von Haushaltstätigkeiten knüpfen kann. Aber warum finden wir ein solches Verhalten Kindern gegenüber normal und erziehen sie genau so?

Kinder wollen geliebt werden, aber müssen oft erst etwas leisten, um sich wirklich geliebt zu fühlen. Wichtig ist hier das Wort fühlen. Denn natürlich lieben Eltern ihre Kinder und meinen es meist gut, wenn sie das Kind loben, sobald es sich aus ihrer Sicht «richtig» verhält, und eher abweisend reagieren oder mit Konsequenzen arbeiten, wenn Kinder etwas «falsch» machen. Die Eltern, die bei schlechten Schulnoten anders reagieren als bei guten, wollen den Kindern helfen zu erkennen, was richtig und was falsch ist. Aber für Kinder fühlt es sich nun mal anders an. Sie verstehen die dahinterliegenden Gedanken der Erwachsenen oft nicht und spüren einfach nur, dass sie nicht immer gleich geliebt werden. Damit das Zuhause aber ein sicherer Hafen sein kann, müssen sich unsere Kinder jederzeit von uns gewertschätzt und geliebt fühlen.

Heißt das nun, dass wir nicht mehr kritisieren dürfen, wenn wir als Eltern etwas «falsch» finden oder unsere Kinder auf eine Art handeln, die wir nicht gutheißen? Nein. Ich lehne Regeln und Konsequenzen nicht ab. Aber ich kann z. B. ansprechen, dass ein Kind ein chaotisches Zimmer hinterlässt (falls ich Ordnung wichtig finde), und es trotzdem genauso behandeln, als wenn es alles ordentlich hält.

«Aber dann lernt mein Kind ja nichts daraus!», wenden Eltern an dieser Stelle gerne ein. Dieser Einwand beruht jedoch auf dem Glauben, Menschen würden nur dann etwas lernen, wenn sie bestraft werden oder es Konsequenzen gibt. Doch wir lernen viel mehr aus den Erfahrungen, die das Leben selbst bereithält, als aus den Strafen, die uns andere geben: Ein Kind, das nicht aufräumt und dann seine Lieblingskleidung sucht, nicht findet und sie somit auch nicht tragen kann, hat viel mehr über das Aufräumthema gelernt als ein Kind, das wegen des Chaos im Kinderzimmer Fernsehverbot bekam. Kindern bei vermeintlichem Fehlverhalten Liebe zu entziehen, ist eine Form von Rache: Da du mir etwas angetan hast, muss ich auch dir etwas antun. Wenn wir Mobbingprävention betreiben wollen, aber selbst noch in Rachemustern denken, dann wird die Prävention scheitern. Klare Kante zeigen und für die eigenen Bedürfnisse und Werte einstehen, kann auch funktionieren, ohne dass wir Kindern Liebe und Anerkennung entziehen. Dafür müssen wir jedoch eine andere Form der Kommunikation wählen, auf welche ich im Verlauf dieses Kapitels noch eingehen werde.

Fehler 2: selbst Mobber sein

Mobbing kann in unterschiedlichen Facetten daherkommen, in Form von Demütigungen, Drohungen, Beleidigungen, Herabwürdigungen, Schikanen, Nachstellungen oder auch Ausgrenzung. Und Sie sind zu Hause möglicherweise selbst Mobber. Schauen wir uns das einmal genauer an.

Demütigungen: Sie und Ihre Familie gehen mit Freunden abends essen. Auf die Frage Ihrer Freundin, wie Ihr Tag bisher war, berichten Sie von dem anstrengenden, nervigen Verhalten Ihrer Tochter, sie habe Ihnen den letzten Nerv geraubt. Ihre Tochter ist anwesend und hört alles mit. Sie demütigen Ihr Kind.

Drohungen: Sie sind mit Ihrem Sohn auf dem Spielplatz und bekommen ihn nicht dazu bewegt, jetzt nach Hause zu gehen. In Ihrer Verzweiflung sagen Sie: «Wenn du jetzt nicht sofort mitkommst, gibt es heute kein Abendessen für dich!»

Beleidigungen: Ihr Kind wirkt zerstreut und kleckert beim Essen. Ihnen rutscht folgender Satz raus: «Wie kann man nur so dumm sein? Du bist aber auch wirklich trottelig heute.»

Herabwürdigungen: Ihre Tochter kommt mit einer 3+ nach Hause. Sie fragen nach, was denn die anderen in der Klasse und ihre

Freunde so geschrieben haben. Sie stellen abschließend noch mal fest, dass diese viel besser abgeschnitten haben als Ihre Tochter.

Schikanen: Auch nach wiederholtem Auffordern räumt Ihr Sohn einfach nicht sein Zimmer auf. Um eindrücklich zu zeigen, dass das so nicht weitergeht, werfen Sie alle auf dem Boden liegenden Sachen in den Müll.

Nachstellungen: Da Sie sich so große Sorgen um Ihr Kind machen, überwachen Sie es heimlich, z. B. durch Lesen privater WhatsApp-Nachrichten oder des Facebook-Profils, Belauschen von Gesprächen oder stetiges Kontrollieren des Standortes.

Ausgrenzungen: Eines Ihrer beiden Kinder hat sich heute in Ihren Augen «falsch» verhalten. Sie bestrafen es, indem Sie nur mit dem Geschwisterkind den geplanten Besuch im Schwimmbad unternehmen.

Ich kann mir gut vorstellen, dass Sie sich in der einen oder anderen Situation wiedergefunden haben und jetzt vielleicht erschrocken oder unangenehm berührt sind. Falls das so sein sollte, verzagen Sie nicht: Was bis jetzt passiert ist, können wir nicht ungeschehen machen, daher ärgern Sie sich nicht zu lange über sich selbst. Schauen Sie vielmehr nach vorne und überlegen Sie, wie Sie es zukünftig anders machen – Sie können jederzeit entscheiden, anders zu agieren.

Denn eins ist klar: Selbst wenn es nicht böse gemeint ist, schaden wir mit den oben skizzierten Aussagen und Verhaltensweisen unseren Kindern. Verstehen Sie mich nicht falsch, es geht mir nicht darum, Ihnen ein schlechtes Gewissen zu machen. Mir geht es darum, Sie zu sensibilisieren. Es geht mir um unsere Kinder, unsere Jugend und unsere Zukunft. Wenn wir so handeln, dass wir Kinder zu Hause mobben, ohne es zu merken, leiden unsere

Kinder nicht nur darunter, sondern laufen Gefahr, selbst zu Mobbern zu werden – ein Teufelskreis entsteht.

In diesem Zusammenhang möchte ich auf einen Fehler eingehen, der nicht nur in der Kommunikation mit Kindern vorkommt, sondern generell weit verbreitet ist: bei Kritik Du-Botschaften zu verwenden. Du-Botschaften stellen immer das Kind in den Mittelpunkt. Sie vermitteln ihm das Gefühl, schuld an der Situation zu sein. Eine Du-Botschaft verurteilt, bewertet oder unterstellt etwas. Zu den Du-Botschaften gehören z. B.:

Befehle: «Du sollst dich endlich an Absprachen halten!»
Drohungen: «Wenn du so weitermachst, dann gibt es heute keinen Nachtisch mehr!»
Belehrungen: «Wenn du das so versuchst, wird das nie etwas!»
Bewertungen: «Du hast dein Zimmer schon wieder nicht aufgeräumt!»
Verhöre: «Sag schon, wie du auf so eine doofe Idee kommen konntest!»
Vorhaltungen: «Du bist schuld an dieser schlechten Stimmung hier zu Hause.»
Unterstellungen und Verallgemeinerungen: «Du kommst immer zu spät.»
Verurteilen und beurteilen: «Du kannst nicht richtig zuhören, so habe ich das nicht gemeint.»

Sie werden schon beim Lesen merken, dass diese Art der Kommunikation beim Mobbing verwendet wird. Daher sollten wir überdenken, ob wir wirklich so kommunizieren wollen. Dazu komme ich später noch.

Fehler Nr. 3: Kinder ungerecht behandeln

«Jonas, wir haben die Regel, dass wir zu Hause die Schuhe ausziehen», sagt die Mutter zum Sohn. «Du kennst die Konsequenz, du saugst dafür heute den gesamten Wohnzimmer- und Flurbereich!» Am gleichen Abend läuft der Vater mit Schuhen durch das Wohnzimmer – und nichts passiert. Kommt Ihnen die Situation bekannt vor? Erwachsene nehmen sich häufig das Recht heraus, die Regeln der Familie zu brechen, ohne dass es irgendeine Konsequenz gibt. Tun die Kinder dasselbe, gibt es Strafen. Kinder merken diese Ungleichbehandlung und empfinden sie nachvollziehbarerweise als ungerecht. Und wenn Kinder zu Hause das Gefühl haben, ständig ungerecht behandelt zu werden, weil mit zweierlei Maß gemessen wird, dann frisst das Energie, statt Energie zu spenden. Und Energie brauchen sie, um sich gegen Mobbing zu wappnen und ganz allgemein mit mentalen Herausforderungen umzugehen.

Fehler Nr. 4: Kindern Gefühle absprechen

«Deswegen brauchst du nicht wütend zu sein», «So schlimm war es nicht, nicht traurig sein», «Nicht weinen, alles ist gut», «Davor brauchst du keine Angst zu haben», «Ein Indianer kennt keinen Schmerz» – Sie alle kennen solche Sätze. Vielleicht haben Sie sie selbst als Kind gehört oder verwenden Sie heute im Gespräch mit Ihren Kindern

Kindern Gefühle abzusprechen oder sie zu bagatellisieren, ist eine Respektlosigkeit dem Kind gegenüber. Es ist aus mehreren Gründen schlecht: zum einen, da die Kinder sich nicht wirklich ernst genommen fühlen. Bin ich traurig, höre aber von den Menschen, die ich liebe, dass ich das nicht sein soll, lerne ich, dass es falsch ist, so zu fühlen, wie ich fühle. Das führt im schlimmsten Fall zu Selbstoffenbarungsangst bei den Kindern, also der Angst davor, sein Inneres nach außen zu zeigen. Wenn mir suggeriert wird, dass manche meiner Gefühle nicht erwünscht sind, bleibt das nicht folgenlos.

Doch was zeichnet starke Menschen aus? Sie hören auf ihre Gefühle und nehmen sie ernst. Reden wir Kindern allerdings immer wieder ein, dass sie gewisse Gefühle nicht haben dürfen, verlieren sie ihren inneren Gefühlskompass und somit ihr Frühwarnsystem für Gefahren und Probleme. Denn was warnt uns vor Gefahren oder Situationen, die eine ungute Richtung einschlagen? Es sind unsere Gefühle, unsere Intuition, unser Bauchgefühl. Kinder sollten jedes Gefühl haben und auch zeigen dürfen. Das heißt natürlich nicht, deswegen auch jede Handlung zu erlauben. Natürlich dürfen Kinder wütend sein, aber andere deswegen zusammenzuschlagen, ist inakzeptabel. Traurig zu sein, ist absolut in Ordnung, aber deswegen der Freundin die Haare abzuschneiden, ganz klar nicht.

Damit Kinder ihr Zuhause als sicheren Hafen empfinden, müssen sie sich so angenommen fühlen, wie sie sind. Also auch mit allen Gefühlen, die sie haben. Anstatt zu sagen: «Hör auf, so wütend zu sein», könnten wir besser sagen: «Es ist okay, dass du wütend bist, aber ich möchte nicht, dass du Teller gegen die Wand schmeißt!»

Dann gilt es, mit den Kindern Möglichkeiten zu finden, wie sie ihre Gefühle ausleben können, ohne anderen zu schaden oder etwas zu zerstörten. Anstatt ihnen ihre Gefühle abzusprechen, sollten wir unsere Kinder lieber dabei begleiten, einen guten Umgang mit Gefühlen zu bekommen. Dafür müssen wir als Eltern und Pädagogen aber aufhören, gewisse Gefühle auszuklammern oder als schlecht zu deklarieren. So sprechen wir ihnen beispielsweise oft Trauer ab, da wir nur schlecht damit umgehen können, sie leiden zu sehen. Sie sollen aufhören zu weinen, damit es uns bessergeht. Eigentlich eine ziemlich egoistische Vorgehensweise. Kinder hören in diesen Fällen oft nur deshalb mit dem Weinen auf, damit Mama und Papa wieder zufrieden sind oder weil sie glauben, es sei falsch zu weinen.

Stellen Sie sich vor, Sie erzählen einer Freundin oder einem Freund von Ihren Problemen und brechen in Tränen aus, um dann zu hören: «So schlimm ist es nicht, da brauchst du doch nicht traurig zu sein!» Würden Sie sich bei dieser Person wirklich sicher und gut aufgehoben fühlen? Wenn wir Respekt in der Welt wollen, geht es gegenüber unseren Kindern los.

Immer wieder höre ich z.B. auch, Neid sei etwas Schlechtes. Aber wenn ein Kind nun mal neidisch ist, kann es das ja auch nicht ad hoc ändern. Warum sollte ich ihm also einreden, seine Gefühle seien falsch? Klar, aus Neid andere auf dem Schulhof zu beklauen, ist sicherlich falsch. In den Schulen sage ich immer: «Wenn ihr etwas haben wollt, dann findet Wege, es zu bekommen. Wer bin ich denn, dass ich urteilen dürfte, welche Wünsche und Ziele richtig und falsch sind? Ihr seid gut, wie ihr seid. Mit all euren Wünschen und Zielen. Aber findet Wege, eure Wünsche zu erfüllen, ohne anderen zu schaden. Ihr könnt aus Neid klauen oder jemanden abziehen – oder aber in der Nachbarschaft den Rasen mähen und dann die coole Hose von eurem eigenen Geld kaufen. Findet Wege und arbeitet für eure Ziele. Was meint ihr, wie ihr euch fühlt, wenn ihr sie dann erreicht habt?» Alle rufen: «Gut!» Und ich ergänze: «Nicht nur gut, sondern viel besser, als wenn ihr sie durch Betrug oder indem ihr andere runtergemacht habt, erreicht hättet.»

Wir sprechen Kindern Gefühle und damit einhergehende Wünsche ab, da wir urteilen. Wir sind häufig sehr egozentrisch und glauben zu wissen, was gut für andere ist. Aber können wir das wirklich immer wissen?

Diese Frage mag angesichts der Tatsache, dass ich in diesem Buch meine Sicht der Dinge wiedergebe, etwas seltsam klingen. Aber nehmen Sie sich bitte das Recht heraus, meine Ausführungen zu hinterfragen, eigene Antworten und Herangehensweisen zu finden. Ich bereite Ihnen mit diesem Buch ein Buffet an Ideen. Und wie bei jedem Buffet müssen und können Sie nicht alles nehmen. Wählen Sie aus und probieren Sie ruhig auch mal Neues.

Fehler Nr. 5: bagatellisieren, verharmlosen

Oftmals verharmlosen wir Dinge und sehen somit nicht die wirklichen Bedürfnisse der Kinder. Diese Verharmlosungen sind manchmal sogar gut gemeint, da wir den Kindern damit helfen wollen, die Dinge nicht so schwer zu nehmen. Doch im Grunde sind sie respektlos, da wir nicht wirklich sehen, was die Kinder brauchen. Denken Sie nur an Sätze wie diese: «Das ist gar nicht schlimm, jeder macht das», «Da ist kein Monster unterm Bett, es gibt keine Monster!», «Klar gehst du zu Oma auf den Schoß, da ist doch nichts bei». Das Kind lernt, dass seine Meinung unwichtig ist, im schlimmsten Fall sogar nicht erwünscht.

Hier gibt es große Parallelen zu Fehler Nr. 4: Die Kinder werden abgewertet und nicht ernst genommen. Das raubt Energie und nimmt ihnen Kraft – wie kleine Nadelstiche, die sie immer wieder ertragen müssen.

Fehler Nr. 6: Kinder in unsere Schuhe drücken

Sie erinnern sich an mein Beispiel, dass Kinder oft in Schuhen laufen müssen, die ihnen nicht passen, wir ihnen also häufig unsere Wünsche, Ziele und Bedürfnisse überstülpen? Durch solche Erziehungsmethoden bringen wir den Kindern bei, eine Maske zu tragen, sich zu verstellen.

Natürlich gibt es auch Kinder, die in solchen Situationen rebellieren und erst recht ihr Ding durchziehen. Das finde ich persönlich gut so, denn es zeugt von Stärke, für die eigenen Wünsche einzustehen, auch wenn wir das häufig als aufmüpfig empfinden. Menschen sollten keine Masken tragen müssen, um gut bei anderen anzukommen. Kinder sollten vielmehr lernen, dass sie ihren eigenen Stil entwickeln dürfen. Denn das gibt ihnen ein besseres Selbstwertgefühl, da sie sein dürfen, wie sie sind, und nicht so, wie andere sie gerne hätten.

Stellen Sie sich vor, Sie müssten morgens, wenn Sie aus der Tür zur Arbeit gehen, eine Rolle einnehmen, eine Maske tragen, damit Sie auf der Arbeit gut ankommen. Würden Sie von einem guten Arbeitsklima sprechen? Nein. Warum tun wir so etwas dann in Familien, Schulen oder Kitas und erwarten von den Kindern stets uns genehmes, angepasstes Verhalten?

Das heißt nicht, dass ich ein Verfechter eines Erziehungsstils bin, der dem Kind nur Freiheiten lässt, aber keine Pflichten aufträgt. Ich bin kein Freund davon, dass Kinder alles dürfen, aber nichts müssen, denn ich glaube nicht, dass Gemeinschaft so funktioniert. Doch die Frage ist, was wirklich wichtige Dinge sind und an welcher Stelle Kinder frei entscheiden können sollten. Ich kann hier nur von mir reden. Alles, was mit Gesundheit und Leben zu tun hat, wird von mir auf freundliche Art eingefordert, dazu gehört z. B. Zähneputzen. Meine Tochter darf nicht selbst entscheiden, ob Zähne geputzt werden oder nicht. Sie kann noch nicht überblicken, wie schlimm und schmerzhaft es ausgehen wird, wenn sie sie nicht mehr putzt. Also werden die Zähne natürlich täglich geputzt. Aber ich bestrafe sie nicht, wenn sie keine Lust hat oder genervt reagiert. Ich versuche, entspannt zu bleiben, und respektiere ihre Unlust. Was aber nicht heißt, dass das Zähneputzen ausfällt. Ich sage stattdessen: «Es ist völlig okay, dass du keine Lust hast. Ich kenn das von mir, so was nervt manchmal. Komm, lass uns mal kurz knuddeln!» Dann nehme ich meine Tochter in den Arm und gehe danach mit ihr zum Zähneputzen. Das ist dann meist gar kein großes Problem mehr, weil sie sich ernst genommen fühlt und Liebe spürt. Manchmal mache ich auch ein Sirenengeräusch und sage: «Oh, oh. Die Zahnputzfee hat gerufen!», und «fliege» mit ausgebreiteten Armen ins Bad. Meine Tochter findet das super und fliegt mit. Klar, wenn sie 16 ist, wird das sicherlich nicht mehr funktionieren. Aber dann müssen wir hoffentlich auch nicht mehr übers Zähneputzen diskutieren.

Häufig verlaufen derartige Alltagssituationen für viele Kinder jedoch anders: Es wird gemeckert und diskutiert. Das Kind soll dabei erkennen, wie gut wir es meinen. Und schon verhärten sich die Fronten, und die Eltern wundern sich, dass das abendliche Zähneputzen jedes Mal in Streit ausartet. Welchen Beitrag sie selbst dazu geleistet haben, übersehen sie.

Wenn wir Kinder mit Druck und negativer Energie zu etwas bewegen wollen, kann es nur scheitern. Gucken Sie einfach Kindern zu, wie sie sich und andere motivieren: Sie gehen für gewöhnlich spielerisch vor und aus einer liebevollen Haltung heraus. Es sei denn, sie haben bereits zu Hause gelernt, dass Erpressung und Druck die erste Wahl sind.

In unserer Familie gibt es auch Bereiche, in denen unsere Kinder machen können, was sie wollen. Wir bestimmen nicht über ihre Kleidung, ihren Haarschnitt, ihre Spielpartner, ihre Hobbys oder Ähnliches. Hier können sie einfach sein, wie sie sind. Ich möchte, dass meine Kinder glücklich sind anstatt perfekt bzw. das, was ich für perfekt halte. Sie sind nicht auf der Welt, um mich glücklich zu machen oder meinen Ansprüchen zu genügen. Ich schaffe es ja häufig selbst nicht einmal, diesen gerecht zu werden. Warum sollte meine Tochter also besser sein als ich? Auch ich lasse manchmal meinen Sport und die Ernährung schleifen. Warum sollte meine Tochter dann nicht auch mal Phasen haben, in denen sie gewisse Sachen vernachlässigt?

Damit wir diesen Freiraum bieten können, bedarf es aber absoluter Klarheit auf Seiten der Eltern. In welchen Bereichen greifen wir regulierend ein (mit Spaß und Leichtigkeit), und wo lassen wir die Zügel komplett locker? Sollten Sie sich darüber noch nie wirklich Gedanken gemacht haben, ist jetzt die Zeit dazu gekommen. Denn Kinder haben kein Problem mit Grenzen und Rahmenbedingungen. Sie haben auch keine Probleme mit Regeln. Vorausgesetzt, sie sind logisch, mit Bedacht gewählt und gelten für alle. Denn sonst wären wir wieder bei Fehler Nr. 3.

Fehler Nr. 7: alles diskutieren und nachtragend sein

«Ich muss alles mit meinem Kind ausdiskutieren, es hört einfach nicht auf damit», sagt Franziska in einem Coaching zu mir. Meine Gegenfrage lautete: «Trifft das auf dich selbst auch zu?» «Nein, mein Kind diskutiert alles, aber ich eigentlich nicht.» Ich entgegne ihr: «Doch!» Dann fängt sie an, mir lang und breit auseinanderzusetzen, wie die Gespräche zu Hause verlaufen. Irgendwann unterbreche ich sie und sage: «Kann ich dir dein Verhalten kurz spiegeln? Du hast mit mir gerade alles direkt diskutieren wollen, hast immer wieder eine Gegenantwort gegeben, die Dinge nicht auf sich beruhen lassen. Zu Diskussionen gehören immer zwei. Das Gegenüber braucht ja eine Antwort, um im Diskussionsmodus bleiben zu können. Genau das hast du gerade in unserem Gespräch gemacht, und ich nehme an, das machst du auch zu Hause!» Sie hielt inne und musste mir schließlich zustimmen. Man kann nur diskutieren, wenn der andere sich drauf einlässt. Was grundsätzlich ja gut ist, schließlich ist es für einen Dialog notwendig, aufeinander einzugehen. Aber es gibt eben auch diese extrem unfruchtbaren Diskussionen, in denen man sich nur noch im Kreis dreht. Und die kosten unglaublich viel Kraft und Energie im Familienalltag. Denken Sie an das Beispiel mit der Butterbrotdose, die Eltern beim Nachhausekommen ihrer Kinder öffnen. Ihren Sohn oder ihre Tochter überschütten sie gleich mit Vorwürfen: «Du hast wieder nicht aufgegessen!» – «Aber ich hatte keinen Hunger.» – «Keinen Hunger? Warum stelle ich mich denn hin und mache dir jeden Tag Schulbrot?» – «Wir hatten eben keine Zeit zum Essen, und ich hatte sowieso keinen Hunger.» – «Du hast dir doch bestimmt wieder Süßes gekauft!» – «Nein, habe ich nicht.» Usw. usf.

Hier wird zuerst Fehler Nr. 2 begangen und dann direkt danach eine Diskussion gestartet. Das Kind hätte vielleicht einfach eine Umarmung nach einem langen Schultag gebraucht, wurde aber gleich bewertet und anschließend in eine Diskussion verwickelt, in der es sich rechtfertigen musste. Das raubt Kraft, die dann an anderer Stelle fehlt. Nun können wir natürlich (wie die Mutter im Coaching) sagen, die Kinder seien schuld an diesen endlosen Diskussionen – oder selbst die Verantwortung übernehmen.

Warum sollen Kinder so viele Dinge besser können als wir, obwohl sie viel jünger sind? Nicht das Kind muss im ersten Schritt weniger diskutieren, sondern wir. Das kann ganz einfach sein.

Wenn Sie wieder dabei sind, sich in einem fruchtlosen Hin und Her zu verstricken, können Sie sagen: «Ich habe keine Lust zu diskutieren, weil es uns gerade nicht weiterbringt. Aber komm, lass dich mal drücken!» Und dann wird einfach ein bisschen geknuddelt, auch wenn es eine Meinungsverschiedenheit gibt. Denn das tut allen gut.

Streiten ist freiwillig, sich umarmen auch. Was wir dafür lernen müssen, ist zu verzeihen. Wir müssen lernen, nicht nachtragend zu sein, nicht alles persönlich zu nehmen und mehr im Friedens- statt im Kampfmodus zu denken. Was meine ich damit? Wir denken häufig, dass wir andere überzeugen müssen. Und dann ziehen wir in die Schlacht, die es zu gewinnen gilt. Aber warum muss man alle überzeugen? Sie müssen doch auch nicht alles, was ich hier schreibe, 1:1 übernehmen. Sie sind ein freier Mensch. Sie werden sich vielleicht in einigen der Fehler wiedererkennen und trotzdem nichts ändern, obwohl es besser für die Kinder und Ihre Familie wäre. Das ist Ihr gutes Recht. Wenn mein Ziel wäre, alle Eltern zu bekehren, dann zöge ich in einen Krieg, den ich gar nicht will. Ich kann nur mein Bestes geben, etwas für unsere Kinder und Jugendlichen zu erreichen. Und wie lautet das Gelassenheitsgebet so passend? «Gott, gib mir die Gelassenheit, Dinge hinzunehmen, die ich nicht ändern kann, den Mut, Dinge zu ändern, die ich ändern kann, und die Weisheit, das eine vom anderen zu unterscheiden.»

Wir können nicht alles ändern, und über Dinge zu diskutieren in Momenten, in denen definitiv keine Lösung zu finden ist, ergibt keinen Sinn, sondern führt zu Stress. Und Stress raubt Energie. Die brauchen wir aber für die stürmischen Zeiten des Lebens, wie Mobbing eine ist. Wir nehmen unseren Kindern also die Energie, die sie unbedingt brauchen, und nennen es dann auch noch Erziehung.

Natürlich sollte man in Familien auch kontrovers debattieren können. Aber in Situationen, in denen die Gemüter ruhig sind und der Verstand klar ist und nicht in hochemotionalen Momenten, in denen meist nur diskutiert wird, damit man recht bekommt, aber nicht, weil man Lösungen finden will. Mein Appell: mehr umarmen, mehr herzen, mehr Liebe. Weniger Streit, weniger Diskussionen, weniger Rechthaberei.

Diese Fehler begehen wir übrigens alle, nicht nur wir Eltern. Daher appelliere ich auch an die Lehrer, Erzieher und Sozialarbeiter, sich in dieser Hinsicht zu hinterfragen.

Wie können wir also handeln, damit sich unsere Kinder sicher und geborgen fühlen?

Lösung Nr. 1: bedingungslos lieben

Wir müssen (wieder) lernen, bedingungslos zu lieben. Das geht bei uns selbst los. Anne, eine der Trainerinnen in meinen Ausbildungsinstitut, hat sich viel mit dem Thema Selbstliebe beschäftigt. Also bat ich sie, ihre besten Ideen herauszuarbeiten. Hier kommen ihre vier Wege, mit denen Sie entspannt mehr Selbstliebe in Ihren Alltag bringen.

Weg 1: Bleiben Sie bei sich

Kennen Sie das? Jemand in der Familie hat ein Problem, und Sie geben alles, um zu helfen. Sie telefonieren mehrmals täglich mit der Person, machen sich vor dem Schlafengehen Gedanken darüber, wie Sie helfen können, oder liegen sogar nachts grübelnd wach. Sie führen viele Gespräche, um das Problem zu lösen – und am Ende dreht es sich doch im Kreis. Spätestens dann sollten Sie anfangen, Grenzen zu setzen. Für Ihre Selbstliebe. Machen

Sie sich in solchen Situationen immer wieder bewusst, dass Ihre Energie und Zeit Ihre wichtigsten Ressourcen sind. Und wenn Sie diese Ressourcen ausschließlich für die Themen anderer aufwenden, dann bleiben am Ende keine Zeit und Energie mehr für Sie selbst.

Sie kennen vielleicht den Satz: «Erst wenn du dich selbst liebst, kannst du andere lieben.» Und das Gleiche gilt für das Helfen: «Erst wenn du dir selbst geholfen hast, kannst du anderen wirklich helfen.» Nicht umsonst weist man in Flugzeugen darauf hin, dass man zuerst sich selbst und dann anderen die Atemmaske aufsetzen soll ...

Weg 2: Setzen Sie sich auch mal selbst an die erste Stelle

Wenn man Kinder hat, verschieben sich die Prioritäten enorm. Gerade beim ersten Kind gibt es meist nichts Wichtigeres als dieses kleine Wunder in Ihrem Leben. Diese Haltung ist richtig, um gut für Ihr Kind zu sorgen. Dennoch sollten Sie sich Freiräume schaffen, in denen nur Ihre Bedürfnisse zählen. In denen Sie die oberste Priorität sind. «Wie egoistisch!», denken Sie vielleicht, doch gesunder Egoismus wird Ihr Familienleben spürbar bereichern. Wenn Sie die Möglichkeit haben, Kraft für sich zu tanken und Dinge zu tun, die Ihnen guttun, profitieren auch die Menschen in Ihrem Umfeld davon.

Oft scheitert der gute Vorsatz an der Zeit. Wie soll man die «Me-Time» in den ohnehin eng getakteten Familienalltag einbauen? Mein Tipp: Blocken Sie sich Zeiten in Ihrem Terminkalender, und nehmen Sie diese Termine so ernst und verbindlich wie andere auch. Beginnen Sie außerdem mit kleinen Zeitfenstern, vielleicht zwei Stunden in der Woche, die Sie dann schrittweise erweitern können.

Was Sie in dieser Zeit machen sollen? Ihrer Kreativität sind keine Grenzen gesetzt. Alles ist möglich, was Ihnen gefällt und Ihnen neue Energie schenkt: ein Bild malen, Sport machen, sich mit Freundinnen treffen, spazieren gehen, ein entspanntes Bad nehmen, sich ein schönes Essen gönnen. Die ersten Male mag sich das ungewohnt anfühlen. Doch wie es bei allen Gewohnheiten ist: Wiederholung führt zu Normalität. Und wenn Ihre Bedürfnisse zu einer Priorität werden, ist Selbstliebe das Resultat.

Weg 3: Schaffen Sie sich ein bereicherndes Umfeld

Haben Sie Menschen in Ihrem Leben, die Ihnen Energie rauben? Wahrscheinlich kann fast jeder diese Frage mit «Ja» beantworten. Und das lässt sich auch gar nicht vermeiden. Wichtig ist, wie wir mit ihnen umgehen, und vor allem, dass Sie mindestens genauso viele Menschen in Ihrem Umfeld haben, die Sie bereichern.

Menschen, die Sie bestärken, anstatt Sie runterzuziehen. Menschen, die *mit* Ihnen Pläne schmieden anstatt *gegen* Sie. Menschen, die Ihnen zuhören, anstatt Sie immer zu unterbrechen. Gibt es diese Menschen in Ihrem Umfeld? Dann sind Sie schon auf dem richtigen Weg.

Sollte Ihnen niemand einfallen, auf den diese Eigenschaften zutreffen, dann wird es Zeit für eine Veränderung. Es wird Zeit, sich das Gute in Ihr Leben zu holen. Überlegen Sie, welche Menschen Sie in Ihrem Leben bisher inspiriert haben. Das kann die Nachbarin sein, die Ihnen mit einem Plausch im Hausflur den Tag versüßt, der Kollege, der immer mit einem zufriedenen Lächeln durch den Arbeitstag geht. Finden Sie Menschen in Ihrem Umfeld, die Ihnen guttun. Und wenn es noch nicht im näheren Umfeld klappt, dann sind Bücher, Videos, Podcasts oder Ähnliches ein super Einstieg, um ein bereicherndes Umfeld zu erschaffen. Denn wenn Sie Menschen in Ihrem Leben haben, die Ihnen guttun, dann überträgt sich das auf Sie und Ihre Selbstliebe.

Weg 4: Sie sind auch nur ein Mensch

Haben Sie einen hohen Anspruch an sich selbst, und sind Sie perfektionistisch veranlagt? Machen Sie sich oft Selbstvorwürfe, wenn etwas nicht so klappt, wie Sie es sich vorgestellt haben? Dann kann ich Ihnen nur einen Rat geben: Hören Sie auf damit! Denn: Wohin führt dieser überzogene Anspruch? Hilft er Ihnen wirklich weiter, die Dinge zu erreichen, die Sie wollen? Meiner Meinung nach führt ein solches Verhalten oft sogar zum Gegenteil des Gewünschten, nämlich zur Prokrastination, zum Aufschieben. Wir fangen dann erst gar nicht an, die Dinge zu tun, die nötig wären, um ein Ziel zu erreichen, weil unser Anspruch und die Angst, nicht zu genügen oder zu scheitern, uns lähmen. Doch wie kommen wir da wieder raus? Als Erstes hilft es, die Situation von außen zu betrachten. Stellen Sie sich vor, eine Freundin hat das gleiche Problem wie Sie momentan. Hätten Sie dann den gleichen Anspruch an Ihre Freundin wie an sich selbst? Würden Sie genauso mit ihr reden, wie Sie es oft mit sich selbst tun? Ich denke nicht.

Eins dürfen wir am Ende nicht vergessen: Wir sind alle nur Menschen. Menschen machen Fehler, Menschen haben gute und schlechte Tage, Menschen sind perfekt unperfekt. Wir sind keine Maschinen, und das zu akzeptieren, bringt Leichtigkeit und Selbstliebe in Ihre Welt.

Diese vier Ansätze können Ihnen helfen, sich selbst mehr zu lieben. Und das ist auch für unser Thema wichtig: Wenn wir uns selbst bedingungslos lieben, können wir auch unsere Kinder bedingungsloser lieben.

Um sich das noch einmal deutlicher vor Augen zu führen, kann dieser Satz helfen: «*Dein* Alltag ist *ihre* Kindheit!»

Zeigen Sie Ihren Kindern, dass Sie sie immer wertschätzen,

auch in den Momenten, in denen es Meinungsverschiedenheiten gibt. Sie müssen dafür nicht Ihre eigenen Bedürfnisse oder Ansichten verbergen. Im Gegenteil, wenn Sie sie formulieren, lernen Kinder, wie man für seine Wünsche und Bedürfnisse einsteht und wie man Grenzen setzt. Eltern werden zu Vorbildern, an denen sie sich orientieren können, um z. B. auf dem Schulhof selbst Grenzen setzen zu können.

Vergegenwärtigen Sie sich, dass nicht nur Sie als Eltern eine Vorstellung davon haben, wie der Alltag zu laufen hat, sondern auch Ihr Kind. Nur wenn wir dem wertschätzend gegenüberstehen, können wir umgekehrt Wertschätzung für unsere Bedürfnisse und Wünsche erwarten.

Denken Sie noch mal an das Thema «beste Option». Selbst wenn Ihre Kinder Dinge tun, die Sie falsch finden, fokussieren Sie sich darauf, dass es in diesem Moment offenbar die beste Verhaltensoption für Ihr Kind war. Und anstatt dann sofort zu schimpfen, atmen Sie vier Sekunden tief ein, halten Sie den Atem vier Sekunden an und atmen Sie dann vier Sekunden lang aus. Dadurch werden Sie bereits ruhiger und können überlegen, was Ihr Kind gerade braucht. Denn die Handlung des Kindes ist aus seiner Sicht ja logisch.

Knüpfen Sie Ihre Liebe nicht an Bedingungen. Wir wollen aufrechte und charakterfeste Kinder in die Welt begleiten, also dürfen auch wir aufrechte Erwachsene sein. Wenn Sie in einer Konfliktsituation sind und Ihr Kind sich ihr entziehen will, können Sie z. B. sagen: «Guck, ich nehme dich ernst, weil ich dich liebe. Ich schimpfe nicht mit dir, drohe dir keine Strafen an. Du rennst weg vor mir, und ich bleibe trotzdem fair. Ich glaube auch, dass du das merkst und sich das gut für dich anfühlt. Doch ich wünsche mir von dir, dass du auch meine Meinung siehst und sie nicht ignorierst. Das ärgert mich.»

Vielleicht denken Sie, dass das Kind damit überfordert sein könnte, wenn wir ihm sagen, dass wir ärgerlich oder traurig sind. Aber ich bin überzeugt: Ein Kind kann besser damit umgehen, wenn Sie über Ihre Gefühle reden und ihm gleichzeitig auch seine Gefühle erlauben, als wenn es bestraft oder ausgeschimpft wird oder Drohungen hört. Dabei ist wichtig, dass wir nicht dem Kind selbst die Schuld für unsere Gefühle geben. Dazu komme ich bei Lösung Nr. 2.

Und noch etwas ist wichtig: Es geht nicht darum, perfekt zu sein. Kinder wollen keine perfekten Eltern. Jeder hat mal einen schlechten Tag, jeder macht Fehler. Wir sollten aber die Größe besitzen, auch vor unseren Kindern zu unseren Fehlern zu stehen und uns zu entschuldigen. Oder ihnen an einem Tag, an dem wir sehr ungeduldig oder reizbar sind, einfach genau das sagen. Dann können sie auch damit umgehen. Offenheit ist immer eine gute Idee.

Lösung Nr. 2: sich selbst in den Mittelpunkt der Kommunikation stellen

Anstatt dem Kind zu drohen oder es zu verurteilen für das, was es tut, reden Sie über sich. Damit meine ich ganz konkret, dass Sie Ihre eigenen Bedürfnisse und Werte in den Mittelpunkt Ihrer Aussagen stellen. Denn denken Sie daran: Andere Menschen sind nicht der Grund für Ihre Gefühle. Es sind Ihre Gedanken in Kombination mit Ihren Bedürfnissen. Wenn also Ihr Kind etwas tut, weswegen Sie wütend werden, ist Ihr Kind zwar Auslöser, aber nicht der Grund für das Gefühl. Daher ist es auch wenig sinnvoll, wütend auf Ihr Kind zu sein. Es ist sinnvoller, es darum zu bitten, Ihre Wünsche und Bedürfnisse zu akzeptieren. Dafür brauchen Kinder klare Kommunikation. Anstatt zu sagen: «Wie oft habe ich dir schon gesagt, dass du nicht mit den Händen essen sollst?! Ich werde langsam echt sauer!», könnten Sie sagen: «Wenn ich sehe, dass du mit den Händen isst und der ganze Tisch klebt, werde ich nervös. Mir ist ordentliches Essen wichtig. Bitte nimm Messer und Gabel!»

Zwischen der ersten Aussage und der zweiten liegen Welten. Im ersten Beispiel ist das Kind Mittelpunkt des Problems, im zweiten Sie selbst. Sie könnten den Satz auch so sagen: «Mich macht das nervös, wenn du mit den Händen isst, da mir Sauberkeit wichtig ist. Bitte nimm Messer und Gabel!» Stellen Sie sich und Ihre Bedürfnisse in den Mittelpunkt der Sätze. Denn wenn das Kind im Mittelpunkt ist, dann ist es ja alleine dafür verantwortlich, dass sich etwas ändert. Das führt zu Druck und Gegenwehr. Wenn Sie aber Ich-Botschaften nutzen, nehmen Sie den Druck raus.

Diese Art der Kommunikation funktioniert nach meiner Erfahrung allerdings nur, wenn auch die Kinder ernst genommen werden. Ein Kind, das in seinen Wünschen und Bedürfnissen nicht wahrgenommen, vielleicht sogar übergangen wird, reagiert anders auf solche Botschaften als eines, das selbst respektiert wird. Es ist ein Geben und Nehmen: Respekt ist keine Einbahnstraße.

Lösung Nr. 3: Fairness als oberster Wert in Familien

«Bei Ihnen funktioniert meine Klasse ganz anders als bei mir», stellt eine Lehrerin nach dem Training verwundert fest. Ich antworte: «Das könnte daran liegen, dass ich wirklich versuche, immer alle gleich zu behandeln. Niemand wird bevorzugt, weder im Positiven noch im Negativen. Auch ich selbst nicht!»

Dieses Beispiel lässt sich gut auf Familien übertragen: Geschwister werden oft nicht gleich behandelt, was zu vielen Konflikten führen kann. Bevor wir uns näher mit dem Prinzip Fairness auseinandersetzen, möchte ich jedoch zunächst mit einem Irrglauben aufzuräumen: Kinder und Eltern sollten gleichberechtigt sein. Nein, sollten sie nicht. Sie sind immer gleichwertig, aber eben nicht gleichberechtigt. Nehmen wir eine Scheidung als Beispiel. Wären Kindern immer gleichberechtigt, dürften sie entscheiden, zu welchem Elternteil sie gehen. Das würde sie vermutlich emotional und psychisch völlig überfordern. Sie dürfen natürlich mitreden, aber sie sollten nicht die letzte Entscheidung treffen *müssen*.

Kinder und Eltern sind aus meiner Sicht wie zwei Polizeibeamte auf Streife: Beide sind auf Augenhöhe, können sich austauschen, verschiedene Meinungen haben, agieren als Team, sprechen sich ab etc. Sie behandeln sich menschlich gesehen gleich. Aber wenn einer der beiden einen höheren Dienstgrad hat, dann hat diese Person in einigen Fällen das Sagen und übernimmt die Verantwortung für Entscheidungen. Und das ist für den Beamten, der in der Hierarchie tiefer steht, völlig in Ordnung. Er wird sich in solchen Situationen wahrscheinlich sogar darüber freuen, dass er nicht für die Entscheidung geradestehen muss. Nicht immer alles entscheiden zu müssen, kann auch eine Entlastung sein.

Genau so verhält es sich zwischen Eltern und Kindern. Unser Verhalten in dieser Hinsicht ist allerdings etwas paradox: Auf der einen Seite bekommen Kinder viel zu wenig Rechte, zu wenig Freiraum. Und auf der anderen Seite gestehen Eltern Kindern zu, bei allem mitreden und alles mitbestimmen zu können. Die einen glauben, Kinder brauchen immer Grenzen. Die anderen denken, Kinder brauchen immer Freiraum. Wie schon mehrfach angeklungen ist, bin ich der Meinung, dass beides,

Freiraum und Grenzen, in einem gesunden Verhältnis stehen muss.

Kommen wir aber zurück zur Schulkasse. In meinen Trainings oder zu Hause bin ich die Führungskraft. Ich gehe vorweg, ich habe einen anderen «Dienstgrad», übernehme die Verantwortung und halte meinen Kopf hin. Die Kinder sind aber an vielen Prozessen demokratisch beteiligt. Sie haben Mitspracherecht, und zwar alle. Wenn es beispielsweise eine Regel gibt, die alle wichtig finden, dann gilt sie für alle. Und wenn die ruhige Lisa sie bricht, reagiere ich nicht anders, als wenn der Klassenclown Saskia sie bricht. Doch genau das machen viele. Bei der ansonsten ruhigen Lisa wird gerne mal ein Auge zugedrückt, beim Klassenclown sofort zu Konsequenzen gegriffen. Das ist ungerecht. Denn niemand sollte über den Prozessen stehen. Wenn es beispielsweise bestimmte Absprachen gibt, wie man sich in der Klassengemeinschaft verhält, dann steht keiner über den Absprachen, nur weil er älter, «lieber» oder sympathischer ist.

Und was passiert, wenn *ich* Regeln breche? Dann gilt für mich dasselbe. Aber wie ist es oft im Alltag? Die Kinder sollen nicht während des Unterrichts essen, und die Lehrerin beißt schnell von ihrem Brot ab, während die Kinder arbeiten. Das ist ungerecht. Denn niemand sollte aufgrund seiner Position bei solchen Dingen bevorteilt werden.

Übertragen Sie das auf Ihren Familienalltag und achten Sie darauf, dass wirklich alle gleich behandelt werden, wenn es um die Einhaltung von Absprachen und Regeln in Ihrer Familie geht. Sprich, wenn der Vater mit seinen dreckigen Schuhen durch das Wohnzimmer stapft, sollte er nicht anders behandelt werden als der zwölfjährige Sohn, der dasselbe tut.

Sprechen Sie in der Familie über Werte, Normen und Regeln, die bei Ihnen gelten sollen. Alle sollten gleichermaßen angehört und wertgeschätzt werden. Denn wenn sich die Kinder zu Hause gerecht behandelt fühlen, fallen viel Druck und Stress weg, und sie können sich zu Hause wirklich fallenlassen.

Lösung 4: Kinder wirklich ernst nehmen

Diese Lösung bezieht sich auf Fehler Nr. 4 bis Nr. 6: Gefühle abstreiten, sie bagatellisieren und Kinder in unsere «Schuhe» drücken. Die Lösung für alle diese Fehler ist: Respekt! Sehen Sie Ihr Kind. Sehen Sie es wirklich, in all seinen Eigenarten, seinen Wünschen, seinen Bedürfnissen, seiner Individualität. Lassen Sie Ihr Kind bestimmte Dinge frei entscheiden. Lassen Sie es z. B. die Hobbys ausprobieren, die es möchte. Viele Eltern zwingen Ihre Kinder, ein Instrument zu lernen oder einen bestimmten Sport weiter zu treiben, den sie eigentlich nicht mehr mögen. Als wenn wir Erwachsenen unsere Vorlieben nie verändern würden!

Ich versuche, Kindern beizubringen, dass man sich auf ihr Wort verlassen können sollte. Das heißt, wenn ein Kind beispielsweise seiner Mannschaft zusagt, beim nächsten Turnier dabei zu sein, dann sollte es bis zu diesem Turnier auch dranbleiben. Wenn es danach keine Lust hat, da der Sport doch nicht seinen Vorlieben entspricht, darf es aber auch frei entscheiden, etwas anderes zu probieren. Es geht nicht darum, eine Sache zu beginnen und sich dann zu quälen. Aber wenn ich einem Trainer, einer Mannschaft oder Trainingspartner eine Zusage gebe, dann sollte ich lernen, diese einzuhalten. Es gehört zum Leben dazu, Dinge zu Ende zu bringen, wenn man sein Wort gegeben hat. Abgesehen davon stärkt es auch das eigene Selbstvertrauen, wenn man Durststrecken überwindet (siehe dazu das Kapitel «Wie Ausdauer und Disziplin helfen»).

Seien Sie achtsam mit Ihrem Kind. Hören Sie wirklich zu

und haben Sie keine Angst vor Widerworten. Denn diese gibt es eigentlich nicht. Kinder, die «Widerworte» geben, haben einfach eine andere Meinung. Und das ist gut so. Wir wollen doch, dass sie für sich selbst einstehen, und das lernen sie nur, wenn sie es auch dürfen. Vor allem zu Hause. Schwimmen lernen Kinder nicht im offenen Meer, sondern im Babybecken. Niemand würde sein Kind ins Meer schubsen und sagen: «Los, schwimm!» Beim Thema «eigene Meinungen haben und für sich einstehen» tun wir Erwachsenen aber genau das. Wir wollen, dass die Kinder auf dem Schulhof für sich einstehen, aber zu Hause möglichst widerspruchslos das tun, was wir ihnen sagen. Mit einer solchen Haltung nehmen wir den Kindern die Chance, zu Hause das zu lernen, was in der Schule, im «offenen Meer», nötig ist.

Kinder sind nicht auf die Welt gekommen, um den Erwachsenen zu gefallen und sich anzupassen, sondern um ihr ureigenes Potenzial zu entfalten und glücklich zu sein.

Lösung 5: mehr Liebe, mehr Umarmungen, mehr Güte

Kinder machen Fehler. Erwachsene auch. Statt nachtragend zu sein, habe ich einen anderen Grundsatz: Jede Situation ist eine neue Situation. Ich versuche, nicht mit Vorannahmen, sondern möglichst wertfrei an eine Situation heranzugehen.

Nehmen wir wieder die Zähneputzsituation, denn diese kennt sicherlich jeder in irgendeiner Form. Stellen Sie sich vor, gestern gab es eine Meinungsverschiedenheit beim abendlichen Waschen und Zähneputzen. Sie hatten selbst einen schlechten Tag, und es ist irgendwie eskaliert. Nun sitzen Sie heute wieder am Esstisch, und Ihr Sohn macht ein mürrisches Geräusch, als Sie sagen, es sei jetzt Zeit, ins Bett zu gehen. Sie denken sofort an gestern und reagieren direkt mit Druck, da Sie nicht wollen, dass es wieder so endet: «Ich habe keine Lust auf dieses Theater. Jeden Abend dasselbe, du gehst jetzt sofort Zähne putzen!»

Was Sie mit einer solchen Reaktion übersehen: dass es nun erst recht so enden wird wie am Vorabend, da Sie in der Vergangenheit statt in der Gegenwart leben. Sie bewerten die Situation nicht neu, sondern auf Basis der Vergangenheit, dessen, was gestern passiert ist. Somit bauen Sie negative Energie auf, die sich auf Ihr Kind überträgt. Es gibt wieder Streit: «Du wirst es nie lernen!» Doch vielleicht liegt der Fehler gar nicht beim Kind.

Machen Sie es sich zur Aufgabe, jede Situation neu anzugehen und sie nicht mit vergangenen zu vergleichen. Denn das führt meist zu Ergebnissen, die wir eigentlich gar nicht haben wollen. Hören wir das mürrische Grummeln des Kindes, sollten wir es nicht direkt mit Referenzerfahrungen abgleichen, sondern stattdessen z. B. fragen: «Hast du keine Lust heute?» – «Nein.» – «Das kenne ich, komm, lass uns gemeinsam das Ganze hinter uns bringen. Hab dich lieb!» Und schon sind wir von positiver Energie und nicht von negativer umgeben.

Wenn das Zuhause der Ort sein soll, an dem Kinder sich aufladen können, muss die Energie positiv sein. Nachtragend zu sein, ist sicherlich menschlich, liegt aber nicht in der Natur des Menschen: Babys oder Kleinkinder, die sich streiten, vertragen sich schnell wieder. Irgendwann lernen sie durch uns Erwachsene, dass man sich unversöhnlich geben kann. Wie schön wäre es, wenn Menschen einander mehr verzeihen könnten und weniger stur wären! Aber auch das beginnt bei uns selbst. Wir können den Unterschied machen.

Der sichere Hafen zu Hause ist die unbedingte Grundlage, um Kinder wirklich gegen Mobbing zu wappnen. Denn erstens macht ein harmonisches Elternhaus, in dem Liebe, Nähe und Wertschätzung gelebt werden, Kinder stark.

Zweitens gibt ein Elternhaus, das von den Kindern als sicherer Hafen empfunden wird, auch einen *inneren* sicheren Hafen. Ein Ort, an dem es sich selbst liebt, sich selbst wertschätzt, sich selbst respektiert. Denn wenn ich im Außen respektiert und geliebt werde, kann ich selbst mich auch lieben und wertschätzen. Und Selbstliebe ist, wie wir bereits gesehen haben, unglaublich wichtig.

Loben Sie Ihre Kinder. Zeigen Sie ihnen, dass sie gut sind, wie sie sind. Helfen Sie ihnen, sich selbst anzunehmen, indem Sie sie wirklich annehmen. Zeigen Sie Ihrem Kind an Ihrem Vorbild, dass man Menschen respektieren kann, ohne seine eigenen Wünsche aufzugeben. Führen Sie Debatten. Fair und demokratisch. Reden Sie über Ihre Bedürfnisse, anstatt den Kindern die Schuld zu geben. Diskutieren Sie weniger und umarmen Sie mehr. Entkoppeln Sie Liebe von Bedingungen und führen Sie den Stress, den Kinder in der Schule haben und dem Sie auf der Arbeit möglicherweise ausgesetzt sind, nicht zu Hause fort.

Je nachdem, wie alt Ihr Kind ist und wie es aktuell bei Ihnen zu Hause abläuft, könnten Sie dieses Kapitel auch als Grundlage für ein Gespräch mit Ihrer Familie nehmen.

Sprechen Sie an, dass Sie sich mehr Harmonie in und für Ihre Familie wünschen. Und finden Sie dann eine gemeinsame Vision für Ihr Familienleben. Wie wollen Sie sein, wofür als Gemeinschaft stehen? Und dann darf jeder seine Wünsche nennen. Im Anschluss können Sie sich darüber austauschen, was jeder von Ihnen einbringen kann, damit es harmonischer wird. Jeder sollte seinen Teil dazu beitragen. Die Erwachsenen und die Kinder. Und dann legen Sie Rahmenbedingungen für Ihre Familie fest, die für alle gelten. Wirklich alle – Stichwort Gerechtigkeit. Und dann legen Sie los und verändern etwas.

Ich verspreche Ihnen: Sie werden viel bewusster kommunizieren. Nicht nur als Eltern, sondern auch die Kinder werden ihre Worte erfahrungsgemäß bewusster wählen. Und das ist es doch, was wir wollen: eine Gemeinschaft, in der jeder dafür sorgt, dass es allen gutgeht und jeder die Akkus laden kann. Helfen Sie Ihrem Kind oder Ihren Kindern dabei, die stürmischen Phasen des Lebens zu meistern, indem Sie ein friedliches Zuhause mit positiver Energie erschaffen.

Selbstbewusstsein

«Daniel, können wir mal über Julia sprechen?», fragt mich die Mutter im Flur der Kita, in der ich als Erzieher im Jahr 2007 angestellt war. «Klar, können wir machen», sage ich, während ich Briefe an die Haken der Kinder hänge. Wir setzen uns kurz auf die Bank. «Daniel, wir müssen gucken, dass Julia selbstbewusster wird!» Ich sehe sie an und frage: «Warum meinst du das?» – «Guck mal, Julia kommt bald in die Schule, und sie macht noch nicht mal im Stuhlkreis mit. Ihr fehlt es voll an Selbstbewusstsein. Da muss jetzt was passieren!» Ich gucke sie an und sage: «Ich weiß, was du meinst. Aber Julia muss nicht selbstbewusster werden!» Sie guckt mich verdutzt an, doch ich meine es ernst: Julia muss nicht selbstbewusster werden.

Kommen wir in diesem Kapitel zu einer Fähigkeit, die Ihr Kind braucht, um gegen Mobbing gewappnet zu sein: Selbstbewusstsein. Aber was ist Selbstbewusstsein überhaupt? Es wird häufig verwechselt mit Selbstsicherheit, Selbstvertrauen, Selbstliebe, Selbstbehauptung. Aber das sind alles unterschiedliche Dinge. Immanuel Kant sagte: «*Selbstbewusstsein* entsteht durch Beobachtung und Reflexion seiner selbst oder anders ausgedrückt: des eigenen Ich, der eigenen Persönlichkeit.»

Selbstbewusstsein heißt, dass ich mich bewusst wahrnehme und die Erkenntnisse, die ich dabei erhalte, aktiv nutze und nach außen trage. Also mein «Innenleben» bewusst registriere und es auch offenbaren kann. Daher ist es wie gesagt wichtig, Kindern nicht das Gefühl zu geben, «falsch» zu sein. Denn wenn ein Kind beispielsweise wahrnimmt, dass es Angst hat, und wir ihm vermitteln, dass es keine Angst zu haben braucht, dann nehmen wir ihm die Chance, sich seiner selbst bewusst zu sein. Man könnte Selbstbewusstsein wie folgt definieren:

Selbstbewusstsein ist der Prozess, sich mit seinem eigenen Ich zu verbinden und die dadurch erhaltenen Erkenntnisse und Informationen zu reflektieren und zu nutzen, um die eigene wahrgenommene Persönlichkeit authentisch zu offenbaren. Durch das bewusste Verbinden mit dem eigenen Ich entwickelt sich dieses stetig. Selbstbewusstsein ist somit ein Prozess und kein Zustand.

Man könnte Selbstbewusstsein auch mit einem Anruf bei der Auskunft vergleichen. Oder, für die jüngere Generation, mit der Suche bei Google. Die Auskunft ist in diesem Fall unser Ich, unsere Persönlichkeit. Es hat alle relevanten Daten von uns gespeichert, unsere Erfahrungen, Bedürfnisse, Meinungen, Vorstellungen, Wünsche, Gefühle, unser Verständnis für uns und unsere Umwelt. Damit die Auskunft diese Daten zur Verfügung stellen kann, braucht sie eine Abteilung, die nur dafür da ist, Daten zu sammeln – das Callcenter. Dieses Callcenter hat verschiedene Abteilungen, unsere fünf Sinne: Hören, Schmecken, Sehen, Fühlen, Riechen. Diese Sinne – dieses Callcenter – versorgen die Auskunft mit Informationen. Diese Informationen (wenn in der Vergangenheit liegend) sind unsere Erfahrungen, die unsere Meinungen, Bedürfnisse, Wünsche beeinflussen und bedingen. Ergänzt werden sie durch aktuelle Informationen, die unsere Sinne im Hier und Jetzt aufnehmen. Diese aktuellen

Wahrnehmungen stillen unsere Bedürfnisse oder stillen sie eben nicht. Das wiederum löst dann unsere Gefühle aus, die sich in Handlungen widerspiegeln.

Bis hierhin haben wir das «Selbstsein» von Selbstbewusstsein. Fehlt noch «bewusst». Denn der selbstbewusste Mensch kann sich bewusst mit seinem Selbst verbinden, er kann bewusst die Auskunft anrufen, um zu erkennen, warum er fühlt, wie er fühlt. Er nimmt den Hörer in die Hand und hört in sich hinein. Wie fühle ich mich? Wie denke ich gerade? Welches Bedürfnis steckt hinter den Gefühlen, die ich gerade habe?

Selbstbewusstsein heißt also, dass wir die Fähigkeit haben, den Hörer in die Hand zu nehmen, die Nummer unserer eigenen Auskunft zu wählen, eine Frage zu stellen, die Antwort zu verstehen und darüber nachzudenken. Selbstbewusstsein heißt, dass ich mich bewusst anrufe und die mir bereitgestellten Informationen nutze.

Selbstbewusstsein ist der Prozess des Sich-mit-sich-selbst-Verbindens. Es hat nichts damit zu tun, ob ich mir bestimmte Dinge zutraue oder Ähnliches. Und das ist auch der Grund, warum ich der Mutter von Julia sagte, dass ihre Tochter nicht selbstbewusster werden muss. Denn Julia *war* selbstbewusst. Sie baute im Stuhlkreis jedes Mal eine Verbindung zu sich selbst auf und spürte bei manchen Spielen ihre Unsicherheit. Dieses Gefühl hat sie dann zum Anlass genommen, uns Erziehern eine Grenze zu setzen. Natürlich wäre es für Julia gut zu lernen, sich mehr zuzutrauen und auch schwierige Situationen anzunehmen und zu meistern. Aber das hat weniger mit Selbstbewusstsein zu tun als mit Selbstvertrauen.

Die meisten Menschen nutzen Selbstbewusstsein synonym für die anderen Begriffe – und genau da liegt das Problem. Sie würden nie auf die Idee kommen, «Auto» als Synonym für «Lastkraftwagen» zu nutzen, nur weil beide Räder haben und fahren. Es sind unterschiedliche Dinge, und wenn wir unsere Kinder bestmöglich fördern wollen, müssen wir differenzieren. Denn nur so können wir zur Ursache eines Problems vordringen. Die Frage ist ja, worin sie wirklich liegt. Darin, dass ein Kind sich nicht mit sich verbinden kann? Oder darin, dass es gewisse Gefühle als «Rechtfertigung» für vermeidendes Verhalten nimmt? Über Letzteres reden wir im nächsten Kapitel, bleiben wir fürs Erste beim Selbstbewusstsein.

Selbstbewusstsein führt dazu, dass ich mir meiner eigenen Grenzen bewusst bin und mich somit von Menschen oder Situationen abgrenzen kann. Eine sehr wichtige Eigenschaft, wenn es um Mobbing geht. Damit ich meine Grenzen im Alltag erkennen kann, muss ich mich «anrufen» und hinterfragen, was ich eigentlich brauche (Bedürfnisse), um mich mental oder kommunikativ von anderen distanzieren zu können. Dafür muss ich jedoch erst mal herausfinden, was wirklich in mir los ist.

Hier kann uns die Feel-Back-Goal-Technik weiterhelfen. *Feel* steht für das Gefühl, *Back* steht für Hintergrund und *Goal* für Ziel.

Für diese Technik stelle ich mir folgende drei Fragen:

1. Wie fühle ich mich gerade wirklich? (Feel)
2. Welcher Gedanke und welches Bedürfnis stecken hinter dem Gefühl? (Back)
3. Was muss passieren, damit es mir bessergeht? (Goal)

Gehen wir näher auf die einzelnen Fragen ein.

Wie fühle ich mich gerade wirklich? (Feel)

In Momenten, in denen ich mich schlecht fühle, halte ich inne und schaue genau hin, welches Gefühl ich wirklich habe: Ist es

Enttäuschung? Wut? Unsicherheit? Traurigkeit? Bin ich erschrocken?

Welcher Gedanke und welches Bedürfnis stecken hinter dem Gefühl? (Back)

Mit dieser Frage versuche ich herauszufinden, welchen Background, also welchen Hintergrund, mein negatives Gefühl hat, welche Gedanken und Bedürfnisse dahinterstehen: Ist es mein Bedürfnis nach Anerkennung? Nach Fürsorge? Nach Zugehörigkeit? Nach Zuwendung?

Hier geht es darum, den Fokus auf die Ursache unseres Problems, Konflikts etc. zu richten. Denn erst so können wir sinnvoll Grenzen setzen – z. B. kommunikativ oder auch dadurch, dass ich die Situation anders frame –, und damit kommen wir zur nächsten Frage, zum Goal.

Was muss passieren, damit es mir bessergeht? (Goal)

Wenn Sie Ihr Bedürfnis erkannt haben, können Sie mit Frage drei erkennen, was Sie brauchen, damit es Ihnen bessergeht, und somit auch klar benennen, was Sie stört und was Sie von Ihrem Gegenüber erbitten müssen. Das könnte z. B. sein, dass Ihr Kind Sie nicht unterbricht, weil Ihnen Höflichkeit wichtig ist, oder es sich beeilt, weil Sie Pünktlichkeit schätzen.

Es geht bei dieser Frage darum, zu erkennen, was Sie brauchen. Denn oftmals schimpfen wir mit unseren Kindern, streiten mit unseren Partnern oder diskutieren mit Kollegen etc., geben ihnen jedoch keine Chance zu verstehen, was sie tun könnten, damit es uns bessergeht.

Vielleicht merken Sie aber auch, dass Sie einen bestimmten Gedanken hatten, der zu dem ungestillten Bedürfnis beiträgt (das typische Kopfkino). Und vielleicht kommen Sie dann zu dem

Schluss, dass Sie ihn gar nicht aufrechterhalten wollen. In dem Fall akzeptieren Sie, dass Sie bis eben diesen Gedanken gedacht haben, lassen ihn fallen oder framen neu. Sprich, Sie setzen einen anderen Rahmen (Frame), ordnen ihn anders ein, betrachten ihn aus einer anderen Perspektive. Anstatt z.B. zu denken, dass ein Kollege Sie bewusst schikaniert, könnten Sie den Rahmen wie folgt setzen: «Er hat anscheinend eine wirklich anstrengende Zeit und steht ordentlich unter Druck. Er meint nicht mich persönlich, es platzte wohl einfach aus ihm raus. War offenbar seine beste Option. Aber ich nehme seine Worte nicht an und belasse sie bei ihm.»

Übertragen Sie das auf Ihr Kind und eine Situation in der Schule. Es muss möglicherweise etwas an die Tafel schreiben und macht einen Fehler. Daraufhin macht ein Mitschüler einen blöden Spruch, und alle lachen. Ihr Kind kann nun folgenden Rahmen setzen: «War klar. Ich kann eh nichts, und jetzt lachen mich alle aus. Ich will im Boden versinken. Voll peinlich! Die denken alle, dass ich ein Opfer bin!» Oder es öffnet den Rahmen: «Okay, ich fand mich eigentlich ziemlich gut. Aber komm, der Spruch von Lasse war tatsächlich ganz witzig, er will halt gerne im Mittelpunkt stehen. Sei es drum, weiter geht's!» Es ist der innere Dialog Ihres Kindes, der den Unterschied macht. Es ist der Fokus, den wir haben.

Grenzen zu setzen, bedeutet nicht automatisch, mit anderen zu kommunizieren. Es kann auch bedeuten, mit sich selbst zu kommunizieren, mir andere Gedanken zu formen, die zu mehr Wohlbefinden führen. Denken Sie dran: Nicht die Welt ist schuld an unseren Gefühlen. Wir kreieren viele davon selbst.

Sollten Sie sich für Ihr Kind wünschen, dass es weniger leidet und mehr Zufriedenheit im Leben spürt, geht es immer bei den eigenen Gedanken los. Kritiker des Framings sagen mitunter, es sei realitätsfern, in schlimmen Situationen immer noch Positives zu sehen. Doch es gibt nicht *die* Realität. Es gibt nur *Ihre* Realität. Jeder sieht die Welt anders. Und wenn ich die Wahl habe, entweder immer das Schlimmste anzunehmen und mich dann schlecht zu fühlen oder selbst in schweren Momenten das Gute zu suchen und mich darauf zu fokussieren, wähle ich Letzteres. Sich auf das Schlechte zu konzentrieren oder das Gute bewusst zu suchen, ist eine Entscheidung. Was ergibt für Ihre Kinder mehr Sinn?

Gehen wir die drei Fragen noch mal an einem Beispiel durch:

Stellen Sie sich vor, ein Kollege fällt Ihnen ständig ins Wort, sodass Sie kaum einen Satz zu Ende sprechen können. Das macht er bereits seit einigen Tagen und in einer, wie Sie finden, abfälligen Art. Sie sind wütend. Nun gehen Sie mit sich in Verbindung.

1. **Feel: Wie fühle ich mich gerade wirklich?**
   Sie hinterfragen Ihr Gefühl und merken, dass Sie nicht wütend sind, sondern nervös.
2. **Back: Welcher Gedanke und welches Bedürfnis stecken hinter dem Gefühl?**
   Sie überlegen, welches Bedürfnis Sie in diesem Moment haben, und erkennen, dass es das Bedürfnis nach Entspannung in Kombination mit dem Gedanken «Menschen müssen mich aussprechen lassen» ist, und das diesem Gedanken zugrunde liegende Bedürfnis nach Respekt wird nicht gestillt.
3. **Goal: Was muss passieren, damit es mir bessergeht?**
   Möglichkeit 1: Sie wünschen sich von Ihrem Kollegen die nötige Zeit, Ihre Sätze zu Ende zu führen, da Ihnen Struktur wichtig ist. Sie haben erkannt, dass nicht der Kollege schuld ist an Ihrem Gefühl. Er ist der Auslöser, aber der wahre Grund ist Ihr Wunsch nach Struktur, die immer wieder unmöglich gemacht wird, was sie nervös macht.

Möglichkeit 2: Sie lassen den Gedanken «Menschen müssen mich aussprechen lassen» fallen und sind dadurch direkt raus aus der negativen Emotion, um erst mal den Mitarbeiter aussprechen zu lassen und ihm freundlich zugewandt zuzuhören. Auch wenn er Sie dann wieder unterbricht, bleiben Sie entspannt, da Sie nicht mehr denken, er müsse Sie aussprechen lassen. Irgendwann merkt er, dass das Unterbrechen bei Ihnen keinen Sinn ergibt. Zumindest wenn wir annehmen, dass er es wirklich absichtlich macht.

Wenn Sie nun Ihre Kinder dazu befähigen, sich diese Fragen zu stellen, dann können sie in den Fahrersitz ihres Lebens steigen und Verantwortung für sich und ihre Gefühlswelt übernehmen.

Das ist im Übrigen keine Überforderung, wie Sie vielleicht denken mögen. Trauen Sie Ihren Kindern etwas zu, verabschieden Sie sich von Ihrem Glaubenssatz, Kinder seien per se hilfsbedürftig. Befähigen Sie Ihre Tochter oder Ihren Sohn dazu, sich selbst zu helfen, statt ihnen bei jeder kleinsten Gelegenheit zur Seite zu springen.

Wenn wir selbstbewusstere Kinder möchten, müssen wir ihnen immer wieder deutlich machen, dass all ihre Gefühle und Bedürfnisse ihre Berechtigung haben. Das bedeutet nicht, automatisch alles tun zu dürfen, was man will. Ein Mann, der eine Frau in der U-Bahn attraktiv findet und das Bedürfnis hat, ihr näherzukommen, ist nicht «falsch» wegen seines Bedürfnisses. Wenn er sie freundlich anspricht und nach einem Kontakt fragt, ist alles gut. Wenn er ihr Nein respektiert, ebenfalls. Inakzeptabel wäre es, wenn er aufgrund seines Bedürfnisses übergriffig wird.

Finden Sie gemeinsam mit Ihrem Kind Wege, wie es seine Bedürfnisse stillen kann, ohne anderen oder sich selbst zu schaden. Kleineren Kindern leben Sie es vor, mit größeren können Sie gemeinsam die Feel-Back-Goal-Technik anwenden, bis sie sie allein beherrschen.

Selbstvertrauen. Du kannst das!

«Ich will nicht in der Mitte bei der Übung dabei sein», sagt Mert zu mir. Wir sind in einer Trainingsstunde in seiner Klasse. Ich sage: «Alles klar. Du musst nicht mitmachen. Aber ich habe einen Vorschlag: Mach mal deine Augen zu und stell dir vor, du hättest es bereits geschafft. Stell dir vor, die Übung ist zu Ende, und du hast es hinbekommen. Wie würdest du dich fühlen?» Mert sagt: «Gut natürlich!» Ich frage: «Und wie willst du dich in deinem Leben fühlen?» Er antwortet: «Ich will mich gut fühlen!» – «Was musst du also machen, um das zu erreichen?», frage ich. In diesem Moment steht er auf und kommt nach vorne. Er macht die Übung und schafft sie. «Und, wie ist es?», frage ich. Er grinst und hat seine Lektion gelernt.

Selbstvertrauen ist essenziell, um mit Herausforderungen wie Mobbing umgehen zu können. Denn wenn ich mir selbst vertraue, dann strahle ich das auch aus. Ich bin nicht in der klassischen Opferrolle. Und selbst wenn ich Opfer von Mobbing werde, «verpacke» ich es meist besser, da ich viele positive Erfahrungen gesammelt habe und weiß, dass ich gut bin, wie ich bin. Wie bereits gesagt, gibt es einen Unterschied zwischen Selbstbewusstsein und Selbstvertrauen. Die kleine Julia aus dem vorherigen Kapitel stand sich selbst im Weg. Sie hat sich durch ihr mangelndes Selbstvertrauen um viele schöne Momente gebracht, in denen sie sich gestärkt und die Erfahrung gemacht hätte, wie gut es sein kann, über seinen Schatten zu springen.

Julia hat zwar Selbst*bewusstsein*, sie hat sich mit sich selbst verbunden und ihre Unsicherheit gespürt. Aber es mangelte ihr an Selbst*vertrauen*, ihre Unsicherheit zu bekämpfen. Stattdessen hat sie sich von ihrer Verunsicherung vereinnahmen lassen und neue Erlebnisse vermieden. Leben bedeutet aber Entwicklung, bedeutet Veränderung. Und wir Menschen entwickeln uns für gewöhnlich meist dann weiter, wenn wir Dinge tun, die uns schwerfallen. In diesem Zusammenhang redet die Coachingwelt gerne von der sogenannten Komfortzone, einer Zone, in der alles angenehm ist, in der man die Regeln kennt, die Aufgaben bewältigen kann, in der die Menschen und Situationen vertraut sind. Das ist unser persönlicher Wohlfühlbereich.

Julia, das Mädchen aus meiner ehemaligen Kitagruppe, fühlte sich im Stuhlkreis beim Zugucken wohl. Das war ihre Komfortzone. Mitmachen wollte sie nicht. Doch dort, außerhalb der Komfortzone, wäre ihre persönliche Wachstumszone gewesen.

Wenn ich in meinem Leben die Erfahrung gemacht habe, dass ich in der Lage bin, Herausforderungen zu meistern, dann scheue ich mich auch weniger vor neuen Situationen – und am Ende habe ich mich weiterentwickelt und bin meist stolz darauf. Ich lerne dabei, dass ich mir selbst vertrauen kann.

Denken Sie an einen Freund oder eine Freundin, die Sie in einer schwierigen Situation anrufen, die sofort auftauchen, egal was sie selbst gerade auf dem Zettel haben, und die dann für Sie «durchs Feuer» gehen. Solchen Freunden vertrauen wir, weil wir uns auf sie verlassen können, selbst wenn es stürmisch zugeht. Seien Sie sich selbst dieser Freund!

Wenn wir für uns selbst auch schwere Dinge tun, dann lernen wir, dass wir uns auf uns selbst verlassen können. Dass wir etwas erreichen können. Und mit jedem neuen Erfolgserlebnis wächst unser Vertrauen in uns selbst. Dazu gehört, dass wir uns ausprobieren dürfen. Was ist die Grundlage für Selbstvertrauen? Vertrauen! Und hier schließt sich der Kreis: Wir müssen unseren Kindern etwas zutrauen. Müssen darauf vertrauen, dass sie Dinge alleine meistern können.

Wenn ich von meinen Eltern allerdings ständig suggeriert bekomme, ich sei selbst für Kleinigkeiten zu jung, zu schwach oder zu ungeschickt, dann glaube ich es irgendwann und fange an, diese Sachen zu vermeiden.

Helfen Sie Ihrem Kind, sich selbst zu vertrauen, indem Sie ihm etwas zutrauen. Meine Eltern haben mich mit sieben Jahren Inlineskates fahren lassen und bauten mit mir Rohre auf, damit ich darauf «grinden» (mit den Skates darauf rutschen) konnte. Es dauerte nicht lange, und ich brach mir bei einem Sturz den Oberarm. Aber da ich im Vorfeld immer von meinen Eltern darin bestärkt worden war, dass ich nach dem Hinfallen wieder aufstehen kann, zog ich mir, sowie der Gips abgenommen worden war, die Inliner wieder an. Ich hatte bereits früher genug positive Erfahrungen gesammelt, um mich von einem Rückschlag nicht aufhalten zu lassen. Später stieg ich auf Skateboard um. Wir waren nur draußen, trainierten, fielen ständig hin, aber standen immer wieder auf. Ich brach mir mehrmals die Handgelenke, die Arme, hatte Bänder- und Kapselrisse, Gehirnerschütterungen – und ich bin meinen Eltern sehr dankbar dafür, dass sie mir das Skaten trotzdem nicht verboten haben. Denn dadurch habe ich gelernt, mir zu vertrauen, dass es auch nach Rückschlägen weitergeht und mich so schnell nichts aus der Bahn werfen kann. Natürlich war das Skaten nur ein Puzzleteil zu meinem Selbstvertrauen. Aber es illustriert, wie man als Kind Selbstvertrauen gewinnen kann (und ja, dafür gibt es sicherlich auch Hobbys, die mit weniger Knochenbrüchen einhergehen).

Mit dem Beginn der Pubertät erfuhr dieses Selbstvertrauen

einen Bruch, ich begann mich u.a. wegen meiner geringen Körpergröße minderwertig zu fühlen (siehe auch «Wie mich das Thema fand»). Aber die Grundlagen aus der früheren Kindheit und das Vertrauen in meine Fähigkeiten sorgten sicherlich dafür, dass meine Minderwertigkeitskomplexe sich irgendwann wieder auflösten. Kinder müssen etwas erleben dürfen. Klettern, toben, im Schlamm wühlen, Inliner fahren, im Wald Abenteuer erleben. Ihr Smartphone wird ihnen all das nicht geben. Genauso wenig wie ihre Spielkonsolen.

Als Vater verstehe ich natürlich die Ängste der Eltern. Wir lieben unsere Kinder, wollen sie beschützen, möchten, dass sie gesund bleiben. Aber neben der körperlichen Gesundheit ist eben auch die psychische Gesundheit wichtig. Ein körperlich unversehrtes, aber mental verkümmertes Kind kann ja nicht unser Ziel sein. Daher müssen wir, zum Wohle der Kinder, die Zügel lockern.

Wenn meine Tochter auf eine Rutsche wollte und einforderte, dass ich sie hochhebe, sagte ich immer: «Das kannst du alleine. Ich bin da, wenn du wegrutschst. Aber du wirst alleine klettern müssen, wenn du da hochwillst!» Da ich ihr vertraute, aber auch Sicherheit gab, kletterte sie bereits in einem jungen Alter auf hohe Gerüste und Rutschen. Die Blicke einiger Eltern auf den Spielplätzen können Sie sich sicherlich vorstellen ...

Natürlich hätte ich sie niemals alleine schwimmen lassen o.Ä. Schließlich haben wir als Eltern eine Fürsorgepflicht. Aber nehmen Sie für sich mit, dass Sie Ihren Kindern etwas zutrauen müssen. Das gilt auch für ältere Kinder, auch wenn es bei ihnen weniger um Spielplatzklettereien geht. Nehmen wir einen Vierzehnjährigen, der seine Hausaufgaben lieber abends und mit lauter Heavy-Metal-Musik auf seinen Kopfhörern machen will. Wahrscheinlich würden die meisten Eltern das Kind zwingen, die Aufgaben direkt nach der Schule und ohne Musik zu machen. Doch das ist letztlich dasselbe, wie dem Kind das Klettern zu verbieten, da man es ihm nicht zutraut oder weil man befürchtet, es könne sich dabei verletzen.

Versuchen Sie stattdessen, darauf zu vertrauen, dass Ihr Kind weiß, wann und wie es was am besten tut, in unserem Beispielfall, wie es seine Hausaufgaben erledigt. Und sollte es dann die Erfahrung machen, dass es nicht funktioniert, es schlechte Noten bekommt oder ständig unausgeschlafen ist, muss es auch diese Konsequenzen tragen lernen.

Trauen wir unsern Kindern mehr zu! Es wird ihnen guttun.

Doch auch hier gilt: Wir als Eltern haben eine Vorbildfunktion. Wenn wir wollen, dass Kinder Dinge angehen, die ihnen schwerfallen, damit sie sich weiterentwickeln können, sich mehr vertrauen lernen und an sich glauben, sollten wir es ihnen vorleben.

Nehmen wir das etwas plumpe, aber zutreffende Beispiel Sport. Wenn Sie nicht selbst zu ihnen gehören, kennen Sie sicherlich Menschen, die jedes Jahr aufs Neue an Silvester schwören, doch nun endlich mehr Sport zu machen – nur um einen Monat später wieder damit aufzuhören. So etwas sehen Kinder. Sie sehen, dass man aufgeben kann, wenn etwas schwer wird. Wenn wir wollen, dass sie mit Mobbing resilienter umgehen lernen, müssen wir ihnen Resilienz und Widerstandsfähigkeit vorleben.

Mein ganz praktischer Tipp für mehr Selbstvertrauen: Tragen Sie sich als Familie «neue Abenteuer» in den Kalender ein. Einmal im Monat etwas gemeinsam machen, das außerhalb der Komfortzone liegt. Das muss weder ein Fallschirmsprung noch besonders teuer sein. Finden Sie Dinge, die zu Ihren Möglichkeiten passen, die Sie als Familie aber herausfordern. So sehen die Kinder zum einen, dass Sie mit gutem Beispiel vorangehen, zum anderen stärken die Erlebnisse Vertrauen in die eigenen Fähigkeiten und schweißen darüber hinaus auch die Familie zusammen.

Ein weiterer Faktor, der wichtig für Selbstvertrauen ist, ist die Fähigkeit, zu seinem Wort zu stehen. Nicht nur anderen, sondern auch sich selbst gegenüber: Wenn mir ein Freund sein Wort gibt und es dann immer wieder bricht, verliere ich das Vertrauen in ihn. Wenn ich *mir* mein Wort gebe und es immer wieder breche, dann verliere ich das Vertrauen in mich.

Wenn Sie sich versprechen, mehr Sport zu treiben, um es (diesmal aber wirklich!) durchzuhalten, oder mit Ihrem Chef endlich das unangenehme Gespräch zu führen oder Ihrem Partner endlich von Ihren Wünschen zu erzählen, und es dann nie machen – dann brechen Sie das Wort, das Sie sich selbst gegeben haben. Irgendwann glauben Sie sich selbst nicht mehr, und Sie verlieren das Vertrauen in sich. Helfen Sie erst sich und dann Ihren Kindern, mehr zu ihren Worten sich selbst gegenüber zu stehen. Ja, schlechte Tage gehören dazu. Niemand ist perfekt, keinem gelingt immer alles. Aber wenn es ein Muster Ihrer Persönlichkeit oder der Persönlichkeit Ihres Kindes ist, immer wieder Zusagen an sich selbst zu brechen, werden Sie auf Dauer an Selbstvertrauen verlieren.

Wenn sich Ihr Kind demnächst einmal nicht aus der Komfortzone heraustraut, sehen Sie das Potenzial in ihm, das es selbst noch nicht sehen kann, und verbinden Sie es mit diesem Potenzial. Erinnern Sie Ihr Kind an Situationen, die es gemeistert hat, obwohl sie ähnlich schwer waren. Fragen Sie nach, was ihm jetzt helfen würde, damit es sich traut. Fragen Sie, welche Erinnerung es dazu bringen könnte, es zu versuchen. Und dann lassen Sie Ihr Kind die Situation durchspielen, so wie ich es in der Eingangsgeschichte bei Mert getan habe. Fordern Sie es auf, sich das gewünschte Ergebnis vorzustellen, und fragen Sie es, wie es sich fühlen würde. Ermuntern Sie es, wenn es mit «gut» antwortet: «Okay, dann leg los!»

Sollte Ihr Kind allerdings etwas partout nicht wollen, zwingen Sie es bitte nicht. Kinder dürfen immer auch nein sagen. Es geht hier nicht um Zwang, sondern um Motivation. Meiner Erfahrung nach verlassen nicht alle Kinder sofort ihre Komfortzone, nur weil sie erkennen, wie gut sie sich hinterher fühlen würden. Aber die Fragen sind im Gehirn des Kindes angekommen und arbeiten im Unterbewusstsein weiter.

Versuchen Sie es etwas später erneut, stellen Sie ihm die Fragen ein weiteres Mal – und ich bin sicher, irgendwann überwindet das Kind seine Grenze und macht eine tolle Erfahrung. Kinder, die merken, dass sie die freie Wahl haben, und von uns das schöne Endergebnis mental vor Augen geführt bekommen, trauen sich meist mehr zu, als wenn wir einfach nur Sätze zu ihnen sagen wie: «Ach komm, trau dich, so schwer ist es nicht!»

Manche Eltern ermuntern ihre Kinder nicht, weil sie ihnen das Scheitern ersparen wollen. Dahinter verbirgt sich die Sorge, dass das Kind es nicht verarbeiten kann, wenn es scheitert, dass es traurig sein wird. Ich teile diese Sorge nicht. Ich finde es sinnvoller, sich und den Kindern etwas zuzutrauen, dann auch mal zu scheitern und zu lernen, trotzdem zufrieden mit sich zu sein. Scheitern gehört zum Leben dazu.

In anderen Bereichen stellen wir das gar nicht in Frage: Nur durchs Scheitern, durchs Hinfallen und Immer-wieder-Aufstehen haben unsere Kinder z. B. laufen gelernt. Niemand hätte sie damals davon abgehalten und gedacht, sie sollen es lieber mal nicht so viel versuchen, da sie traurig oder wütend sein könnten, wenn es nicht klappt.

Aber irgendwann geht es genau damit los. Die Kinder (und auch andere Familienmitglieder) werden kleingehalten. Ziele werden absichtlich niedrig angesetzt und Probleme von den Erwachsenen gelöst, sodass die Kinder nicht lernen, selbst Lösungen zu finden. Aber das ist es doch, was wir in Mobbingsituationen können müssen. Wir müssen an uns glauben. Wissen, was wir können. Positive Erlebnisse haben, auf die wir uns besinnen können, wenn alles um uns herum negativ zu sein scheint. Denn Mobbing ist eine negativ schwingende Energie. Das meine ich nicht esoterisch, sondern ganz pragmatisch. Wenn unsere Handlungen Schwingungen wären, wäre Mobbing ganz klar negativ. Sie kennen das vielleicht aus Situationen, in denen gerade gelästert wird. In diesen Räumen herrscht eine ganz andere «Schwingung» bzw. «Stimmung», als wenn Träume und Visionen Thema gewesen wären. Und um mit solchen negativen Schwingungen klarzukommen, muss Ihr Kind selbst positiv schwingen, sein Potenzial entfalten können. «Potenzial» bedeutet laut Duden «die Gesamtheit aller vorhandenen, verfügbaren Mittel, Möglichkeiten, Fähigkeiten und Energien». Synonyme sind Arbeitskraft, Kraft, Leistungsfähigkeit, Leistungskraft, Leistungsstärke, Leistungsvermögen, Stärke.

Wenn ich von Potenzialentfaltung spreche, meine ich damit unsere Fähigkeit, auf unsere innere Kraft, unsere Stärke, unsere Fähigkeiten zurückzugreifen. Potenzialentfaltung ist für mich ein Prozess, bei dem ich mir über die Gesamtheit der mir zur Verfügung stehenden Wirkungsfähigkeit bewusst werde und meine mir präsenter werdenden inneren Ressourcen nutze.

Vielen Kindern ist leider nicht bewusst, was alles in ihnen steckt. Andere finden keinen Weg, ihr inneres Leistungsvermögen, ihre inneren Ressourcen abzurufen.

Und genau dabei können wir Kindern helfen: Wenn sie lernen, all ihre Fähigkeiten und Ressourcen wahrzunehmen, auf diese zu vertrauen, und dadurch immer wieder neue Erfahrungen sammeln, dann schwingen sie positiv und gewinnen an Selbstvertrauen. Und das wird sie definitiv weniger angreifbar durch Mobbing machen.

Es ist nur eine Meinung

Ich stehe auf der Bühne bei einem Eltern-Kind-Event. Zu diesen Events kommen Eltern mit ihren Kindern, um einen Tag lang gemeinsam zu lernen, wie sie mit Mobbing umgehen können oder gar nicht erst in Mobbingsituationen hineingeraten. Wir kommen auf das Thema Meinungen und Bewertungen: «Menschen haben Meinungen. Wenn ihr heute aus dem Raum rausgeht, ist es wahrscheinlich so, dass mich die meisten Kinder ziemlich gut finden. Bei den Eltern wird das wohl etwas durchmischter sein!» Ich schmunzele. Die Teilnehmer lachen. «Einige von euch Eltern werden mich doof finden. Denen war ich zu laut oder zu leise, ihnen gefällt meine Sprache nicht, mein Aussehen, meine Art, oder sie sind inhaltlich überhaupt nicht meiner Meinung. Sie fanden die Übungen blöd und somit auch mich. Aber, liebe Kinder, so wird es immer sein, egal wo ihr seid: Es wird immer Menschen geben, die euch super finden, anderen seid ihr egal, manche können euch einfach nicht ausstehen. Und das ist auch völlig in Ordnung so! Ihr findet schließlich auch nicht alle Menschen gleich nett. Nach solchen Events wie heute bekommen wir oft tolle Rückmeldungen, liebe Mails oder nette Kommentare. Aber manchmal schreiben uns Menschen auch Dinge wie diese: ‹Das war voll das Mistevent, mit einem Trottel auf der Bühne.› – ‹Der Typ geht gar nicht.› – ‹Da hätten wir lieber ins Kino gehen sollen.› Ich denke in solchen Momenten: ‹Ach guck mal, ein Gedankenfurz!›»

Wir haben bereits darüber gesprochen, dass nicht alles, was Menschen als Meinung deklarieren, auch wirklich eine Meinung ist, wir haben thematisiert, dass wir Meinungen von uns weisen können und dass es uns trotzdem oft schwerfällt, anderslautende Meinungen zu akzeptieren.

In diesem Kapitel soll es darum gehen, wie wir Kinder konkret dabei unterstützen können, sich weniger von den Meinungen anderer abhängig zu machen und sich durch sie verletzen zu lassen.

Im ersten Schritt müssen wir den Kindern vermitteln, dass Meinungen immer subjektiv sind. Stellen Sie sich folgende Situation vor.

Zu Beginn meiner Events stelle ich mich auf die Bühne, um den Teilnehmern eine Szene vorzuspielen. Ich stehe neben einem Stuhl, mein Blick ist gesenkt, meine Schultern hängen nach unten, ich stehe krumm, meine Füße sind eng zusammen, und ich spiele mit meinen Fingern. Nun stelle ich den Teilnehmern folgende Frage: «Was habt ihr gesehen? Und ich meine wirklich: gesehen. Ich will nicht wissen, was ihr über mich gedacht habt, sondern nur eure reine Beobachtung hören!» Ein Kind meldet sich. «Du sahst schüchtern aus!» Ich sage: «Könnte sein. Das ist aber nicht das, was du gesehen, sondern das, was du über mich gedacht hast. Ich will wissen, was du gesehen hast, ohne es zu bewerten!» Ein anderes Kind sagt: «Deine Schultern hingen nach vorne!» Ein anderes meint: «Du standst krumm da!» Ein weiteres Kind ergänzt: «Du hast auf den Boden geschaut!» Ich greife das auf: «Sehr gut. Das waren alles Dinge, die wir sehen können. Und alle Menschen sehen dasselbe. Schultern unten, Blick nach unten, Füße eng zusammen. Aber nicht alle Menschen denken dasselbe darüber. Jetzt dürft ihr bewerten. Was habt ihr über mich gedacht?» Es folgen Aussagen wie: «Du warst traurig»,

«Du warst schüchtern», «Du hast was gesucht», «Du musstest aufs Klo». Wir sammeln etwas, ich zähle mit und sage: «Ist das nicht interessant? Ihr seht alle ein und denselben Menschen, und trotzdem haben wir neun verschiedene Meinungen über ihn!»

Ich spiele nun einen anderen Menschen. Dieser steht aufrecht, guckt die Teilnehmer im Zuschauerraum an, hat die Füße schulterbreit und die Arme entspannt runterhängen. Die Teilnehmer sagen zuerst, was sie sehen, und dann dürfen sie erzählen, was sie darüber denken. «Der war mutig», «Der war stark», «Der war eingebildet», «Der suchte Streit», «Der war selbstbewusst», «Der war nett», «Der dachte, er ist was Besseres» etc. Ich zähle alle positiven und alle negativen Meinungen mit und sage: «Guckt mal, wieder war es ein und derselbe Mensch, der in diesem Fall tatsächlich völlig neutral dasteht. Und trotzdem gibt es acht gute und fünf schlechte Meinungen über ihn. Du kannst nicht wirklich steuern, was Menschen über dich denken, denn was sie über dich denken, hat mehr mit ihnen als mit dir zu tun. Aber wie läuft es oft auf dem Schulhof ab? Sobald jemand etwas Schlechtes über dich sagt, dich beleidigt oder Ähnliches, nimmst du es dir zu Herzen. Es verletzt dich. Du fühlst dich vielleicht sogar gemobbt. Dabei ist es einfach nur irgendeine Meinung. Eine Meinung, keine Wahrheit! Die kannst du dir zu Herzen nehmen – oder du lernst zu erkennen, dass es in deiner Schule Menschen gibt, die dich mögen, und solche, die dich doof finden. Das ist normal. Leider neigen die Leute, die dich doof finden, dazu, das in einer Tour zu erwähnen. Doch ganz ehrlich, das, was da von ihnen kommt, ist ein Gedankenfurz!» Die Teilnehmer lachen. «Wir Menschen haben immer sehr viel im Kopf. Häufig auch schlechte Sachen, und die sammeln sich im Kopf wie Blähungen im Bauch. Und irgendwann müssen diese negativen Gedanken bzw. die Luft raus. Und dann kommen dabei Sätze wie: ‹Du bist ein hässliches

Pickelgesicht›, ‹Du bist so was von dumm›, ‹Du bist so ein Loser› etc. Aber das hat nichts mit dir zu tun. Das sind nur deren Blähungen. Das sind Gedankenfürze!»

Liebe Leserin, lieber Leser, helfen Sie Ihren Kindern zu erkennen, dass nicht alles, was Menschen über sie denken, wichtig ist. Menschen werden die unterschiedlichsten Dinge über Ihr Kind sagen. Aber wenn Ihr Kind lernt, dass es sich nicht alles davon zu Herzen nehmen muss, wird es seltener verletzt werden. Vermitteln Sie Ihrem Kind, dass Worte zunächst nur Worte sind. Dass man sich entscheiden kann, ob man ihnen Macht über sich gibt oder nicht.

Erinnern Sie sich? Wir fühlen, wie wir fühlen, weil wir denken, wie wir denken. Wenn ich denke, Worte können verletzten, dann tun sie das auch. Wenn ich beginne zu erkennen, dass Worte nur Buchstaben sind, denen ich durch meine Bewertung Gewicht gebe oder Gewicht nehme, dann bin ich frei. Dann kann ich für mich entscheiden, welche Worte ich annehme und welche nicht. Natürlich sollten Kinder auf gewisse Meinungen Wert legen. Aber eben nicht auf alle. Wir müssen Kindern helfen, ein geübtes Gehirn zu bekommen, das klar filtern und entscheiden kann, was es annehmen möchte und was nicht (siehe auch das Kapitel «Social Media. Die Hochburg der ungebetenen Kritik»). Ich versuche das den Kindern immer wie folgt zu vermitteln: «Such dir in deinem Leben ein paar Menschen heraus, deren Meinung dir wichtig ist und denen du vertraust. Diese dürfen dich auch kritisieren. Mein Tipp dabei: Die Personen sollten sich in den Bereichen, in denen sie Kritik äußern, wirklich auskennen. Wenn beispielsweise deine Lehrerin dir sagt, dass du in Mathe mehr lernen müsstest, dann ist das kein Gedankenfurz. Denn sie ist im Bereich Mathe und Schule viel weiter als du. Sie äußert eine fundierte Meinung. Wenn deine Eltern dir Tipps für dein Leben geben, und du weißt, dass sie ihr Leben ganz gut hingekriegt haben, dann hör ihnen zu, das sind keine Gedankenfürze. Wenn aber Karl aus der Nachbarklasse sagt, dass du ein Loser bist, sage dir selbst: ‹Ach guck mal, ein Gedankenfurz.› Du musst diesen Satz nicht annehmen, belasse ihn bei Karl. Such dir in den verschiedenen Bereichen deines Lebens Menschen, deren Meinung du wertschätzt, da du weißt, dass sie dir wohlgesonnen sind. Alle anderen Meinungen versuchst du auszublenden. Denn du hast nur ein Gehirn. Lass es dir nicht zumüllen.»

Ich bin überzeugt: Einen Teil der Mobbingprobleme, die wir haben, hätten wir nicht, wenn Kinder lernen würden, nicht alles anzunehmen. Aber wir bringen ihnen oft bei, dass sie alles annehmen müssen. Wir tun das u. a. durch die Empfehlungen, die wir ihnen geben. «Wenn dich jemand beleidigt oder ärgert, musst du dich dagegen wehren!», oder: «Lass dir das nicht gefallen, wenn die dir mit ihren Worten weh tun.»

Schauen wir auf die Täterseite. Wenn ich andere beleidige, Gemeinheiten über sie verbreite, dann möchte ich damit etwas erreichen. Ich möchte Macht, vielleicht auch einfach nur Aufmerksamkeit und Beachtung. Wenn Sarah Emma beleidigt, um sich stark zu fühlen, und Emma folgt nun dem Rat ihrer Eltern, sich zu wehren, dann gibt sie Sarah genau das, was sie will: Beachtung, Aufmerksamkeit und Macht. Warum sollte Sarah also aufhören zu mobben? Ihr Verhalten ist doch zielführend.

Wenn sich Emma aber denkt: «Okay, Sarah hat ordentlich Blähungen im Gehirn», dann bekommt diese nicht mehr das, was sie will. Es ergibt für sie langfristig keinen Sinn, ihr Verhalten aufrechtzuerhalten, da das gewünschte Ergebnis nicht eintritt. Ich rede hier wohlgemerkt von Mobbing mit Worten, nicht von Körperverletzung, Diebstahl o. Ä. In solchen Fällen müssen natürlich andere Strategien gelten. Aber solange es auf der verbalen Ebene bleibt, müssen unsere Kindern lernen, dass sie nur die Dinge annehmen, die ihnen guttun.

In diesem Kapitel möchte ich noch speziell über eine Beleidigung sprechen, bei der viele Kinder extreme Probleme haben, sie nicht anzunehmen, und sofort zur Gegenwehr ansetzen, sodass es nur schlimmer wird. Es geht um das Wort «Hurensohn», da es für die Jugendlichen besonders aufgeladen ist. Meine Co-Trainerin Nicole hatte vor kurzem einen Kurs mit sechzehn- bis neunzehnjährigen Jugendlichen, in dem ein Junge sagte: «Ich kann ja vieles ignorieren, aber bei ‹Hurensohn› *muss* ich reagieren. Es geht um Ehre, Nicole!» Nicole sagte dann: «Okay, wie willst du dich in deinem Leben fühlen?» Er sagte: «Gut!» – «Möchtest du ein gutes und gesundes Leben?», fragte sie weiter. «Ja», kam als Antwort. «Sagen denn viele Menschen heutzutage ‹Hurensohn›?» – «Ey Nicole, dass ist eines der meistgesagten Wörter in der Pause.» – «Hm, dann verstehe ich das nicht so ganz. Du willst dich gut fühlen, ein gesundes Leben führen, aber bei einem Wort, das ständig fällt, bist du sofort auf hundertachtzig und willst deine Ehre und die deiner Mutter wiederherstellen, korrekt?» – «Standard!», meinte er. «Okay, dann wird das mit dem guten, gesunden Leben wohl ziemlich schwer. Was ist, wenn du irgendwann ein Messer im Bauch hast?» – «Wäre kacke», antwortete er. «Bitte versteh das richtig, ich will dir nur helfen. Ist deine Mutter denn eine Hure?» – «Nein, natürlich nicht», empörte sich der Junge. «Das heißt, da legt dir jemand einen dicken Haufen Hundekot vor die Füße, und du hebst ihn freiwillig auf. Nicht sehr clever, mein Freund. Denn was wünscht sich deine Mutter? Will sie einen gesunden Sohn oder einen verletzten?» – «Na, einen gesunden!» – «Wenn du irgendwann psychisch oder körperlich verletzt bist, weil jemand sie als Hure bezeichnet, was hätte sie dann lieber? Einen Sohn, der unter Einsatz seiner Gesundheit ihre ‹Ehre› herstellt, oder einen gesunden und glücklichen Sohn?» Er sagte: «Nicole, wenn meine Mutter wüsste, dass ich mich für das Wort prügele, würde sie mir die Ohren langziehen!» – «Na, dann hast du deine Antwort doch», sagte Nicole. «Du nimmst den ganzen Dreck, den Menschen dir vor die Füße werfen, an und tust dann etwas, das die Frau, für die du das angeblich machst, gar nicht will. Du bist ein Egoist. Du hast nichts für deine Mutter getan. Nur für dich. Lass das Wort bei den Menschen, die es sagen, und bleib ruhig und entspannt. Deine Mutter wird es dir danken. Hör auf die Meinungen der Menschen, die dir wichtig sind, nicht auf die irgendwelcher Leute, die du kaum kennst. Deine Mutter findet, dass du ruhig bleiben sollst. Die Mitschüler, dass du ein Hurensohn bist. Anstatt der Meinung deiner Mutter zu folgen, folgst du der deiner Mitschüler. Achte auf die Meinung deiner Mutter!»

Der Junge verstand, welchen Punkt Nicole machen wollte, und probierte fortan, die Blähungen im Gehirn seiner Mitschüler nicht mehr anzunehmen.

Helfen auch Sie Ihrem Kind dabei. Es wird ihm damit bessergehen und gleichzeitig den Tätern den Wind aus den Segeln nehmen.

Klarheit bekommen

«Daniel, dass ich einfach weggehen soll, wenn die mich beleidigen, verstehe ich ja ... aber das geht nicht», sagt Fillipe zu mir. «Okay, warum nicht?», frage ich. «Weil ich dann ja nicht mehr an der Tischtennisplatte spielen kann.» – «Dann bleib an der Tischtennisplatte und spiel weiter. Dann hast du doch, was du willst.» «Würde ich ja ... aber da beleidigen mich die doch dann», erwidert er. Ich sage: «Kein Problem, dann geh weg und suche dir was anderes zum Spielen!» – «Würde ich ja ... aber ich will doch an der Tischtennisplatte spielen.» Ich gucke etwas irritiert und meine: «Gut, dann bleibst du eben an der Tischtennisplatte stehen!» «Aber da sind doch die, die mich beleidigen!»

Solche oder ähnliche Dialoge führe ich ständig mit Kindern. Sie wollen (verständlicherweise) auf der einen Seite nicht beleidigt werden, auf der anderen Seite sind sie aber nicht bereit, dafür etwas zu opfern.

Lassen Sie mich das anhand der klassischen Supermarktkassensituation verdeutlichen: Sie stehen nach dem Einkauf an der Kasse in der Schlange, Ihr Kind sieht die Überraschungseier und sagt: «Ich will eins haben!» Sie erlauben es ihm nicht, da es die Absprache gab, weniger Süßes zu essen. Ihr Kind fängt an, wild zu schreien. Sie können jetzt nachgeben, damit Ihr Kind Ruhe gibt, oder Sie bleiben bei Ihrer Linie. Das Kind bekommt die Chance, zuckerfrei zu leben, dafür haben Sie aber erst mal ein Riesengeschrei an der Kasse, und die Blicke aller anderen Kunden sind Ihnen sicher. Wofür entscheiden Sie sich? Für die schnelle, leichte und kurzfristige Lösung oder für die schwerere, die aber mittel- und langfristig besser ist? Sie müssen wohl in den sauren Apfel beißen und eine Entscheidung für das eine und gegen das andere treffen.

Natürlich könnte man versuchen, einen Kompromiss zu finden, und das ist sicherlich oft erstrebenswert. Aber es gibt eben auch Situationen, in denen wir Prioritäten setzen müssen. Was will ich wirklich? Was ist mir wichtig? Und das sollten Kinder unbedingt lernen. Denn leider wollen viele Kinder alles und können sich daher weder für noch gegen etwas entscheiden.

Diese Haltung legt auch Fillipe aus dem Beispiel oben an den Tag. Auf der einen Seite wollte er nicht beleidigt werden, aber auf der anderen die Tischtennisplatte auch nicht aufgeben, wo er beleidigt wurde. Und so ging er täglich freiwillig an den Ort, an dem er garantiert Stress hatte. Das ist so lange in Ordnung, solange ihm das wirklich am wichtigsten ist und er den Raum nicht den anderen überlassen will. Dann aber darüber zu quengeln, dass es in der Pause immer Stress gibt, ist nicht sehr logisch: Wenn ich täglich mit dem Kopf gegen die Wand renne, muss ich mich abends nicht über die Kopfschmerzen wundern. Doch genau diese Verwunderung nehme ich beim Thema Mobbing wahr: Die Kinder wollen nicht gemobbt werden, aber sie sind nicht bereit, dafür etwas aufzugeben.

«Daniel, ich krieg in der WhatsApp-Gruppe immer doofe Sprüche zu hören», sagt Lilly zu mir. «Okay, denk dran, das sind deren Gedankenfürze. Nimm sie nicht an, lass sie bei ihnen», empfehle ich. «Das schaff ich nicht, ich bin zu oft verletzt worden», antwortet sie. «Okay, dann verlass die Gruppe», rate ich ihr. «Bist du wahnsinnig, Daniel?! Da sind ja auch tolle Nachrichten drin!» Ich gucke sie mit schrägem Kopf an: «Liebe Lilly, wenn du sagst, dass du so verletzt bist, dann aber freiwillig in der Gruppe bleibst, was erwartest du denn, dass passiert? Dass die Lösung vom Himmel fällt? Wenn du es nicht mehr schaffst, dich abzugrenzen, und du massiv leidest, dann musst du eine Entscheidung treffen. Was ist dir wirklich wichtig? Die Gruppe und die Infos oder die Tatsache, dass du dich gut fühlen möchtest?» Sie meint: «Na ja, eigentlich, dass ich mich gut fühlen möchte!» – «Klappt das in der Gruppe?», frage ich. «Hm. Oft nicht» ist ihre Antwort. «Worüber diskutieren wir dann hier, Lilly? Du kennst die Lösung für dein Problem, aber anstatt sie umzusetzen, hoffst du, von mir den superspeziellen Geheimtipp zu bekommen. Den habe ich aber nicht. Manchmal muss man im Leben Entscheidungen für und gleichzeitig gegen etwas treffen. Für mehr Glück und Zufriedenheit im Leben, dafür gegen die Gruppe und die Zugehörigkeit. Was ist dir wichtiger?»– «Ich glaube», sagt Lilly, «dass ich wieder glücklicher bin!» – «Okay, dann mach das jetzt», fordere ich sie auf. «Was meinst du?», fragt sie. Ich schaue sie freundlich an und nicke ihr zu: «Das weißt du!» Da holt sie ihr Handy raus und verlässt die Gruppe.

Wir tendieren dazu, alles haben zu wollen, statt zu akzeptieren, dass eine Entscheidung für eine Sache auch die Entscheidung gegen eine andere sein kann. «Wasch mich, aber mach mich nicht nass» funktioniert nicht. In der WhatsApp-Gruppe bleiben und trotzdem glücklich sein. An der Tischtennisplatte spielen und trotzdem eine friedliche Pause haben. Kinder müssen lernen, Entscheidungen zu treffen. Dabei müssen wir sie begleiten und sie immer wieder fragen, was ihnen wirklich wichtig ist. Es geht also letztlich um Werte. Möchte ich lieber Entspannung oder Zugehörigkeit? Lieber Kampf oder Frieden?

In diesem Zusammenhang ist es auch wichtig zu respektieren, wenn Kindern z.B. Gerechtigkeit wichtiger ist als eine entspannte Pause. Wir können ihnen aber sagen: «Du, Markus, wenn es dir wichtig ist, in der Pause alles zu diskutieren, dann ist das in Ordnung. Aber sich zu beschweren, wie doof deine Pausen sind, obwohl du freiwillig in jeden Konflikt reingehst, da du für Gerechtigkeit kämpfen willst, ist unlogisch. Jemand, der für Gerechtigkeit einsteht, hat meist nicht das entspannteste Leben. Das mag man bedauern, liegt aber in der Natur der Sache.»

Um sich von Mobbingproblemen zu befreien, müssen Kinder lernen, was ihnen wirklich wichtig ist, dann die entsprechenden Entscheidungen treffen – und deren Konsequenzen tragen. Ist es mir wichtiger, den anderen zu zeigen, dass sie mich nicht beleidigen dürfen zu lernen oder, mich nicht mehr von diesen Beleidigungen treffen zu lassen?

Kurzfristig betrachtet erscheint es besser, sich durchzusetzen – aber was bringt langfristig mehr? Und wenn ich mich dann dafür entscheide, ruhig und entspannt zu bleiben, da in der Ruhe bekanntlich die Kraft liegt, dann muss ich akzeptieren, dass manche Erwachsene mir weiterhin erzählen, dass man sich das nicht gefallen lassen darf. Ich bekomme also langfristig mehr Ruhe in mein Leben, verliere aber das Verständnis derjenigen, die der Ansicht sind, man müsse alles diskutieren.

Ich erinnere mich an eine Situation in einer Dortmunder Schule, mit der ich über einen längeren Zeitraum zusammenarbeitete und wo ich in den Pausen oft auch als Beobachter unterwegs war. In einer der Pausen stand nicht weit von mir entfernt ein syrischer Junge, als es aus einem Gebüsch in der Nähe zischte: «Scheiß-Ausländer!» Und es ging weiter: «Was willst du hier, verpiss dich wieder übers Meer zurück!»

Der syrische Junge war schon eine Weile in meinem Training, wusste, dass er entscheiden kann, welche Worte er annimmt und welche er beim Sender belässt. Er kannte das Bild vom Gedankenfurz und hatte einen soliden «Schutzschild» entwickelt. Er schaute also nur kurz zu dem Gebüsch, drehte sich um und sprach ein Mädchen an: «Wollen wir schaukeln gehen?» Sie nickte, und beide gingen schaukeln. Es schienen keine negativen Emotionen in diesem Jungen zu sein. Er wirkte ruhig und entspannt. Er wusste, es gibt Menschen, deren Meinung ihm wichtig ist, und den Rest versucht er auszublenden. Ihm waren sein Glück und seine Ruhe wichtiger, als recht zu behalten. Also schaukelte er mit dem Mädchen. Alles war gut.

In diesem Moment sehe ich eine Betreuerin mit hochrotem Kopf angelaufen kommen. Sie hat die rassistischen Kommentare gehört, greift sich den syrischen Jungen und sagt: «Das dürfen wir uns nicht gefallen lassen!» Sie nimmt den Jungen, holt die anderen hinterm Gebüsch hervor, und es wurde zehn Minuten heiß diskutiert.

Natürlich soll man Zivilcourage zeigen, wenn man solche Kommentare hört, und ich finde auch, dass die Betreuerin mit den Jungen über ihre Sprüche reden sollte. Ihre Vorgehensweise ist aber gleich auf mehreren Ebenen kontraproduktiv: Erstens lässt sie den Jungen in einen Kampf ziehen, den er gar nicht kämpfen will, sondern sie. Ihn da hineinzuziehen, obwohl er sich anders entschieden und gedanklich vielleicht schon mit der Situation abgeschlossen hatte, ist nicht fair.

Zweitens hat der Junge gelernt, dass Worte nicht verletzen müssen, man sie von sich weisen kann. Der Junge bestätigte auf Nachfragen der Betreuerin, dass er sich nicht schlecht fühlte, als er beleidigt wurde. Doch die Frau glaubte ihm nicht und redete immer weiter auf ihn ein, wie schrecklich die Worte der Jungen gewesen waren und dass sie ihn doch betroffen machen müssten und er es ruhig zugeben könne.

Auch das ist alles andere als sinnvoll: Wenn ihm die Menschen in seinem Umfeld täglich einreden, wie schlimm die Worte der anderen Kinder sind, wird der Junge vielleicht tatsächlich wieder anfangen, darunter zu leiden (siehe auch Kapitel «Denkfehler. Nicht alles ist Mobbing»). Die anderen Jungen werden es erkennen, daraus Genugtuung ziehen, vermehrt weiterpöbeln, und irgendwann wird er vielleicht wirklich zum Opfer, weil er durch die Wörter getroffen wird.

Ich habe mit dem syrischen Jungen noch mal gesprochen und ihn darin bestärkt, dass sein Verhalten richtig gewesen war. Ich fragte ihn: «Was war dir in dem Moment wichtig?» Er sagte: «Dass ich eine gute Zeit habe. Krieg hatte ich schon genug!» Ich sagte: «Dann war es genau richtig, dich auf das Gute zu fokussieren und zu deiner Freundin zu gehen. Hat es dich getroffen, was sie sagten?» – «Nö, es gibt immer wieder Leute, die so was sagen, aber meine Freunde mögen mich ja trotzdem. Solange mich die Typen nicht anpacken und nur irgendeinen Müll reden, stört mich das nicht!»

Dieser Junge ist widerstandsfähig. Damit nimmt er seiner Umwelt den Nährboden für Mobbing, denn sie bekommen keine Beachtung. Vor allem aber gibt er ihnen keine Macht über seine Gefühle. Er kannte seine Prioritäten.

Es gibt noch ein weiteres Beispiel, um zu zeigen, wie wichtig es ist, Kindern immer wieder zu vermitteln, dass sie ihre Prioritäten kennen sollten. In meinen Trainings gibt es eine Übung, in deren Verlauf ich einem Kind, in diesem Fall Till, einen Ball wegnehme. Till sagt: «Gib mir den Ball zurück!» Ich spiele den Täter und sage: «Noch ein Wort, und ich breche dir die Nase!» Was machen nun viele Kinder? Sie sagen trotzdem: «Gib mir den Ball zurück!» So auch Till, wütend sagt er: «Gib meinen Ball her!», woraufhin ich einen Schlag andeute. Ich frage ihn: «Was ist dir eigentlich wichtiger? Der Ball oder deine Gesundheit?» Till antwortet: «Meine Gesundheit!» Ich frage weiter: «Was ist mehr wert, der Ball oder deine Gesundheit?» – «Meine Gesundheit!» – «Genau. Aber so handelst du nicht. Du hast weitergeredet, obwohl du wusstest, dass der Täter dich schlagen will. Da er größer und stärker ist, wird er es wahrscheinlich auch schaffen, dir die Nase zu brechen. War es klug von dir, so zu handeln?» – «Nein, eigentlich nicht!» – «Warum hast du es dann gemacht?», frage ich. «Weil meine Eltern sagen, dass ich mir nichts klauen lassen soll», kommt als Antwort.

Natürlich gibt es auch Kinder, die aus Gerechtigkeitsempfinden heraus weiter auf die Rückgabe bestehen. Aber wenn ich sie frage, was ihnen wichtiger ist, Gerechtigkeit oder Gesundheit, antworten sie ebenfalls zum überwiegenden Teil: Gesundheit.

Aber weiter im Beispiel. Ich sage zu Till: «Okay, aber was ist deinen Eltern wichtiger? Der Ball oder dass es dir gutgeht?» Er sagt: «Dass es mir gutgeht!» Ich ermutige ihn: «Das denke ich auch. Aber leider sagen Eltern manchmal Dinge, die nicht sehr clever sind. Sie sind ja auch nur Menschen. Jeder Elternteil wünscht sich ein gesundes Kind, und trotzdem sagen sie so was. Menschen tun häufig unlogische Sachen!» Till unterbricht mich: «Aber wenn mir was geklaut wird, krieg ich richtig Ärger zu Hause!» – «Okay,» sage ich, «dann musst du deinen Eltern die ganze Geschichte erzählen. Da waren drei ältere Jungs und zwei Mädchen, die dich verprügeln wollten, wenn du ihnen nicht deine Kappe gibst. Frag deine Eltern, was ihnen wichtiger ist: die Kappe oder deine Gesundheit und dass du ihnen jetzt davon erzählst?» Till guckt mich zustimmend an. Ich führe weiter aus: «Ich bin mir sicher, dass sie Verständnis für deine Entscheidung haben. Und dann müsst ihr besprechen, wie ihr weiter vorgehen wollt, ob du z.B. die Polizei oder die Lehrer einschalten willst. Denn wir Erwachsenen schalten im Falle von Diebstahl und Körperverletzung ja auch die Polizei ein. Warum solltet ihr also immer alles alleine klären müssen? Gewalt ist etwas anderes, als wenn deine Klassenkameraden dich ein bisschen ärgern. Solche Konflikte musst du langfristig ohne Hilfe meistern können. Aber bei echter Gewalt frage dich bitte, was dir wirklich wichtig ist, und dann handle entsprechend und hole dir Hilfe. Schwache Menschen prügeln sich, da sie glauben, ihre Kappe sei mehr wert als sie. Starke Menschen kennen ihren Wert, und dieser ist unbezahlbar. Daher stellen sie ihre Gesundheit über andere Dinge. Okay?» Till nickt, und wir wiederholen die Übung. Dieses Mal wendet er sich direkt an seine Klassenlehrerin.

Helfen Sie Ihrem Kind, Klarheit darüber zu bekommen, was ihm wirklich wichtig ist, und sagen Sie Ihrem Kind auch, was

Ihnen wichtig ist. So lernen wir, souverän aufzutreten. Und Mobber suchen selten die souveränen Menschen heraus, um sie fertigzumachen. Sie suchen schwächere Kinder, die sich leicht mobben lassen.

Das bedeutet im Übrigen nicht, keine soziale Verantwortung mehr zu übernehmen, und Menschen nicht in ihre Schranken zu weisen. Zwei Gedanken dazu: Erstens würde es keine Mobber mehr geben, wenn alle ruhig blieben, da ihnen Mobbing überhaupt nichts mehr bringen würde. Denn nur dadurch, dass ich auf das Mobbing reagiere bzw. zeige, wie sehr es mich trifft, kann der Mobber überhaupt mobben. Er erreicht sein Ziel, Beachtung bei Mitläufern und Zuschauern zu finden.

Zweitens wird es immer Menschen geben, die Gerechtigkeit über ihre eigene Zufriedenheit stellen. Und diese werden die Mobber mit ihrem Verhalten konfrontieren, um etwas zu bewirken. Das können andere Kinder sein, aber eben auch Erwachsene, die im Idealfall eine gestärkte Persönlichkeit haben. Mir ist nur wichtig, dass Sie Ihrem Kind helfen herauszufinden, was ihm wichtig ist, und zu lernen, dass jede Entscheidung Konsequenzen hat. Ich erlebe z.B. viele Kinder, denen das Austesten von Grenzen wichtig ist. Sie provozieren also ältere Kinder. Wenn es dann eskaliert, stellen sie sich als Opfer dar. Aber wenn man immer wieder testet, wie weit man gehen kann, dann hat das nun mal auch Konsequenzen. Was ist wichtiger? Grenzen auszutesten oder ohne großen Stress durch die Schulzeit zu kommen? Sorgen Sie mit Ihrem Kind für Klarheit im Kopf.

Es geht immer um Energie!

«Daniel, das was du sagst, klingt cool, aber es klappt nicht», erzählen mir Jordan und Emma nach einer Pause. «Was meint ihr?», frage ich. «Na ja, die aus der dritten Klasse haben uns beleidigt, und wir sind ruhig geblieben und weggegangen, aber die sind einfach hinterhergekommen!» Ich sage: «Ja, klar sind sie hinterhergekommen, sie sind ja daran gewöhnt, dass ihr euch aufregt!» Die beiden behaupten: «Wir haben uns noch nie darüber aufgeregt, wenn die uns beleidigen.» Ich gucke sie an: «Natürlich, ihr regt euch immer übel darüber auf!» Beide gucken erbost und fangen an, sich aufzuregen. Ich höre entspannt zu und sage: «Natürlich regt ihr euch schnell auf. So, wie ihr es jetzt gerade auch tut. Ich habe euch nur kurz mal nicht geglaubt, und schon dreht ihr durch. Ihr neigt dazu, euch aufzuregen. Ist doch normal, so sind die meisten Leute. Aber ihr habt heute gesehen, dass ruhig und entspannt zu bleiben mehr bringen kann. Natürlich fällt euch das noch schwer. Aber am Ende gilt: Wenn zwei Kinder im Konflikt sind, gewinnt immer das mit mehr Energie!»

Ich habe es bereits angedeutet: Alles ist Energie. Und das meine ich nicht aus Sicht der Quantenphysik oder Esoterik, sondern als Metapher. Wenn ein Kind mobbt, dann ist es in einer negativen Emotion, in einer negativen Energie. Die Kinder, die gemobbt werden, sind ebenfalls in einer Energie. Im besten Fall in einer positiven Energie, getragen von innerer Stärke und Fülle. Doch auch, wenn zwei unterschiedliche Energiequalitäten (negativ und positiv) aufeinandertreffen, gewinnt der mit mehr Energie. Wenn Ihr Kind beleidigt wird und der andere nicht sofort damit aufhört, obwohl Ihr Kind sich nicht aus der Ruhe bringen lässt, dann muss Ihr Kind es schaffen, länger ruhig zu bleiben, als der andere beleidigen kann. Es braucht mehr Energie.

Ruhe zu bewahren und sich von den Meinungen abgrenzen zu können, ist keine Wunderwaffe, die das Problem sofort beendet: Wenn der Mobber über Tage oder sogar Wochen gelernt hat, dass Ihr Kind sich aufregt und verletzbar ist, dann muss auch er erst mal lernen, dass sich etwas verändert hat.

Wir brauchen also hohe Energie zum Durchhalten. Woher wir sie bekommen? Das schauen wir uns gleich an. Kommen wir zunächst zur Situation im Klassenraum zurück.

Emma und Jordan erzählten, dass die Drittklässler einfach weiterärgerten, obwohl sie ruhig und entspannt blieben. Ich gehe zur Tafel und male zwei Batterien auf. Eine links an der Tafel, eine rechts. Ich sage: «Schaut, es geht immer um Energie. Wenn die probieren, euch fertigzumachen, dann haben sie eine gewisse Energie!» Ich male in der rechten Batterie mit roter Kreide ungefähr zwei Drittel aus. «Sagen wir mal, sie haben Mobbingenergie für zehn Minuten.» Ich gehe zur linken Batterie und sage: «Ihr hattet auch Energie. Ruheenergie. Für ... sagen wir, fünf Minuten.» Dabei male ich ein Drittel der Batterie grün und sage den beiden, sie sollen sich links neben die Batterie stellen. «Lasst uns das mal durchspielen. Ich beleidige euch, und ihr versucht, ruhig und entspannt zu bleiben!» Ich beginne, die beiden zu beleidigen, und es gelingt ihnen, äußerlich ungerührt zu bleiben und meine Worte an sich abprallen zu lassen. Dabei wische ich mit dem Schwamm bei beiden Batterien in gewissen Zeitabständen die Farbe weg, um zu verdeutlichen, dass die Energie weniger wird. Irgendwann ist die grüne Batterie leer und die rote noch bei ein Drittel Füllung. «Seht ihr das? Was passiert exakt in diesem Moment?» Viele Kinder zeigen auf, und ich nehme eines dran: «Die rasten wieder aus und fangen an, sich zu wehren!» Ich gebe dem Kind ein High Five und sage: «Genauso ist es. Und was hat der Mobber jetzt gelernt? Ihr seid ‹Fünfminüter›. Ihr könnt zwar ruhig bleiben, aber der Mobber hat mehr Energie. Er muss nur lang genug weitermachen, dann fallt ihr in eure alten Muster zurück! Lasst es uns noch mal versuchen.»

Diesmal male ich die grüne Batterie zwei Drittel aus und die rote nur ein Drittel. Dann beginne ich wieder, die beiden zu schikanieren und zu beschimpfen. Wieder gelingt es Jordan und Emma, ruhig zu bleiben. Ich wische mit dem Schwamm nach und nach immer gleiche Teile der Farbe weg. Irgendwann ist die rote Batterie leer und die grüne noch ein Drittel gefüllt.

«Was ist dieses Mal passiert?» Alle Finger gehen hoch. Ich nehme ein Kind dran: «Du, also der gemeine Junge, hattest keine Energie mehr.» Ich nehme das auf und sage: «Genau, er hat gemerkt, dass ihr nicht zum Opfer taugt, da ihr mehr Power, mehr Energie habt. Wie lange die Energie reichen muss, kann man nie wissen, daher ist es für euch so entscheidend, dass ihr eure Ruheenergie kontinuierlich erhöht. Jeden Tag. Denn es geht immer um Energie. Lasst uns mal sammeln, wie wir unsere Energie erhöhen können!»

Was die Kinder dort sagen und was dafür wichtig ist, besprechen wir im nächsten Kapitel. Hier möchte ich noch mal betonen, wie wichtig es ist, Kindern dieses Bild mitzugeben. Wie ich oben bereits schrieb, ist entspannt zu bleiben und sich von den Meinungen anderer abgrenzen zu können kein Garant dafür, nicht mehr geärgert zu werden. Erfahrungsgemäß kann sich Mobbing in den ersten Tagen sogar verschlimmern, da die Täter natürlich merken, dass sich etwas verändert hat, und nun fieser werden, um überhaupt noch eine Reaktion hervorzurufen. Sie wollen überprüfen, ob es nur eine Art Schauspiel ist, das die Opfer da liefern, oder ob es ihnen wirklich egal ist. Denn das ist unser Ziel: ein komplettes Desinteresse daran, was für Geschichten erzählt oder welche Beleidigungen ausgesprochen werden. Den

Kindern soll es schlicht und ergreifend egal sein, was da gesagt wird, da sie sich selbst lieben, ihren Wert kennen und wissen, dass es Menschen gibt, die sie lieben. Weil sie idealerweise genügend tolle Erlebnisse gesammelt haben, auf die sie sich besinnen können, und sie wissen, dass die Meinung und die Beleidigungen mehr über den aussagen, der sie ausspricht, als über sie selbst. Weil sie eine Art Energie-Schutzschild haben, der ihnen Sicherheit gibt. Weil sie wissen, dass es etwas dauern kann, bis die Täter keine Lust mehr haben, weiter zu mobben.

Ich möchte noch einmal betonen, dass es hier nicht um Prügeleien oder andere körperliche Demütigungen geht. Diese Dinge sind kein Mobbing, sondern fallen unter Körperverletzung. Auch das «Abziehen» anderer Kinder, also das Klauen von Kappen, Bällen, Handys, ist kein Mobbing, sondern Diebstahl.

Helfen Sie Ihrem Kind, ausreichend Energie zu bekommen, sodass die Wellen des Lebens es nicht ins Schwanken bringen.

Widerstandsfähigkeit erhöhen

«Lasst uns sammeln, wie wir Energie erhöhen können!», habe ich die Kinder aus Emmas und Jordans Klasse im letzten Kapitel aufgefordert. Bei jedem meiner Trainings und Eltern-Kind-Events trage ich mit den Teilnehmenden solche Energiebringer zusammen. Die Kinder legen los.

«Ausruhen», sagt ein Mädchen. Dies ist ein wichtiger Punkt, liebe Leserinnen und Leser. Kinder haben teilweise ein immenses Pensum an Terminen und To-dos. Ich möchte Sie einladen, Ihren Kindern mehr Zeit für Muße und Nichtstun zu verschaffen. Häufig ist der Alltag der Kinder extrem getaktet und durchstrukturiert, da bleibt wenig Zeit, Erlebtes zu verarbeiten, sich auszuruhen und ganz bei sich zu sein. Aber: Anspannung und Entspannung müssen sich abwechseln. Der Widerstandsfähigkeits-Muskel braucht Zeit zum Regenerieren.

«Gesundes Essen und gesundes Trinken!», sagt ein weiteres Kind. Und auch das ist ein entscheidender Punkt für gute Energie. Nahrung gibt Energie oder raubt sie. Ich bin kein Ernährungsberater, aber zwischen einem guten Müsli und Rosinenbrötchen, zwischen einer vollwertigen Mahlzeit und Fastfood, zwischen gezuckerten Fruchtsäften und Wasser liegen Welten.

Ich selbst versuche, so regional wie möglich zu essen. Viel Gemüse, Obst, Nüsse. Auch Fisch steht auf meinem Speisplan. Ich esse kaum Zucker und wenig Kohlenhydrate. Diese zucker- und kohlenhydratarme Ernährung mit viel Proteinen und guten Fetten funktioniert für mich und meinen Körper am besten und gibt mir Energie. In diesem Zusammenhang ist es mir wichtig festzuhalten: Gerade Kinder, die unter Mobbing oder anderen Herausforderungen leiden, kommen nicht leichter da raus, wenn wir ihnen zum Trost ständig Kekse oder Kuchen anbieten, ihnen Pizza und Pommes holen oder abends Chips essend mit ihnen auf dem Sofa sitzen. Ab und zu ist das sicherlich kein Problem. Aber Essen sollte nicht als Ersatz für Zuwendung oder zum Trost genutzt werden. Kindern dagegen zu helfen, eine gesunde, energiespendende Nahrung zu sich zu nehmen, ist ein wichtiger Beitrag für ihre Widerstandsfähigkeit. Suchen Sie sich gerne Rat von Profis, die sich auf das Thema gesunde Ernährung spezialisiert haben.

Sehen wir weiter, was Kinder außerdem als Energiespender wahrnehmen.

«Frische Luft!» wird fast immer genannt. Ich erweitere den Vorschlag gerne und erkläre den Kindern, wie wichtig es ist, rauszugehen und reale Dinge an der frischen Luft zu erleben. Denn echte Erlebnisse machen widerstandsfähiger. Bei Wind und Wetter draußen zu sein, auf dem Spielplatz oder Bolzplatz zu spielen, mit Freunden oder Freundinnen im Reitstall zu sein, schwimmen oder skaten zu gehen – das alles wirkt in mir weiter. Ich werde mutiger, sammle Selbstvertrauen, lerne, Dinge alleine zu meistern, und werde dadurch widerstandsfähiger. Leider wird Kindern dieses Draußensein bei Wind und Wetter weniger ermöglicht als früher. Aber wie soll ich die Stürme des Lebens aushalten, wenn ich schon bei leicht aufkommendem Wind wieder in die Wohnung muss, da ich mir ja sonst eine Erkältung hole? (Siehe das Kapitel «Selbstvertrauen».) Wir müssen echte Erlebnisse haben, um zu lernen, dass wir uns selbst vertrauen können.

Den Kindern sage ich an dieser Stelle immer: «Lasst uns das mit dem Rausgehen mal zu Ende denken. Wer von euch ist viel am Handy, Tablet, PC oder vor dem Fernseher?» Viele Hände gehen nach oben. Ich sage: «So wird das schwierig mit der hohen Energie. Ich meine, es ist doch verrückt, sich vor einen Fernseher zu setzen, Chips zu essen, die einem Energie rauben, um anderen dabei zuzuschauen, wie sie Abenteuer erleben, anstatt rauszugehen und in der echten Welt selbst welche zu erleben. Und es ist schon ein wenig seltsam, wenn du mir erzählst, dass du im Unterricht oder am Esstisch einfach nicht lange ruhig und konzentriert sitzen kannst, aber abends stundenlang auf TikTok rumhängst oder vorm Fernseher sitzt. Quengeln kann jeder. Wenige sind bereit, selbst etwas zu ändern. Wer willst du sein?»

Medienkonsum ist Teil der Alltagsrealität der Kinder und Teil unserer Gesellschaft. Es ist aber trotzdem wichtig, den Kindern Gegenmodelle zu zeigen, die mehr bringen für ihr Wohlbefinden.

Schauen wir weiter.

«Nicht immer alles diskutieren!», sagen manche Kinder. Ich antworte dann: «Okay, sehr guter Punkt. Was meinst du damit?»

Einige Kinder erläutern: «Na, zu Hause. Da diskutiere ich immer endlos mit meinen Eltern, aber das nimmt allen Energie!» Genauso ist es, ich bin mir sicher: Auch Sie kennen solche Situationen. Manchmal führen wir zu Hause unfruchtbare, endlose Diskussionen, die allen Familienmitgliedern Energie rauben, die dann wiederum an anderer Stelle fehlt. Ich sage den Kindern immer Folgendes: «Ich weiß, dass manche von euch alles mit den Eltern ausdiskutieren und recht behalten wollen, und ich weiß, dass es euren Eltern auch oft so geht. Aber ihr lieben Kinder verhaltet euch ebenso vollkommen unlogisch. Denkt nur mal dran, wie ihr manchmal ausrastet, wenn eure Eltern euch bitten, euer Zimmer aufzuräumen. Da frage ich mich doch: Was kostet eigentlich mehr Energie? Eine Stunde aufräumen oder eine Stunde Streit, gefolgt von einer Stunde aufräumen und anschließender schlechter Stimmung für den halben Tag?» Alles sind sich einig: Letzteres. «Dann ist es nicht schlau, sich so zu verhalten, oder? Und genauso ist es bei Mobbing: Quengeln, dass man den Stress mit den Mitschülern nicht aushält, aber zu Hause die Aufladezeit für die Batterie dazu nutzen, zu zocken und mit dem Handy rumzudaddeln, anstatt sie mit positiven Erlebnissen zu füllen – das ist nicht das, was ihr tun solltet.»

Es kommen weitere Vorschläge von den Kindern.

«Genug schlafen!» Auch das greife ich auf. Sie kennen das sicherlich von sich: Wir schlafen weniger, als gut für uns wäre, weil wir noch die eine Folge auf *Netflix* gucken, Freunde treffen oder unsere To-do-Listen abarbeiten wollen. Andersherum kenne ich kaum ein Kind, das nicht diskutiert, weil es lange wach bleiben will («Ich bin aber noch gar nicht müde!»). Dabei übersehen wir und die Kinder aber, dass uns dadurch Energie verlorengeht.

Gucken wir uns weiter die Kinderantworten an.

«In der Schule aufpassen!» – «Stimmt», bestätige ich. «Du kannst in der Schule sitzen und dich darüber ärgern, dass du in der Schule sitzen musst. Aber wie fühlst du dich dann?» Die Schüler sind sich sicher: «Schlecht. Außer vielleicht in den Pausen!» Ich sage: «Genau, aber du machst das freiwillig. Du fühlst dich freiwillig schlecht. Es zwingt dich ja keiner dazu, nicht am Unterricht teilzunehmen. Es zwingt dich keiner dazu, ständig rumzunörgeln, wie nervig alles ist, und den Kopf hängen zu lassen. Das machst du freiwillig, um dann in den Pausen den Lichtblick des Morgens zu finden. Nur mal angenommen, du würdest wirklich mitmachen im Unterricht. Aufzeigen, drangenommen werden und richtige Antworten geben. Wie würdest du dich fühlen, wenn du einfach mal mit voller Energie teilnimmst?» Alle sind sich einig, dass sie sich dann gut fühlen würden und die Zeit schneller rumgehen würde. Ich sage: «Ihr habt den ganzen Vormittag die Chance, kleine Erfolgserlebnisse zu sammeln, die euch mehr Selbstvertrauen und Energie geben. Aber statt das anzunehmen, quengelt ihr häufig und begebt euch freiwillig in schlechte Energie. Ist das clever?»

Ich geben den Kindern dann immer das Beispiel von Juan und Sven, um zu verdeutlichen, wie unser gesamter Lebensstil und unsere Einstellung, unser Mindset, einen Unterschied machen können:

Juan hat absolut keine Lust auf Schule. Alles ist ätzend und nervig und langweilig, er sitzt nur da, beteiligt sich nicht und zählt die Minuten, bis die Tortur endet. Mit gesenktem Kopf kommt er nach Hause. Das Erste, was seine Mutter sagt, als sie die Brotdose ihres Sohnes öffnet: «Du hast ja wieder nicht aufgegessen!» Juan ist direkt genervt: «Schmeckte auch nicht. Ich mag keinen Käse mehr!» Eine fünfzehnminütige Grundsatzdiskussion startet. Mutter und Juan sind danach erst mal bedient.

Sven wiederum hatte einen recht guten Schultag. Er hat mehrere Dinge verstanden und sich beteiligt. Er hatte Erfolgserlebnisse und ist stolz auf sich. Zu Hause angekommen, umarmt ihn seine Mutter erst mal herzlich, und die beiden erzählen sich beim gemeinsamen Mittagessen, wie ihr Tag bisher war. Sven macht kurz die nötigsten Hausaufgaben, die ihm nicht schwerfallen, weil er in der Schule aufgepasst hat. Danach geht er mit Freunden raus. Es ist zwar nicht das beste Wetter, aber Fußball geht immer.

Juan wiederum isst nur mürrisch Mittag. Er wollte vor dem Fernseher essen, aber seine Mutter hat darauf bestanden, in der Küche zu essen. Wieder wurde rumgeschrien. Nach dem Mittag zieht sich Juan in sein Zimmer zurück, macht die Playstation an, spielt erst mal drei Stunden *Fortnite*, isst nebenbei Chips und trinkt Sprite.

Sven wiederum hat Wasser dabei und isst eine Banane für seine Power beim Fußball. Das Abendessen zu Hause besteht aus gesunden Zutaten, und alle essen gemeinsam. Sein Vater und seine Geschwister sind auch dabei. Es wird gelacht und gescherzt.

Juan hat «keinen Bock» auf das Essen seiner Mutter und isst daher lieber eine Portion Schokocornflakes. Dazu gibt es Saftschorle. Alle sind voneinander genervt, und es herrscht eisiges Schweigen am Tisch. Da Juan bis jetzt keine Hausaufgaben gemacht hat, sagt sein Vater: «Dein Benehmen ist inakzeptabel. So lassen deine Mutter und ich nicht mit uns umgehen! Du gehst jetzt sofort ins Bett.» Juan ist den Rest des Abends alleine, seine Eltern sagen ihm nicht gute Nacht. Anstatt zu schlafen, guckt er noch bis spät in die Nacht auf seinem Handy YouTube-Videos.

Sven und seine Familie führen ihr gemeinsames Abendritual durch und beenden den Tag damit, dass sich alle noch mal erzählen, was das Schönste des heutigen Tages war. Alle wünschen sich danach eine gute Nacht und schöne Träume, und Sven schläft schnell ein.

Der nächste Tag beginnt. Juan kommt nicht aus dem Bett und meckert dann beim Frühstück direkt seine Mutter an, weil die Schokoflakespackung leer ist. Die Mutter steigt voll darauf ein, beschwert sich über seinen Ton, sie sei nicht seine Dienstmagd. Bald ist eine lautstarke Diskussion am Gange. Juan verlässt das Haus schlecht gelaunt – die Tatsache, dass er jetzt zur Schule muss, macht es nicht besser.

Sven kommt auch etwas schlecht aus dem Bett. Doch er sagt sich: Aufstehen und zur Schule gehen muss ich eh. Dann kann ich auch versuchen, das Beste daraus zu machen. Nach einem gesunden gemeinsamen Frühstück fühlt er sich gestärkt für den Tag. Er geht zur Schule und genießt die frische Luft. Im Unterricht beteiligt er sich wieder und sammelt gute Erlebnisse.

Juan wiederum ist so übernächtigt, dass ihm im Unterricht immer wieder die Augen zufallen. Prompt kriegt er Ärger mit einem Lehrer. Er ist so richtig bedient, als es zur ersten Pause klingelt.

Sven und Juan werden auf dem Schulhof beide von älteren Kindern provoziert und massiv beleidigt. Wer kann damit wohl besser umgehen?

Ich habe Juan und Sven bewusst als Gegensätze beschrieben, um zu verdeutlichen, wie entscheidend es ist, ganzheitlich anzusetzen, wenn wir unsere Kinder gegen Mobbing wappnen wollen.

Kinder brauchen keine kleinen Tricks, mit denen sie Mobbing verhindern können, sondern ein Lebensumfeld, das ihnen Energie schenkt. Dazu gehört ein Zuhause, das ein sicherer Hafen ist. Die Möglichkeit, über sich selbst hinauszuwachsen. In der echten Welt, nicht nur der digitalen. Sie müssen an der frischen Luft, mit echten Dingen und allen Sinnen Erlebnisse sammeln. Sie müssen Zugang zu einer gesunden Ernährung bekommen, die Energie gibt und nicht Energie klaut. Sie müssen lernen, den Tag voller Chancen für Erfolgserlebnisse zu sehen. Dafür müssen wir als Erwachsene ein Vorbild sein. Die Frage im Leben ist doch immer: «Worauf richte ich meinen Fokus?»

Energie ist da, wo meine Aufmerksamkeit ist. Ich habe diese Lektion von meinem ehemaligen Kampfkunstmeister Jimmy gelernt. Eines Tages hatte ich eine Prüfung, um eine höhere Graduierung zu bekommen. Sifu Jimmy prügelt mich durch den Raum. Ich versuche dagegenzuhalten. In einem Moment der Unachtsamkeit nutzt Sifu Jimmy eine Wurftechnik, die dazu führt, dass ich gut eineinhalb Meter durch den Raum fliege. Ich klatsche gegen den Schrank in der Raumecke. Vor diesem Schrank steht ein Plastikmülleimer mit einem Schwingdeckel. Ich lande mit der Schulter am Schrank und mit meinem Bein durch den Schwingdeckel im Mülleimer. Mein rechter Fuß steht in Kaffeefiltern voller Kaffeeprütt. Der Geruch von altem Kaffeepulver steigt mir in die Nase. In diesem Moment bekomme ich schon wieder eine Faust gegen den Kopf, was meine Aufmerksamkeit weg vom Kaffee, hin zu Jimmy zieht. Irgendwann schütze ich meinen Kopf nur noch und hoffe, dass der Schlaghagel bald endet. Ich schließe die Augen, und plötzlich herrscht Stille. Keine Schläge mehr. Ich blinzle und sehe Sifu Jimmy, der vor mir steht und auf einmal einen Klumpen Lehm in der Hand hält. Er grinst und sagt: «Daniel, hier ist ein Klumpen Lehm. Du musst diesen Klumpen an diese Wand bringen, darfst ihn aber nicht festdrücken. Wie machst du das?»

Ich wurde gerade verprügelt, stehe mit einem Bein in einem Mülleimer voller alter Kaffeefilter und habe verständlicherweise auf vieles Lust, aber nicht auf eine dieser philosophischen Sifu-

Jimmy-Fragen. Aber er ist mein Meister, und da hat man Respekt. Ich antworte also: «Ich schmeiß ihn gegen die Wand!» Er gibt mir den Klumpen, ich werfe ihn gegen die Wand, und der Klumpen bleibt hängen. «Plopp.» Nach zwei Sekunden fällt er wieder auf den Boden. Sifu Jimmy grinst und sagt: «Er soll an der Wand bleiben!» Ich hebe den Klumpen auf und werfe noch mal. «Plopp.» Und noch mal. «Plopp.» Der Klumpen bleibt jedes Mal kurz hängen, nur um dann wieder runterzufallen. Ich werfe also immer weiter. Gefühlt zwanzig Minuten; effektiv waren es wahrscheinlich nur fünf. Irgendwann fragt Sifu Jimmy: «Daniel, was siehst du?» Ich sage: «Einen Klumpen!» Er fragt: «Was noch?» «Einen Klumpen auf dem Boden», sage ich und probiere, mein Genervtsein nicht zu stark zu zeigen. Er fragt: «Was siehst du noch?» Ich hatte keine Ahnung, was er von mir wollte. Aber Sifu Jimmy guckt mich einfach nur weiter freundlich an und sagt: «Daniel, guck doch mal an die Wand!» Ich gucke – und verstehe. An der Wand hing etwas. Lehm! Nicht viel, aber etwas war kleben geblieben. Und dann sagte Sifu Jimmy mir etwas, das ich nicht mehr vergessen habe und das bis heute mein tägliches Handeln prägt. «Daniel, wenn du durch dein Leben gehst mit diesem Fokus, den du gerade hattest, mit dem Fokus auf das, was nicht klappt, was nicht gut läuft, was schlecht ist, dann bekommst du ein Leben, das sich genauso anfühlt. Ein Leben auf dem Boden!»

Ich musste es erst mal verarbeiten, aber er hatte recht. In allen Dingen können wir das Schlechte finden oder uns bewusst auf das Gute fokussieren. Irgendwann wird daraus dann ein Autofokus, und Sie sehen automatisch die Chancen, die guten Dinge, das Positive, das Ihnen und den Kindern den absoluten Energieschub geben kann. Denn wenn ich es schaffe, in all den schwierigen Momenten, die das Leben bereithält, das Positive zu suchen, dann bin ich in einer ganz anderen Energie.

Lassen mich noch ein letztes Beispiel dazu heranziehen: In der Schule hat Ihr Kind nicht viele, aber dafür zwei sehr gute Freunde. Zu Hause herrscht Harmonie. Sie haben Essen, Trinken und ein Dach über dem Kopf. Fünf Kinder aus der Schule erzählen über Ihr Kind Lügengeschichten und behaupten, es würde sich noch nachts in die Hose machen. Nun könnte Ihr Kind den Fokus auf das Schlechte richten: «Die erzählen Lügen, die machen mich fertig. Es glauben sicher alle, dass ich noch ins Bett mache. Die werden immer, wenn sie mich sehen, über mich tuscheln. Alle werden mich für ein Baby halten!» Plopp!

Oder aber Sie und Ihr Kind achten auf das Gute, auf das, was an der Wand hängen geblieben ist: «Okay, die erzählen Unwahrheiten. Aber ich habe zwei gute Freunde, die zu mir stehen. Die haben halt Blähungen im Gehirn, aber ich nehme die gar nicht an. Ich weiß ja, dass es nicht stimmt. Außerdem: Meine Eltern lieben mich immer. Es gibt vieles, was ich gut kann. Ich habe ein tolles Zuhause. Wie krass gut es mir eigentlich geht!»

Damit ist Ihr Kind trotz der Anfeindungen und Verleumdungen immer noch entspannt, da es sich selbst mag und dankbar für das ist, was «an der Wand hängt». Dadurch schwingt es in positiver Energie. Es ist in Liebe. Und Liebe ist immer stärker als Hass. Damit nimmt es den Mobbern den Nährboden. Sicherlich nicht sofort – aber denken Sie an die Batterien! Wenn auch die anderen Lebensbereiche gut aufgestellt sind, dann wird Ihr Kind sich von solchen Verleumdungen nicht aus der Bahn werfen lassen. Es besitzt dann einen Schutzschild, der es resilienter macht.

Wenn es mir gelingt, selbst in Mobbingsituationen noch zu erkennen, welche Talente ich habe, dass es Menschen gibt, die mich lieben, dass ich dankbar sein kann, in Frieden zu leben und gesund zu sein – dann bin ich «unmobbar».

Tun Sie Dinge, die Energie geben, und richten Sie den Fokus

immer wieder auf die guten Dinge im Leben. Vielleicht wollen Sie das folgende Ritual übernehmen?

Jeden Morgen sprechen Sie mit Ihrem Kind kurz darüber, wofür es dankbar ist. Auch Sie benennen Punkte. Das können Kleinigkeiten sein wie der Sonnenschein im Zimmer beim Aufwachen oder «große» Dinge, wie eine liebende Familie zu haben. Abends, als letztes Ritual des Tages, bevor Ihr Kind ins Bett geht oder während es im Bett liegt, reden Sie darüber, was an diesem Tag super lief, wo es etwas Tolles geschafft hat und wofür es dankbar ist. Somit richten Sie morgens und abends den Fokus bewusst auf das Gute. Ältere Kinder und Jugendliche könnten sogar ein Dankbarkeits- und Energietagebuch führen. Wenn Ihr Kind Ihnen davon erzählt, dass andere es ärgern und beleidigen, seien Sie empathisch, gehen Sie darauf ein, sprechen Sie über mögliche Lösungen, aber fragen Sie unbedingt auch: «Und was war heute denn gut in der Schule?» Oder: «Okay, da waren wohl einige Kinder mit Gehirnblähungen unterwegs, ich verstehe, dass einen das nervt. Aber sag mal, wer liebt dich denn eigentlich immer, auch wenn andere Menschen Gehirnfürze absondern?»

Machen Sie in der Familie «Stärkenpartys»: Setzen Sie sich zusammen und sagen Sie sich gegenseitig, was die einzelnen Familienmitglieder gut können, wofür Sie sich wertschätzen und was Sie an ihnen lieben. Seien Sie dabei präzise und konkret, arbeiten Sie mit Beispielen. Machen Sie solche Stärkenpartys einmal die Woche; wenn Sie wollen, auch öfter. Zum Ende kriegt jeder mit entsprechender Musik einen Riesenapplaus, man umarmt sich und feiert sich gemeinsam.

Energie ist da, wo Aufmerksamkeit ist. Also richten Sie die Aufmerksamkeit auf schöne Dinge, auch und gerade dann, wenn um Sie herum die Wellen hochschlagen.

Sie sind der Fels in der Brandung. Sie sind widerstandsfähig.

Wie Ausdauer und Disziplin helfen

«Mein Kind muss das jetzt nicht fertig machen, Daniel», sagt die Mutter beim Laternenbasteln zu mir. Wir sind in der Kita, in der ich als Erzieher gearbeitet habe. «Warum nicht?», frage ich. «Wenn sie nicht will, muss sie nicht.» Ich frage: «Aber sie wollte doch mit dir die Laterne basteln, oder?» – «Ja, aber wenn sie jetzt lieber spielen will, soll sie das ruhig machen!» Ich sage provokant: «Aber Lena soll in der Schule schon auch mit Streitereien klarkommen, oder?» Die Mutter guckt irritiert: «Was hat das eine mit dem anderen zu tun?» Ich sage: «Alles!»

«Wie du eine Sache machst, machst du alles im Leben» lautet ein Sprichwort. Man kann darüber streiten, ob das wirklich immer und für alle Situationen stimmt. Aber eines ist klar: Ein Mensch mit der Tendenz zur Disziplinlosigkeit wird wahrscheinlich nicht nur in einem, sondern in mehreren Bereichen seines Lebens wenig Ausdauer mitbringen und Dinge zu Ende bringen.

Ausdauer und Disziplin: zwei Tugenden, für die man nicht alle Kinder begeistern kann und Eltern zeitweise auch nicht. Sie sind ja auf den ersten Blick anstrengend, und warum sollte man nicht den Weg des geringsten Widerstands gehen?

Doch Ausdauer und Disziplin sind auch in Mobbingsituationen entscheidend. Denken Sie an die Batterienmetapher: Wir brauchen Durchhaltevermögen, weil die Mobber meist nicht sofort aufhören zu mobben, nur weil wir nicht mehr drauf reagieren. Wenn ich jedoch verstanden habe, dass die Mobber dann weitermachen, wenn sie bekommen, was sie sich wünschen, dann muss ich versuchen, ihnen das nicht mehr zu geben. Ich muss ihnen den Wind aus den Segeln nehmen. Dazu gehört es, ruhig zu bleiben, sich nicht provozieren zu lassen, sich auf gute Dinge zu konzentrieren, Mobbingsituationen immer wieder zu verlassen, da ich meine Prioritäten kenne. Ich muss außerdem begreifen, dass Weggehen kein Zeichen von Schwäche ist, sondern ein Zeichen von Würde und Stärke.

Diese Strategien sind keine Wunderwaffen, vor allem dann nicht, wenn es uns nicht gelingt, sie diszipliniert und über einen längeren Zeitraum durchzuziehen. Wenn ein Kind sagt: «Ich bin eine Pause lang ruhig geblieben, aber die haben trotzdem weitergemacht, das klappt nicht», ist das das Gegenteil von Ausdauer und Disziplin.

Machen wir es an einem Beispiel fest: Ihrem Kind wird ein Stift weggenommen. Eigentlich eher Diebstahl als Mobbing, aber da solche Situationen oft Auslöser für Mobbing sind oder zusätzlich zu Mobbing auftreten, passt es hier ganz gut. Was kann Ihr Kind tun? Zunächst mal ist wichtig, dass Sie ihm beibringen, zum Punkt zu kommen und genau zu sagen, was es will. Das tun Kinder oft nicht. Sie sagen eher Dinge wie beispielsweise «Das ist mein Stift» oder «Ich hatte den Stift zuerst» oder «Ey, Jonas ... Jooooonas ... JONAS!». Das heißt, sie sprechen unpräzise.

Wenn Kinder in Übungssituationen Dinge sagen wie «Das ist mein Stift», sage ich ihnen: «Okay, danke für diesen Beitrag. Aber dein Gegenüber weiß, dass das dein Stift ist. Er hat ihn dir gerade weggenommen. Was willst du wirklich von ihm?» Bei Sätzen wie «Ey, Jonas ... Jooooonas ... JONAS!» antworte ich: «Okay, er weiß jetzt, wie er heißt. Aber das wusste er sicherlich auch schon vorher. Was willst du von ihm?»

Sie merken, worauf ich hinauswill: Es fällt vielen Kindern schwer, sich präzise auszudrücken. Aber woran liegt das? Weil sie uns Erwachsene nachahmen. Wir selbst reden genauso. «Hier ist es aber ziemlich unordentlich» ist ein Standardsatz von Eltern, wenn sie wollen, dass aufgeräumt wird. «Das Essen ist fertig» ist ein Satz, der dazu führen soll, dass alle zum Tisch kommen.

Wenn ein Kind nicht tut, was man möchte, wird der Name des Kindes gerufen: «Svenja ... Svenja Meier ... Svenja Meier, wie oft muss ich es noch sagen?!» Ich denke dann immer: «Noch sehr oft, weil du bisher im Grunde gar nichts gesagt hast.»

Wir sind also oft ein schlechtes Vorbild, wenn es darum geht, unsere Wünsche bzw. unseren Willen konkret zum Ausdruck zu bringen. Wenn ich möchte, dass aufgeräumt wird, wäre es z.B. viel sinnvoller zu sagen: «Räum bitte das Lego bis zum Abendessen in die Kiste!» Das ist zwar auch keine Garantie, dass es erledigt wird, aber die Chance erhöht sich immens, da ich eine klare Handlungsaufforderung formuliere. Und wenn wir eine klare Kommunikation vorleben, werden auch unsere Kinder klar in ihren Aussagen werden.

Was wäre dann die passende Aussage bei unserem Stiftproblem? «Gib mir meinen Stift zurück!» Jetzt wäre es ja schön, wenn der «Dieb» den Stift wiedergeben würde. Das wird aber in vielen Fällen nicht passieren. Jetzt könnte ich natürlich in die Opferrolle gehen und denken: «Der nimmt mich nicht ernst. Voll mies. Ich werde gemobbt!»

Ich führe dann mit den Kindern einen ähnlichen Dialog, wie ich ihn im Kapitel «Meine Meinung ist besser als deine Meinung» schon skizziert habe: «Wer findet es falsch, dass der Junge den Stift nicht wiedergibt?» Alle Hände gehen hoch. «Wer findet es unfair, dass er so handelt?» Alle Hände gehen hoch. «Wer von euch möchte nicht, dass so mit ihm umgegangen wird?» Alle Hände gehen hoch. «Wer von euch hört immer auf seine Eltern?» Fast alle Hände bleiben unten. «Leute, mal ganz im Ernst. Gegenüber euren Eltern nehmt ihr euch selbstverständlich das Recht heraus, nicht auf sie zu hören. Macht das einer mit euch, findet ihr es aber falsch und redet von Mobbing!»

Es ist wichtig, Kindern diesen Widerspruch vor Augen zu führen. Denn so kann man herausarbeiten, dass die Kinder, die unser Kind ärgern, möglicherweise gar nicht immer alles böse meinen oder gar Mobber sind. Die Mutter könnte beispielsweise fragen: «Lukas, du sagst, die mobben dich und es ist alles so schlimm zurzeit. Was ist denn eigentlich Mobbing für dich? Mobbst du auch manchmal, z.B. mich?» Das Kind wird vermutlich antworten: «Nein, wieso?» – «Na, du machst doch dasselbe mit uns. Jonas nimmt dir fast jeden Tag den Stift weg, du sagst, er soll ihn dir wiedergeben, er hört nicht auf dich, und du musst es immer wieder sagen. Das kränkt dich. Aber wir sagen auch jeden Abend, dass du Zähne putzen sollst, und du tust es nicht. Im Grunde machst du mit uns das, was du bei Jonas falsch findest. Also noch mal die Frage. Mobbst du uns?» – «Nein, Mama!» – «Aber warum putzt du dann nicht deine Zähne?» – «Na, weil ich lieber spielen will!» Die Mutter könnte nun sagen: «Ich verstehe, dir ist also spielen wichtiger. Dass du nicht die Zähne putzt, hat also gar nichts mit uns, sondern mit dir zu tun. Warum nimmt dir denn Jonas dann den Stift weg?» – «Na, vielleicht weil ihm das Spaß macht?» – «Hat das dann was mit dir oder eher mit ihm zu tun?» – «Mit ihm», wird voraussichtlich die Antwort des Jungen lauten.

Was Sie damit tun, ist Folgendes: Sie holen ihn aus der Opferhaltung raus. «Jonas will mich mobben» wird ersetzt durch «Lukas macht es für seinen eigenen Spaß!». Damit ist die Situation an sich nicht gelöst, aber durch den Perspektivwechsel wird ein bisschen Druck aus ihr genommen, und das kann manchmal einen riesigen Unterschied machen.

Gehen wir also weiter. Jonas gibt den Stift nicht sofort wieder. Was ist das Ziel Ihres Kindes? Richtig, den Stift wiederzubekommen. Was muss es dafür tun? Natürlich denselben Satz noch mal sagen: «Gib mir den Stift zurück!» Ihr Kind könnte jetzt auch drohen und erpressen, so wie es oft von uns Erwachsenen vorgelebt wird: «Wenn du jetzt nicht Zähne putzen gehst, gibt es keine Gute-Nacht-Geschichte!» Kinder stehen aber in einem anderen Machtverhältnis zueinander als Eltern und Kinder. Daher funktionieren solche (ohnehin fragwürdigen) Strategien bei ihnen meist nicht.

Letztlich hat unser Kind vier Möglichkeiten: 1. Ich wiederhole meine Aussage. 2. Ich hole mir Hilfe. 3. Ich werde körperlich und schubse oder haue mein Gegenüber. 4. Ich gebe meinem Gegenüber Wertschätzung und Liebe. Auf die letzte werde ich im Kapitel «Liebe ist stärker als Hass» näher eingehen.

Ich denke, die beste und nachhaltigste Lösung für das Kind ist die erste oder die letzte. Gehen wir auf die erste ein. Es ist sicherlich nicht die leichteste. Aber es hat auch nie jemand gesagt, dass es leicht ist, Konflikte zu klären.

Dass die dritte keine gute Option ist, liegt wohl auf der Hand. Aber warum nicht die zweite, werden Sie sich fragen? Ich bin viel in Lehrerzimmern unterwegs, und teilweise geht die Tür in der Pause alle dreißig Sekunden auf, und Kinder fragen nach Hilfe. Zum Großteil für Dinge, für die eigentlich keine Hilfe nötig wäre – wie einen geklauten Stift. Da aber viele Kinder heutzutage unter gelernter Hilflosigkeit leiden, ist Hilfe holen für sie die beste und einzige Option. Deswegen ist es nicht verwunderlich, wenn Lehrer Kinder bei Kleinigkeiten wegschicken und sagen: «Klärt das allein!» Lehrer sind nicht dafür da, den Kindern alles abzunehmen. Deshalb sollten Kinder immer zuerst versuchen, den Konflikt allein zu lösen.

Kehren wir also zur konkreten Situation zurück: Wenn Ihr Kind den Satz wiederholt und sagt: «Gib mir den Stift zurück», kann es natürlich auch beim dritten, vierten oder sogar zwölften Mal vorkommen, dass der Täter sagt: «Vergiss es. Geh heulen!» Und was braucht Ihr Kind dann? Hohe Energie. Denken Sie an die Batterien. Wenn der Täter Energie hat, um zehn Minuten lang zu antworten: «Du kriegst ihn nicht wieder», braucht Ihr Kind mehr als diese zehn Minuten Energie, um zu sagen: «Gib mir meinen Stift wieder!» Ohne dabei unsicher zu werden oder seine Handlung in Frage zu stellen. Meiner Erfahrung nach bekommen Kinder mit dieser Methode ihre Gegenstände mit einer hohen Wahrscheinlichkeit zurück. Sie müssen einfach nur stoisch ihre Aufforderung wiederholen, ohne emotional zu werden, ohne Emotionen im Gesicht zu zeigen. Ihr Kind muss lernen, hartnäckig zu bleiben. Es muss Ausdauer und Disziplin entwickeln. Und damit sind wir beim Eingang des Kapitels: Ein Kind, das nie dazu motiviert wurde, Dinge zu Ende zu bringen, auch wenn sich Widerstände auftun, wird nicht plötzlich in einer emotional aufgeladenen Situation auf die Idee kommen, Ausdauer und Disziplin könnten wichtig sein.

Wichtig: Hier geht es nicht darum, dass größere Kinder oder auch Gangs Ihrem Kind etwas klauen. Je nachdem, wie aggressiv die «Gegner» wirken, muss sich Ihr Kind fragen, was in der jeweiligen Situation wirklich wichtig ist. Der Stift oder die eigene Gesundheit? (Siehe dazu auch Kapitel «Klarheit bekommen».) Im Zweifelsfall sollte es sich in Härtefällen natürlich lieber Hilfe holen.

Mir geht es in diesem Beispiel also eher um Alltagsituationen im Klassenzimmer, wo einige Kinder andere schikanieren, indem sie ihnen Dinge wegnehmen. Ihr Kind sagt nun also immer dasselbe: «Gib mir den Stift zurück!» Der Mobber versucht Ihr Kind nun garantiert abzulenken. «Bist du eigentlich doof?» – «Gib mir den Stift zurück!» – «Deine Mutter stinkt, oder?» – «Gib mir den Stift zurück!» – «Hast du endlich aufgehört, dir nachts in die Hose zu machen?» – «Gib mir den Stift zurück!» Und so weiter, immer dieselbe Reaktion, mit Ausdauer, Disziplin und hoher

Energie. So lernt Ihr Kind, dass es sich lohnt, etwas einfach mal durchzuziehen.

Denken Sie an die Eingangssituation beim Laternenbasteln: Das Mädchen musste sie nicht zu Ende basteln, obwohl es der Mutter ihr Wort gegeben hatte, sondern konnte allein nach dem Lustprinzip handeln. Dabei wäre das eine tolle Möglichkeit gewesen zu lernen, wie man etwas zu Ende bringt, auch wenn es gerade anstrengend ist oder man lieber etwas anderes machen möchte.

Ermuntern Sie Ihre Kinder dazu, zu ihrem Wort zu stehen. Wenn sie lernen, Dinge diszipliniert zu Ende zu bringen, werden sie auf Dauer eine gesunde Zähigkeit entwickeln. Und genau die wird ihnen helfen, schwierige Situation zu meistern. Wenn Ihr Kind immer wieder sagt: «Gib mir den Stift zurück», und nicht aufgibt, bis es den Stift zurückbekommen hat, wie wird es sich fühlen? Genau, stolz! Es bekommt Bestätigung für seine Strategie und dadurch ein stärkeres Selbstvertrauen.

Das ist im Übrigen ein weiterer Ansatzpunkt, um Ihr Kind beim Durchhalten zu unterstützen: Nutzen Sie die Visualisierungsstrategie, die wir bereits aus dem Kapitel «Selbstvertrauen» kennen. Stellen Sie die Frage: «Wie würdest du dich fühlen, wenn du nicht aufgibst und den Stift nach sieben Minuten zurückbekommst?» So konzentriert sich Ihr Kind auf das Ziel und entwickelt Ausdauer, es zu erreichen.

Anders sieht es z.B. aus, wenn Ihrem Kind ein wertvoller Gegenstand geklaut wird und der Täter flüchtet. Hier darf und sollte es sich Hilfe suchen. Dann ist es wichtig, im Lehrerzimmer auf Lehrerinnen oder Lehrer zu treffen, die differenzieren und nicht die Kinder, die wirklich Hilfe brauchen, wegschicken. Wir erwarten von der Polizei ja auch, dass sie kommt, wenn wir sie anrufen. Stellen Sie sich eine Polizei vor, die handeln würde wie manche Lehrerkollegien: Obwohl sie an einem Tag sechs unnötige Einsätze gefahren sind, fahren die Beamten trotzdem auch beim siebten Mal raus, anstatt die Leute aufzufordern: «Klären Sie das bitte alleine!» Warum aber lassen so viele Pädagoginnen und Pädagogen Kinder auflaufen, nur weil sich vorher einige an sie gewendet haben, die keine wirklichen Probleme hatten? So spielen sie denjenigen Tätern in die Karten, die gewalttätig sind oder klauen.

Natürlich habe ich genauso häufig erlebt, dass Lehrerinnen und Lehrer sehr vorbildlich handelten. Ich schere hier also nicht alle über einen Kamm. Aber dieser Punkt ist wichtig. Denn das Kind, das Opfer von Gewalt geworden oder das beklaut worden ist, braucht Hilfe – zumal, wenn die Täter weggelaufen sind. Der Weg ins Lehrerzimmer ist in diesen Fällen der richtige, und das Anliegen des Kindes sollte vom Kollegium ernst genommen werden.

Zurück zur Elternseite. Solange keine Gewalt im Spiel ist oder der Täter den Gegenstand wirklich mitnimmt, ermutigen Sie Ihr Kind, für seine Sachen einzustehen. Und dann gilt: nicht aufgeben. Hohe Energie. Ich muss länger sagen können, was ich vom anderen will, als dieser dies ablehnen kann. Üben Sie das gerne in kleinen Rollenspielen zu Hause. Geben Sie Ihrem Kind die Chance zu lernen, dass es Dinge durchziehen kann. Dass es Ausdauer und Disziplin aufbauen kann. Und zwar nicht durch Zwang und Drohungen, sondern indem wir selbst Vorbilder sind und gemeinsamen Spaß daran entwickeln, etwas zu Ende zu bringen. Die Mutter hätte beim Laternenbasteln zu Lena einfach sagen können: «Das hat voll Spaß gemacht mit dir, schade, dass du gehen willst. Ich glaube nicht, dass ich das ohne die Klebepolizei schaffen kann!» Dabei hätte sie Lena den Klebestift in die Hand gedrückt und so getan, als ob sie nicht weiß, wie man die Laterne weiterbastelt. Alles mit Spaß und Leichtigkeit. Wenn die Mutter es geschafft hätte, Lena zu vermitteln, dass es die beste Option wäre, mit ihr die Aufgabe zu Ende zu bringen, hätten beide ein tolles und stärkendes Erfolgserlebnis gehabt.

Helfen Sie Ihrem Kind, Spaß daran zu finden, Sachen durchzuziehen. Mit Ausdauer und Disziplin!

Von Mücken, Schafen und Löwen

«Interessiert es einen Löwen, was eine Mücke zu ihm sagt?», frage ich die Teilnehmer des Eltern-Kind-Events. Die Kinder lachen sich schlapp und schreien: «Nein!» – und damit herzlich willkommen in dem Kapitel, das alles, was Sie bis jetzt gelesen haben, zusammenfasst und somit für Kinder nachvollziehbarer macht. In diesem Kapitel geht es um Mücken, Schafe und Löwen.

Ich stehe vor den Teilnehmern und sage: «Stellt euch mal vor, hier im Raum stehen drei Tiere.» Ich stehe aus Sicht der Teilnehmer links auf der Bühne und sage: «Hier steht ein Löwe.» Ich gehe in die Mitte der Bühne und sage: «Hier ein Schaf», und während ich ganz nach rechts auf der Bühne gehe, mache ich ein surrendes Geräusch, male mit meiner linken Hand Fluglinien in die Luft und sage: «Und hier ist eine Mücke!» Ich gehe in die Mitte zurück, breite die Arme aus und frage: «Wer davon ist am stärksten?» Alle sind sich einig: der Löwe. Ich sage: «Genau. Es gibt Kinder, die benehmen sich wie Löwen. Aber was macht so ein Löwe die meiste Zeit?» Jemand meldet sich und sagt: «Der liegt nur rum!» – «Stimmt», greife ich das Gesagte auf, «Löwen sind entspannt. Klar, die können kämpfen, wenn es sein muss oder wenn ihnen etwas extrem wichtig ist. Aber das machen sie nicht die ganze Zeit! Und genauso gibt es Kinder, die wissen, was sie wollen, die aber gerade deswegen ruhig und entspannt bleiben können, weil sie das meist schneller zum Ziel führt.»

Ich gehe in die Mitte der Bühne und sage: «Zu den Schafen komme ich später, kommen wir erst zu den Mücken!» Ich gehe aus Sicht der Zuschauer nach rechts und frage: «Wer hatte schon einmal in der Nacht eine Mücke im Zimmer?» Viele Hände gehen hoch. «Okay, wen von euch hat die Mücke in diesem Moment genervt?» Wieder gehen viele Hände hoch. «Okay, ich sage jetzt etwas, was manche nicht gut finden, da man es angeblich nicht sagen darf, aber es ist, wie es ist: Wer kennt auch Leute, die sich manchmal benehmen wie Mücken? Die so richtig nerven und keine Ruhe geben?» Alle Teilnehmer zeigen auf. Ich führe aus: «Mir ist wichtig, dass ihr wisst, dass die oft nichts dafür können und eigene Probleme haben. Aber es gibt sie, die Menschen, die anstrengend sind. Die in der Firma an der Kaffeemaschine stehend über andere lästern, die in der Familie Stress machen oder über den Schulhof laufen und andere beleidigen oder schikanieren. Das sind in unserem Beispiel die Mücken. Und jetzt stellt euch mal vor, ein Kind, das sich benimmt wie eine Mücke, geht zu einem Löwen und sagt: ‹Alter, wie du aussiehst. Superhässliches Gesicht, und dein Fell, das ist ja nicht mal Gucci!› Was denkt ihr: Interessiert es den Löwen, was die Mücke sagt?» Alle rufen: «Nein!» Ich frage: «Interessiert es einen Löwen, was die Mücke über ihn denkt?» Wieder rufen alle: «Nein!»

Dann gehe ich in die Mitte, wo das Schaf «steht», und fahre fort: «Die Mücke merkt, dass der Löwe kein Opfer ist, ihre Sticheleien nicht ankommen. Sie interessieren den Löwen schlicht und ergreifend nicht. Aber es gibt ja noch die Schafe.» Ich stehe also vor dem «Schaf» und sage: «Alter, wie du aussiehst. Superhässliches Gesicht, und dein Fell, das ist ja nicht mal Gucci!» Ich spiele das Schaf, wie es immer wütender wird, mein Gesicht beginnt zu zittern, ich drehe mich zur Mücke um und schreie: «Lass mich in Ruhe, ich bin überhaupt nicht hässlich. *Du* bist hässlich. Außerdem ist mein Papa Anwalt!» In diesem Moment lachen sowohl die Kinder als auch die Eltern. Wenn sich alle beruhigt haben, sage ich: «Kurze Frage. Wer von beiden wird logischerweise eher gemobbt? Der Löwe oder das Schaf?» Alle sind sich einig: das Schaf. Ich sage: «Mein Tipp für dich: Benimm dich nicht wie das Schaf!» Alle lachen.

Lassen Sie uns das Bild genauer ansehen: Erstens zeigt diese spielerische Vereinfachung den Kindern, wie sie sich selbst gerade benehmen. Wichtig dabei ist, dass Sie nicht sagen: «Du bist eine Mücke», sondern: «Du benimmst dich wie eine Mücke!» Denn eine Mücke zu sein, ist endgültig. Sich so zu benehmen, nur eine Momentaufnahme, die Veränderung möglich macht. Zweitens hilft dieses Bild zu erkennen, dass ich immer eine Wahl habe. Ich kann mich benehmen wie ein Schaf – oder eben wie ein Löwe. Natürlich gibt es Kinder, denen das schwerer fällt, die schwächer, schüchterner, kleiner sind. Die sich einfach noch nicht wie ein Löwe benehmen können. Ihnen muss von Seiten der Lehrer und Eltern Unterstützung zuteilwerden. Doch Kinder können mehr, als wir ihnen oft zutrauen, und sie schaffen nur nicht mehr, da wir es ihnen nicht zutrauen.

Dieses Buch richtet sich an Eltern, die Kinder gegen Mobbing wappnen wollen. Und dafür müssen wir sie dabei begleiten, zum Löwen zu werden. Dass dies in manchen Fällen ein langer Weg ist, ist richtig. Aber was ist die Alternative? Die Täter wegsperren? Unser Kind in Watte packen, ihm jeden Konflikt aus dem Weg räumen? Es wird immer Menschen im Leben unserer Kinder geben, die sich benehmen wie Mücken. Das hört in und nach der Schule nicht auf, sondern geht in der Clique, der Familie, dem Sportverein oder der Firma weiter. Es gibt Mücken auf dieser Welt. Wir müssen also lernen, mit ihnen umzugehen. Auch hier gilt natürlich, dass wir Erwachsenen Vorbilder sein müssen: Wenn wir z.B. unseren Kindern sagen, sie sollen sich auf dem Schulhof wie Löwen verhalten, wir zu Hause aber ständig meckern wie ein Schaf, fehlt es uns an Glaubwürdigkeit.

Mein Vorschlag: Sprechen Sie mit Ihrem Kind über dieses Bild und überlegen Sie gemeinsam, wer sich oft wie verhält. Dann denken Sie zusammen darüber nach, wie Sie alle sich lieber benehmen möchten. Drucken Sie ein Bild eines Löwen, einer Mücke und eines Schafes aus und kleben Sie diese Bilder irgendwo in Ihre Wohnung. Fragen Sie sich gemeinsam jeden Morgen, wie Sie sich in der Familie, dem Schulhof, der Firma etc. am heutigen Tag benehmen wollen. Geben Sie gemeinsam Ihr Bestes. Abends treffen Sie sich wieder vor den «Tieren» und fragen sich: «Hat es heute geklappt? Waren wir Löwen?» Wenn die Antwort ja lautet, dann klopfen Sie sich gegenseitig auf die Schultern und freuen Sie sich, dass Sie es gemeistert haben. Wenn Sie die Frage verneinen müssen und Sie oder Ihr Kind eher wie das Schaf oder (im schlimmsten Fall) wie die Mücke gehandelt hat, dann reflektieren Sie das und finden Sie gemeinsame Lösungen. Bleiben Sie im Gespräch und helfen Sie sich gegenseitig dabei, sich mehr wie Löwen zu verhalten.

Der Löwe bleibt ruhig und entspannt, wenn er provoziert wird. Er weiß, dass nicht jede Meinung richtig und daher auch nicht jede Meinung wichtig ist. Er weiß, dass er selbst entscheiden kann, was er annimmt. Er kennt seine Prioritäten und ist bereit, etwas zu opfern, um das zu bekommen, was er sich für sein Leben wünscht. Er hat hohe Energie und gibt nicht so schnell auf. Er besitzt Ausdauer und Disziplin. Er weiß sich durchzusetzen, ist sich aber auch dessen bewusst, dass sich durchzusetzen nicht immer kämpfen bedeutet. Oft nimmt man Tätern den Wind aus den Segeln, wenn man einfach nicht mehr getroffen wird.

Der Löwe weiß, dass es manchmal etwas dauert, bis die Mücken verstehen, dass es nichts bringt, weiter «zu nerven». Der Löwe hat eine gute Verbindung zu sich selbst. Er nimmt seine Gefühle wahr und respektiert sie. Er probiert Neues aus und sammelt Erfolgserlebnisse. Er richtet seinen Fokus bewusst auf die guten Dinge, nicht auf das «Plopp», sondern auf die «Wand». Er achtet auf sich und seinen Energiehaushalt.

Der Löwe hat Spaß daran, auch Schafe und Mücken zu Löwen zu machen. Das zu betonen, ist mir wichtig, weil manchmal der Einwand kommt, Löwenverhalten mache gleichgültig. Doch das Gegenteil ist der Fall. Stellen Sie sich z.B. vor, Ihr Kind wird gemobbt, aber es fühlt sich nicht mehr gemobbt. Dann könnte es andere unterstützen und stärken und somit für mehr Gerechtigkeit und Glück sorgen, ohne selber zu leiden. Und ja, das ist ein großes Ziel. Aber ich mache es an einem Sinnbild klar: Ich kann mit Pfeil und Bogen auf die Krone eines Baumes zielen. Wenn ich verfehle, treffe ich vielleicht einen Apfel. Ich kann aber auch auf den Mond zielen. Wenn ich verfehle, treffe ich vielleicht einen Stern. Mir gefällt dieses Bild. Wenn wir das Ziel haben, unsere Kinder dazu zu befähigen, sich für Gerechtigkeit einzusetzen, auf sanfte und friedvolle Weise, ohne selber zu leiden und in der Opferrolle zu sein, dann ist das, als wenn wir den Mond treffen wollen. Und selbst, wenn wir das Ziel verfehlen, erreichen wir damit immer noch mehr für das Leben unserer Kinder, als wenn wir von vornherein sagen, dass das ein utopisches Ziel ist.

Helfen Sie Ihrem Kind dabei, Löwendenken zu entwickeln. Ein Löwe ignoriert Mücken zwar in dem Moment, wo sie es auf ihn «abgesehen» haben, aber er grenzt sie nicht kategorisch aus. Denn er weiß: Wenn er Mücken ausgrenzt, ist er eigentlich auch eine Mücke. Er gibt Menschen Chancen, sich zu ändern. Er ist nicht nachtragend oder intrigant. Er respektiert andere Menschen und sieht auch ihre Bedürfnisse. Er weiß, dass er, bevor er anderen helfen kann, erst mal sich selbst helfen muss. Er weiß, dass er andere nur dann wirklich lieben kann, wenn er auch sich liebt. Der Löwe achtet darauf, dass sich die Menschen in seinem Umfeld gut fühlen, denn er weiß, dass diese positive Energie zu ihm zurückkommt.

Vielleicht lesen Sie das Buch bis hier noch einmal mit der Fragestellung: «Was kann ich tun, damit wir eine Löwenfamilie werden?»

Liebe ist stärker als Hass

«Das mach ich auf keinen Fall», sagt der dreizehnjährige Julian zu mir. «Würde dir aber helfen», erwidere ich. «Vergiss es, niemals werde ich so etwas tun», ist er sich sicher. Ich sage: «Aber beim Eltern-Kind-Event hast du doch das Gleiche auf der Bühne gemacht, und es hat geklappt!» – «Daniel, ich mach das nicht. Auf der Bühne hat das vielleicht geklappt, aber meine Schule ist anders. Das sind alles Jungs von der Straße, verstehst du?» Ich gucke ihn an und sage: «Nein, verstehe ich nicht, aber du wirst es mir sicherlich gleich erklären!» Er atmet tief ein und legt los: «Wenn ich das mache, was du willst, dann wird alles schlimmer. Die werden mich fertigmachen!» Ich gucke ihn an und sage: «Mimimimi!» Er ist irritiert und fragt sich, ob ich das gerade wirklich gemacht habe. «Willst du mich verarschen, Daniel?» – «Nein! Aber ganz ehrlich: Du erzählst mir immer wieder, dass das, was ich sage, nicht klappt, hast es aber noch nie wirklich über einen längeren Zeitraum ausprobiert. Deine eigenen Strategien klappen ja aber auch nicht. Was du machst, ist quengeln. Mimimi. Probiere doch einfach mal aus, was ich sage!» – «Niemals», so ist er sich sicher, «werde ich so einen Weichspülerscheiß jemals ausprobieren!»

Was hat Julian so auf die Palme gebracht, dass er sich zu solchen Ausdrücken hinreißen ließ? Ich hatte ihn aufgefordert, Hass fortan mit Liebe zu begegnen. Eigentlich die logischste Sache der Welt, denn Liebe ist stärker als Hass. Aber trotzdem ist die Aufforderung, die dahintersteht, für die meisten kaum umsetzbar. Warum? Weil sie sich selbst nicht wirklich lieben. Weil sie mit sich selbst im Krieg sind.

Doch was ist die Alternative dazu, Hass mit Liebe zu begegnen? Hass mit Hass zu vergelten? Das hat noch immer zu Krieg geführt. Ich bin indes überzeugt: Hass kann nur «besiegt» werden, wenn wir lieben. Um das den Kindern vor Augen zu führen, mache ich mit ihnen die folgende Übung: Ich hole ein Kind nach vorne und sage: «Du hast nur eine einzige Aufgabe: mich fertigzumachen. Nur mit Worten, das ist klar. Aber ich will, dass du wirklich versuchst, mich fertigzumachen!» Das Kind guckt meist irritiert, dann macht sich ein leichtes Grinsen auf seinem Gesicht breit, und es stellt sich darauf ein, jetzt all das sagen zu dürfen, was es sonst niemals – schon gar nicht vor so großem Publikum – auf einer Bühne sagen würde. Ich führe weiter aus: «Ich werde probieren, dich zu stoppen. Werde alles daransetzen, dass du mich in Ruhe lässt, aber du darfst nicht aufhören. Okay?» Das Kind, nennen wir es Agnes, legt los: «Wie du aussiehst, wie ein Penner! Was sind das denn für Asi-Klamotten, du armer kleiner Penner!» Ich gucke empört und sage: «Du siehst selbst aus wie eine Pennerin!» Sie schlägt zurück: «Deine Mutter klaut bei *KiK*!» Ich lasse mir das nicht gefallen und sage: «Deine auch. Sieht man doch an deinen billigen Schuhen!» Sie wird härter: «Du bist so ein dummer Idiot!» – «Nein, du bist dumm», entgegne ich. Wir steigern uns eine knappe Minute richtig rein, ein Wort gibt das andere. Irgendwann rufe ich: «Lass mich in Ruhe, es reicht!» Agnes macht weiter. «Lass es, bitte!» Sie dreht nun erst richtig auf. Nach einiger Zeit gebe ich auf und sage: «Okay, du hast gewonnen. Aber ich habe eine andere Idee, lass es uns noch mal versuchen. Du machst wieder alles wie gerade, ich mache etwas anderes!»

Agnes eröffnet: «Wie kann ein einzelner Mensch nur so derbe stinken wie du? Du riechst nach Pisse!» Ich rieche kurz an meinem Jackett und sage: «Hm, ich habe vorhin auch kurz gedacht, dass das Parfum komisch riecht. Aber egal, du riechst gut!» Agnes guckt irritiert, fängt sich aber schnell wieder: «Du bist so ein dummes Opfer!» Ich lächle sie an und sage: «Du, ganz ehrlich, das denk ich auch manchmal über mich, manchmal krieg ich echt nix auf die Reihe. Ich glaube allerdings, dass du ziemlich clever bist ... und nett!» Die Verwirrung steht ihr wieder ins Gesicht geschrieben. «Du dreckiges Opfer», probiert sie weiterzupöbeln, aber ihre Energie ist nicht sehr hoch dabei, es fällt ihr sichtlich schwer. Ich sage: «Ich mag die Energie, mit der du probierst, mich zu ärgern. Das hat was Interessantes!» – «Du bist so ein Arsch», sagt sie ohne wirkliche Power. Sie stottert fast dabei. «Okay, damit kann ich leben. Ich mag dich trotzdem!» Sie hält das Mikro in der Hand, aber schafft es nicht mehr, etwas zu sagen. Als wenn ihr die Worte im Hals stecken bleiben würden. Ich drehe mich zum Publikum, reiße die Hände in die Luft und sage: «Ich habe es geschafft, sie hat aufgehört, mich zu ärgern!» Alle applaudieren frenetisch. Als der Applaus endet, frage ich Agnes: «Warum hast du nicht weitergepöbelt?» – «Es ging nicht. Du warst einfach nur nett. Ich konnte dich nicht weiter fertigmachen!» Ich frage: «Warum nicht, ich habe mich doch gar nicht gewehrt?» Sie sagt:

«Ja eben, genau deswegen. Beim ersten Mal habe ich gerne weitergemacht. Du warst ja genau wie ich. Es fühlte sich okay an, immer weiter auszuteilen. Beim zweiten Mal ging es einfach nicht!»

Agnes' Reaktion ist kein Einzelfall, ich erlebe sie eigentlich immer, wenn ich diese Übung mache. Egal wo, egal mit welcher Altersgruppe. Manche schaffen es zwar, auch bei der zweiten Variante etwas länger durchzuhalten als andere. Aber am Ende geben alle auf, da es so unfassbar schwer ist, jemanden fertigzumachen, wenn er es erstens nicht an sein Herz lässt und zweitens sogar noch nett dabei ist und in Liebe bleibt.

Übertragen Sie das auf Ihre Familie. Wenn Ihr Kind durchdreht und Sie ebenfalls anfangen auszuteilen, verschlimmert sich der Konflikt meist. Wenn Sie aber entspannt bleiben und trotzdem Liebe spenden, beruhigt sich die Situation meist schnell wieder.

Liebe *ist* stärker als Hass, wir sind aber oft nicht stark genug zu lieben, obwohl andere hassen. Das bedeutet aber nicht, dass das Konzept falsch ist. Wir sind leider häufig noch nicht «weit» genug, um es umzusetzen. Doch wenn wir nachhaltig Mobbing verringern und unsere Kinder gegen Mobbing wappnen wollen, dann führt kein Weg an dieser Lebenseinstellung vorbei. Wir müssen lernen, nicht genauso zu handeln wie die Mobber. Wenn Mobbing z.B. in Ausgrenzung besteht und wir die Mobber ausgrenzen, dann machen wir dasselbe wie sie. Wenn Mobbing in Form von Demütigung auftritt und wir die Mobber im Nachhinein demütigen, indem wir überall ihre Namen veröffentlichen, dann machen wir dasselbe wie sie: Wir vergelten ihren «Hass» mit unserem «Hass»!

Mir ist bewusst, dass hinter vielen dieser Handlungen gar kein echter Hass steht, sondern Wut, Enttäuschung, Langeweile, Frustration. «Hass» soll hier als Oberbegriff für diese negativen Gefühle stehen.

Es gibt natürlich gewisse Konstellationen und Persönlichkeitsstörungen, die dazu führen, dass die hier beschriebene Vorgehensweise nicht greift (siehe dazu das Kapitel «Nimm es an, ändere es oder verlasse es»). Hier geht es mir aber um Kinder, Jugendliche und Erwachsene, die keine tiefgreifenden psychische Probleme haben. Und bei diesen ist die Haltung «Liebe ist stärker als Hass» hilfreich.

Trotzdem wollte Julian sie nicht für sich annehmen, obwohl er bei mir auf der Bühne erlebt hatte, wie erfolgreich sie wirkt. Er war überzeugt davon, dass man kämpfen und vergelten muss. Ich habe Julian über drei Wochen immer wieder dahingehend gecoacht, es zu probieren. Wir begannen damit zu üben, sich die Worte der anderen nicht mehr so zu Herzen zu nehmen. Das gelang ihm nach einer Weile immer besser, und er erzählte, er würde nicht mehr direkt ausrasten, wenn die anderen ihn beleidigten und schikanierten. Aber die Mobber hatten in seinem Fall ziemlich hohe Mobbingenergie. Sie hörten nicht auf. Julian blieb zwar ruhig und entspannt, und er fühlte sich etwas besser, aber die Beleidigungen gingen weiter. Also sagte ich: «Okay, Julian, wir kommen jetzt an den Punkt, wo du den ganzen Beleidigungen und Demütigungen einfach mit Nettigkeit gegenübertrittst!» Es dauerte drei weitere Wochen, bis er es endlich ausprobierte. An dem Abend starten wir unser Skypetelefonat, und er sagt: «Es hat geklappt!» Ich frage: «Was meinst du?» Er sagt mit einem Augenzwinkern: «Na, dieser Weichspülerscheiß!» – «Julian, ich glaub es ja nicht. Hast du es endlich durchgezogen?» – «Ja, habe ich, und die haben mich angeschaut, als wäre ich ein Alien!» – «Erzähl mal!», fordere ich. «Okay, es war so: Die kamen wieder in der Pause und meinten, na, du weißt schon, dass meine Mutter eine Hure ist. Ich habe sie dann einfach angeschaut und gesagt: ‹Manchmal, wenn meine Mutter meint, ich müsse das Handy rausrücken, kann ich sie auch nicht leiden, aber hey, was soll's? Ich liebe meine Mutter!› Da haben sie erst mal kurz gestockt, und dann meinte einer zu mir, ich sei jetzt wohl zum Psycho mutiert. Ich meinte dann nur: ‹Echt? Manchmal denke ich auch, dass ich ein bisschen bekloppt bin, aber ganz ehrlich, das ist ja jeder. Und nett find ich euch trotzdem!› Die haben mich angeguckt und gefragt, ob ich jetzt schwul geworden wäre. Dann sind sie aber abgezogen. Seitdem gucken sie mich zwar schief an, aber ich habe meine Ruhe!»

Und genau diese Erfahrung machen Kinder immer wieder, wenn sie sich auf die Haltung «Liebe ist stärker als Hass» konzentrieren und sie umsetzen: Den Tätern vergeht die Lust am Mobben. Ich frage Julian: «Und, was machst du jetzt damit, dass die sagen, du seist schwul? Ich persönlich denke ja eh, dass es völlig egal ist, wen man liebt. Aber ich kenne ja deine Meinung dazu nicht!» Er antwortet: «Wenn die das denken, sollen sie das halt denken. Stimmt in meinem Fall zwar nicht, aber was soll's?! Wenn sie hinter meinem Rücken reden, ist das halt so. Ich wollte nur, dass sie nicht jede Pause neben mir herlaufen und mich beleidigen. Das habe ich jetzt ja geschafft. Der Rest ist mir relativ egal!»

Wichtig ist in diesem Zusammenhang, dieses Vorgehen nicht als reine Technik zu nutzen und nur so zu tun, als finde man den anderen nett. Denn die innere Haltung wird immer im Außen spürbar sein. Es geht vielmehr darum, die guten Dinge am anderen zu sehen, obwohl dieser scheinbar nur das Schlechte an einem selbst sieht. Es geht darum, zu erkennen, dass der Mobber aktuell keine andere Option sieht und daher handelt, wie er handelt. Es geht darum, Empathie zu entwickeln, selbst in Momenten, in denen andere Vergeltung fordern.

Das ist zu viel des Guten? Eine zu große Forderung? Ich fordere nichts. Ich zeige nur Wege auf, die funktionieren können. Wenn Sie weiterhin darüber nachdenken wollen, wie Sie die Mobber Ihres Kindes bestrafen können, damit endlich Ruhe einkehrt, dann wird Mobbing immer bestehen bleiben. Weil Mobbing ein Dämon ist, der von uns geschaffen wurde. Solange wir nicht anfangen, in Liebe und Güte zu handeln, wird er nicht verschwinden. Wenn wir immer nur mit dem Finger auf die anderen zeigen und fordern, *sie* müssten sich anders verhalten, dann wird sich nichts ändern.

Mir ist durchaus bewusst, wie schwer es ist, in Liebe zu handeln, wenn um einen herum scheinbar nur Hass herrscht. Ich selbst habe auch lange gebraucht, bis es mir halbwegs gelungen ist, und wenn ich ehrlich bin, schaffe ich es auch nicht immer. Aber der Weg ist das Ziel. Machen Sie sich auf den Weg. Gemeinsam mit Ihrem Kind. Leben Sie das Ganze vor. Jemand auf der Arbeit schikaniert Sie? Bleiben Sie ruhig und entspannt und schenken Sie der Person Liebe. Ich meine, wir wissen doch alle, warum viele Kinder und Jugendliche mobben: weil sie häufig Probleme zu Hause haben und eben keinen sicheren Hafen besitzen, in den sie zurückkehren können. Wenn wir nun auch die Mobber mit Hass bedecken, sind sie in einem Teufelskreis gefangen.

Zu lieben, wenn andere hassen, ist vielleicht die höchste Form menschlicher Intelligenz. Interessanterweise haben Kinder viel weniger ein Problem damit als wir Erwachsene. Doch weil wir es ihnen vorleben, schaffen es die Kinder irgendwann auch nicht mehr.

Ich nehme Sie mit in eine Grundschule. Ein Junge aus der vierten Klasse, in der ich ein Training gebe, rennt über den Schulhof und beleidigt alle anderen Kinder auf das übelste, und wie später herauskommt, sorgt er aktuell für ziemlich viel Unruhe an der Schule. Am nächsten Trainingstag ist er krank, und ich frage die

Klasse, als die anderen auf ihn zu sprechen kommen: «Wie geht ihr denn mit ihm um?» Ein Junge, der neben ihm sitzt, schaut auf den heute leeren Platz und sagt: «Ich probierte immer, nett zu ihm zu sein, auch wenn er mich ärgerte. Der hat echt kein leichtes Leben. Seine Eltern sind beide gestorben. Er lebt bei Pflegeeltern und kommt da nicht gut klar. Ich finde, der ist eigentlich arm dran, und deshalb ist er halt oft so, wie er ist!» Ich greife das auf und sage: «Okay, das heißt, du hast gar nicht das Gefühl, dass er dich fertigmachen will, du denkst, er weiß gerade nur nicht, wie er anders handeln kann?» Der Junge bejaht das.

Erinnern Sie sich an die beste Option und die Metapher der Leinwand? Dieser Viertklässler hat diese beiden Dinge intuitiv verstanden, ohne dass es ihm jemand erklärt hätte. Ich frage: «Und wie läuft das, wenn du nett zu ihm bist?» Er sagt: «Das lief so weit ganz gut. Er hat natürlich trotzdem manchmal Ausraster, da hat er mich auch ziemlich fest geschlagen, aber wir haben uns immer wieder vertragen, und ich habe ihn hinterher in den Arm genommen!» Ich bohre nach: «Wie macht es der Rest der Klasse?» Wie sich herausstellt, schlugen die anderen Kinder eher zurück oder beleidigten den Jungen ebenfalls. Dieser eine Junge war aber anders. Also frage ich bei ihm weiter nach: «Und wie läuft es jetzt aktuell?» – «Wieder schlechter», meint er. Ich frage nach, warum das so ist, und er sagt: «Ich darf nicht mehr mit ihm spielen!» Ich bin verwundert und frage: «Wieso das?» «Meine Eltern verbieten es. Ich soll nicht mit so Asis spielen!» «Pass auf, mein Lieber», sage ich zu ihm, «deine Eltern meinen das nur zu deinem Schutz. Sie wollen nicht, dass du unter deinem Klassenkameraden leidest. Aber ich frage jetzt nur dich, deine Eltern sind mir gerade völlig egal. Was findest *du* denn?» Er guckt mich an: «Na, man sollte für ihn da sein, auch wenn er ist, wie er ist. Wie soll er denn lernen, nett zu sein, wenn niemand nett zu ihm ist!»

Vergegenwärtigen Sie sich das: Ein Junge, dessen Eltern gestorben sind, sorgt für Streit in der Schule, und wird dann von fast allen Kindern und Eltern ausgegrenzt. Wer mobbt hier eigentlich wen? Dieser eine Junge wiederum wollte ein Lichtblick sein. Er war widerstandsfähig genug, um Liebe zu geben. Er war stark. Er war ein Löwe. Doch er wurde davon abgehalten. Was wäre geschehen, wenn der Großteil der Schülerinnen und Schüler sich so wie dieser eine Junge verhalten hätte? Gäbe es dann mit ihm eine Mobbingproblematik? Ich denke nicht. Der Junge, der so massiv für Unruhe sorgte, wäre in dieser Schule in einen sicheren Hafen voller Liebe und Wärme gekommen, den er zu Hause nicht hatte. Er hätte nicht so massiv um Aufmerksamkeit und Liebe kämpfen müssen, auf eine Art, die sozial nicht verträglich, aber seine beste Option war.

Wenn wir alle beginnen, mehr zu lieben, auch wenn andere hassen, dann wird Mobbing immer weniger werden. Aber *wir* müssen damit beginnen und nicht hoffen, dass die Mobber sich ändern.

Bestärken Sie Ihr Kind darin, Liebe in die Welt zu tragen. Nicht als Strategie gegen Mobbing, sondern als eine Strategie für das Leben.

Was Pädagogen und Lehrer tun können

«Das funktioniert niemals. Wie sollen wir denn reagieren, wenn die Kinder sich schlecht benehmen? In meiner Klasse bleibt die Ampel im Klassenzimmer!», insistiert die Lehrerin in der Teamfortbildung. Vorne in der Klasse hängt tatsächlich eine «Ampel», bestehend aus drei runden Tonkartonscheiben in Rot, Gelb und Grün. Wenn ein Kind gut mitmacht, kommt eine Wäscheklammer mit dem Namen des Kindes an die grüne Scheibe. Wenn jemand stört, wird die Klammer bei Gelb angeklippt, wenn jemand sich nicht so benimmt, wie die Lehrerin oder der Lehrer es für richtig hält, und/oder den Unterricht sabotiert, bei Rot.

Ich frage die aufgebrachte Lehrerin: «Aber Sie sind schon gegen Mobbing, oder?» – «Natürlich!», sagt sie echauffiert. Ich sage: «Ich bin heute nicht hier, um Ihr neuer bester Freund zu werden, sondern um für die Kinder dieser Schule eine Veränderung zu erzielen. Wenn Sie mir auf der einen Seite sagen, dass Sie gegen Mobbing sind, dann aber Kinder, die noch nicht gelernt haben, Regeln einzuhalten oder sich an gewisse Abläufe anzupassen, öffentlich an den «Pranger», also auf Rot stellen, sie also demütigen, dann klingt das für mich nicht sehr konsistent. Ich kann mich doch nicht gegen Mobbing aussprechen und dann eine Spielart davon selber anwenden!»

Die Lehrerin atmet tief ein und will gerade widersprechen, doch eine Kollegin springt mir zur Seite: «Da hat er recht!» Mehrere andere nicken ebenfalls zustimmend. «Mir ist klar, dass Sie das gar nicht so meinen», wende ich mich wieder an die Lehrerin. «Sie wollen niemanden demütigen. Sie wollen Ruhe und Ordnung in der Klasse haben, und das kann ich verstehen. Aber dafür brauchen Sie doch nicht so eine Methode!» Sie guckt und fragt: «Und was wäre die Alternative?»

Nachdem wir in den letzten Kapiteln die Eltern-Kind-Perspektive eingenommen haben, soll es in diesem Kapitel noch einmal gesondert um die Sicht von Lehrern, Erziehern und Sozialpädagogen gehen: Was können sie tun, um Kinder vor Mobbing zu schützen?

Erstens – und ich denke, das ist jedem Lehrer oder Pädagogen klar – dürfen wir selbst nicht mobben. Doch genau das passiert leider immer wieder in Schulklassen, Kitas oder anderen pädagogischen Einrichtungen. Ich gehe teilweise aus Lehrerzimmern raus, weil ich mir das Gerede mancher, ich betone: *mancher* Lehrer einfach nicht anhören kann. Da wird auf eine üble, herablassende und boshafte Art über Kinder gelästert. Ich bin überzeugt: Wenn ich immer wieder denke, dass Schüler schlimm sind, dann finde ich auch ständig Beweise dafür – Stichwort sich selbst erfüllende Prophezeiungen. Erinnern Sie sich an Meister Jimmy und den Klumpen Lehm? Fragen Sie sich, ob Sie sich zu sehr auf die negativen Dinge fokussieren. Denken Sie auch wieder an das Beispiel der Klasse mit achtundzwanzig Kindern. Zweiundzwanzig halten sich an die Regeln und sind unauffällig. Sechs Kinder hingegen sind eher laut und stören den Unterricht. Wer wird mehr beachtet? Richtig, die Störenfriede! Wenn jetzt eines der ruhigen Kinder merkt, dass immer die lauten Kinder Aufmerksamkeit bekommen, kann es sein, dass auch sie anfangen zu stören, um ihr Bedürfnis nach Beachtung zu stillen – auch wenn es dann eine negative Form von Aufmerksamkeit ist: Die ist vielen Kindern immer noch lieber, als gar nicht gesehen zu werden (siehe auch das Kapitel «Der Wunsch nach Beachtung»). Wenn Sie eher mit denen meckern, die sich danebenbenehmen, als die zu loben, die sich sozial verträglich verhalten, dann bestärken Sie das negative Verhalten unbewusst.

Wir müssen als Fachpersonal also respektvoll und voller Empathie sein. Ein hoher Anspruch. Aber wir begleiten Kinder in die Zukunft. Wenn wir das mit Druck, Stress und innerer Unruhe tun, wie sollen dann am Ende in sich ruhende und friedvolle Menschen dabei rauskommen?

Mir ist klar, dass dieses Thema sehr komplex ist und es einige Lehrer gibt, die mit der Situation schlichtweg überfordert sind und nicht wissen, wie sie Mobbing auffangen sollen – vielleicht auch, weil sie selbst gemobbt wurden und es nie aufgearbeitet haben. Also wird weggeschaut und einfach der Unterricht durchgezogen. Man hat ja schließlich einen Lehr- und keinen Erziehungsauftrag. Aber das darf meiner Meinung nach nicht getrennt werden, zumal es unzählige Lehrer gibt, die beweisen, dass man beides kombinieren kann, ohne sich daran zu überarbeiten.

Aber es geht mir hier nicht nur um das Verhalten den Kindern gegenüber. Nein, ich meine ganz konkret das Mobbing in den Teams und unter den Kolleginnen und Kollegen – denn dieses gibt es, auch wenn es bei vielen ein Tabu ist, darüber zu reden. Aber: Das darf nicht sein. Das pädagogische Personal muss in der eigenen Persönlichkeitsentwicklung so weit sein, dass Mobbing unmöglich wird.

Außerdem dürfen wir als Fachpersonal Kinder nicht demütigen, bloßstellen, unterschiedlich behandeln oder ausgrenzen. Doch auch das passiert. Das ist durchaus nachvollziehbar, denn manche Kinder arbeiten sehr konsequent daran, sich einen Status als Störenfriede zuzulegen. Außerdem sind wir alle nur Menschen und haben unsere Sympathien und Antipathien. Doch auch, wenn ich den Mechanismus dahinter nachvollziehen kann, werde ich es nicht gutheißen.

Ich erlebe es in meinen Coachings häufig, dass Lehrer keine wirklich gute, respektvolle Beziehung zu den Kindern haben und kein Vertrauensverhältnis zwischen ihnen und den Schülern besteht. Dabei ist das die Grundlage für eine gelingende Kommunikation, gerade auch bei Problemen. Weil ihnen diese Basis fehlt, greifen sie zur Disziplinierung der Schüler zu Hilfsmitteln und Maßregelungen wie dem Ampelsystem, ohne zu merken, dass dies die Beziehung noch mehr belastet.

Ohne Frage: Es gibt sehr viele tolle und engagierte Lehrer und Pädagogen. Aber es gibt eben auch die, die fragwürdige Methoden nutzen. Und gerade die Personen, die fragwürdige Methoden nutzen, wollen oft nicht annehmen, dass es bessere Alternativen gibt.

Eine unserer Auszubildenden zum Kinder- und Jugendcoach, die selbst Lehrerin ist, erzählte in diesem Zusammenhang die folgende Geschichte: «Ich fing vor kurzem in einer neuen Schule an und habe eine Klasse übernommen, die mir als ‹Problemklasse› vorgestellt worden war. Ich habe versucht, die Dinge aus dem Coaching umzusetzen: Ich habe Respekt gezeigt, zugehört, keinen Druck, sondern Motivation aufgebaut. Habe versucht, alle Schüler gleich zu behandeln. Situationen nicht danach zu bewerten, was gestern vorgefallen ist, sondern jede Situation neu zu betrachten. Habe Ruhe und Entspannung vorgelebt und den Kindern gezeigt, dass man nicht immer laut werden muss. Ich habe deutliche, aber faire Grenzen gesetzt und mit klaren Handlungsaufforderungen verbunden. Nicht so, wie ich es früher gemacht habe, wo ich immer einfach nur die Namen der Kinder gerufen und dabei einen bösen Blick aufgesetzt habe. Ich habe wirklich mit meinen Schülern gesprochen. Wir haben uns täglich gefeiert. Und tatsächlich: Die Kinder sind inzwischen in meinem Unterricht super dabei. Haben Spaß. Es gibt kaum noch Konflikte und immer weniger Streitereien. Doch jetzt kommt das Traurige: Keiner meiner Kollegen, die seit zwei Jahren mit der Klasse kämpfen, hat mich gefragt, was ich anders mache. Als einzige Reaktion kam: ‹Na, endlich haben die es verstanden! Es grenzt ja fast an ein Wunder, dass diese unmöglichen Kinder zur Vernunft gekommen sind.›»

Mich hat dieser Bericht sehr nachdenklich gemacht. Warum wird in den Kollegien so wenig über den Tellerrand geschaut? Warum tauscht man sich nicht mehr aus, guckt sich beim anderen Positives ab?

«Kommen Sie mal an meine Schule, dann würden Sie wissen, dass Sie in einer Phantasiewelt leben!», wird mir an dieser Stelle oft entgegengehalten. Aber ich bin häufig und regelmäßig an unterschiedlichsten Schulen unterwegs und glaube, zumindest eine Ahnung von den Prozessen und Vorgängen dort zu haben, von dem Druck, unter dem viele Lehrer stehen. Aber gerade dann würde ich Ihnen empfehlen, sich in Ihrem Kollegium oder Bekanntenkreis einmal umzuschauen, ob es da Lehrer gibt, bei denen es besser läuft. Und dann fragen Sie diese Lehrer einfach: «Wie machst du das? Ich würde gerne von dir lernen!»

Ich bin überzeugt, dass Kinder Lehrer brauchen, die nicht nur den Unterrichtsstoff durchbringen wollen. So wird auch der Unterricht ein sicherer Hafen, in dem sich die Schüler für die Pause aufladen können. Wenn ich aber im Unterricht ständig dafür verurteilt werde, dass ich bin, wie ich bin, dann staut sich Frust auf, der sich dann auf dem Schulhof als Mobbing äußert.

Leider stelle ich immer wieder fest, dass in den Kollegien und Teams, sei es in der Schule, dem offenen Ganztag oder der Kita, nicht einheitlich mit Konflikten und Mobbing umgegangen wird. Erarbeiten Sie gemeinschaftlich klare Handlungskonzepte, die für alle gelten, damit Sie an einem Strang ziehen.

Reden Sie offen über Mobbingfälle, anstatt sie aus Angst vor der öffentlichen Reaktion totzuschweigen. Aber prangern Sie dabei niemanden an und führen Sie ihn vor, sondern arbeiten Sie z. B. mit der VAV-Methode (siehe das Kapitel «Der Wunsch nach Beachtung»). Anstatt den Mobber, die Mitläufer, die Zuschauer oder sonst jemanden bloßzustellen, bauen Sie eine Verbindung mit den einzelnen Gruppen auf, und erarbeiten Sie für alle Parteien Alternativen, damit ihre Bedürfnisse weiter gestillt werden, sie aber dafür anders handeln können: Die Mitläufer könnten z. B. lernen, dass sie den Wunsch nach Zugehörigkeit auch stillen können, indem sie sich gemeinsam dazu berufen fühlen, die Mobber vom Mobbing abzulenken, und mit ihnen beispielsweise Fußball spielen oder Ähnliches. Die Zuschauer könnten lernen, dass sie ihren Wunsch nach Sicherheit und danach, nicht involviert zu werden, auch stillen können, indem sie sich zusammen mit dem Opfer etwas anderes zum Spielen suchen und sich so dem Mobbing entziehen. Ich weiß, dass dies schwer sein kann und eine große Aufgabe für die Lehrer ist. Aber es lohnt sich.

Mit der VAV-Methode lösungsorientiert zu arbeiten, bringt allemal mehr, als den Mobbern Strafarbeiten aufzugeben, im schlimmsten Fall mit der Begründung: «Diese Strafe bekommst du, weil Mareike alles erzählt hat, was du die letzten Wochen mit ihr gemacht hast!»

Dieser Satz ist wie ein Super-GAU: Er ist nicht lösungsorientiert, und Opfer und Mobber werden gleichermaßen bloßgestellt.

Zeichnen wir einmal konkret nach, wie die VAV-Methode in der Schule zur Anwendung kommen kann.

Sie bemerken, dass ein Kind unter Attacken leidet, oder es wird Ihnen zugetragen. Vereinbaren Sie unauffällig ein Gespräch mit dem Kind, damit die anderen Kinder nicht denken, dass es nun alles «petzt», und die Mobber deswegen nicht noch mehr Druck auf das Kind ausüben. Das Gespräch können Sie mit folgenden Worten eröffnen: «Ich will, dass du weißt, dass ich weder dich noch die anderen verurteilen werde. Ich möchte nur wissen, was gerade passiert ist, und es dann so auflösen, dass du wieder zur Ruhe kommst. Außerdem habe ich ein paar Tipps für dich. Aber erzähl erst mal!» Damit sich das Kind öffnet, sollten Sie eine Lehrerin oder ein Pädagoge sein, die bzw. der von dem Kind respektiert und wertgeschätzt wird. Es muss auf Ihre Expertise vertrauen und wissen, dass Ihr Wort zählt.

Dann hören Sie dem Kind zu und versuchen herauszufinden, wer Zuschauer, Mitläufer und natürlich vor allem, wer der oder die Täter sind. Dann geben Sie dem Kind Ideen mit, wie es damit umgehen kann. Als Hilfestellung dabei können Ihnen die Bilder vom Gedankenfurz, vom Hundehaufen und vom Lehmwurf dienen, aber auch die «Löwe, Schaf, Mücke»-Metapher oder der Gedanke, Hass mit Liebe zu begegnen. Erarbeiten Sie mit dem Kind klare Handlungsstrategien und stärken Sie sein Selbstbild und seine Selbstliebe.

Im nächsten Schritt reden Sie mit den Tätern und beginnen das Gespräch z.B. mit: «Ich habe mitbekommen, was ihr macht. Auch andere Lehrer und einige Schüler haben Folgendes beobachtet!» Dann schildern Sie objektiv die Ereignisse. Anstatt zu sagen: «Ihr habt Saskia gemobbt», wäre es besser zu sagen: «Ihr habt Bilder von Saskia verfälscht, in den WhatsApp-Chat gepostet, und auf dem Schulhof haben Schüler gehört, wie ihr sie ‹Tochter einer Hure› genannt habt.» Ob Gegenwehr kommt oder nicht, fahren Sie fort: «Mir ist ganz wichtig, dass ihr wisst, dass ich euch nicht verurteilen oder bestrafen will. Ich will eine Lösung finden. Warum war es euch so wichtig, diese Dinge zu tun?» Auch hier entscheidet wieder die Beziehung zwischen Ihnen und den Kindern darüber, ob sie sich Ihnen wirklich öffnen. Es geht bei der Frage darum, das Bedürfnis hinter den Attacken herauszufinden. Helfen Sie den Tätern dabei, ihre Bedürfnisse zu stillen, ohne dass sie dafür weiter mobben müssen. Machen Sie deutlich, dass wieder Ruhe einkehren soll und *alle* unbeschadet aus der Sache herauskommen. Seien Sie aber auch so ehrlich, den Tätern zu sagen, dass Sie im Falle eines erneuten Angriffs auf das Opfer Gespräche mit ihren Eltern und der Schulleitung führen werden.

Sie sollten jedoch auch betonen, wie wichtig es Ihnen ist, die

Angelegenheit zunächst im Kleinen zu klären, sodass das Opfer wieder in seine Kraft zurückkommen kann und die Täter nicht den Stempel «Mobber» bekommen. Aber alles hat Grenzen, und das zeigen Sie in diesem Gespräch auch. Sprechen Sie danach mit den Zuschauern und Mitläufern und erarbeiten Sie mit ihnen ebenfalls, welche Bedürfnisse sie haben. Finden Sie Alternativen für das aktuelle Verhalten.

Was für Eltern gilt, gilt auch für pädagogisches Fachpersonal: Seien Sie ein Vorbild! Seien Sie ein Löwe und kein Schaf. Wenn Sie auf jede Kleinigkeit genervt reagieren und sich leicht aus der Ruhe bringen lassen, dann leben Sie den Kindern das Schafsdasein vor. Versuchen Sie, über gewissen Dingen zu stehen, nehmen Sie kleinere Konflikte mit Humor und Leichtigkeit. Zeigen Sie den Kindern, dass man nicht alles kommentieren und beachten muss, sondern vieles auch einfach ignorieren kann.

Nutzen Sie klare Aussagen, wenn Sie etwas von den Schülern wollen. Machen wir das an einem Beispiel deutlich: Jaron hört nicht zu und guckt aus dem Fenster. Die Lehrerin sagt: «Jaron», und hofft, dass dieser nun weiß, was er tun soll. Besser wäre es, direkt zu sagen: «Jaron, Augen bitte zu mir!» So werden Sie als Lehrerinnen und Lehrer, Pädagoginnen und Pädagogen Vorbild für klare und wertschätzende Kommunikation.

Außerdem kann es sinnvoll sein, sich externe Profis in die Schule zu holen. Denn manchmal sieht man den Wald vor lauter Bäumen nicht, und Berater von außen können Perspektivwechsel ermöglichen und Lösungsalternativen aufzeigen, was dann allen – und vor allem den Kindern – zugutekommt.

Erinnern Sie sich noch an den Einstieg in dieses Kapitel? Die Lehrerin fragte mich, was die Alternative zum Ampelsystem sei. Ich antwortete ihr: «Wenn Sie die Kinder durch die Ampel bewerten und ihnen stets vor Augen führen, welches von ihnen ‹nicht gut› ist, dann glauben die Kinder das irgendwann selbst von sich. Warum sollten sie dann mitmachen? Es muss uns gelingen, gerade die Kinder, die die Regeln nicht beachten oder nicht am Unterricht teilnehmen, davon zu überzeugen, dass es ihnen mehr bringt mitzumachen, als zu stören. Dafür müssen wir genau diese positiven Situationen ansprechen. Anstatt nur zu denken: ‹Ach guck, endlich hat sie es verstanden›, können wir die Schülerin loben: ‹Super, Diana, das hast du genau richtig umschrieben!› Die Kinder müssen einen Sinn darin sehen, dass es mehr bringt, zuzuhören und mitzuarbeiten, als mit dem Nachbarn zu quatschen. Seien Sie kreativ und vermitteln Sie den Kindern, dass Ihnen Ihre Arbeit Spaß macht. Wenn Sie frustriert und verbittert vor der Klasse stehen, dann merken das die Kinder – wieso sollten sie Ihnen zuhören? Zumal, wenn Sie auch noch ein Demütigungstool wie die Ampel in der Klasse installieren? Man könnte natürlich argumentieren, dass es diejenigen Kinder bestärkt, die sich gut verhalten und auf Grün stehen. Aber es demütigt gleichzeitig immer wieder die anderen Kinder – und das wird auf Dauer nachhaltig schlecht für die Atmosphäre in der Klasse sein!»

Ich glaube fest daran, dass Kinder Spaß am Lernen haben, wenn wir ihnen diesen nicht kaputt machen. Ich glaube fest daran, dass es in Klassen harmonisch zugehen kann, wenn wir als Pädagogen innere Harmonie haben. Ich glaube fest daran, dass Kinder mitmachen wollen, wenn wir ihnen helfen, es zu lernen.

Ich muss in diesem Zusammenhang an einen Lehrer an einer Schule denken, in der ich schon seit sechs Jahren Trainings gebe. Er steht kurz vor der Rente. Ich fragte ihn: «Sag mal, du bist so ein cooler Typ. Alle Schüler hier lieben dich, machen Quatsch mit dir, respektieren aber auch deine Grenzen und nehmen dich sehr ernst. Was ist dein Geheimnis?» Er antwortete: «Nach vielen Jahren im Beruf hatte ich irgendwann den Spaß verloren, war verkrampft, wollte nur Musterschüler haben, habe mich von dem Gerede anderer Lehrer anstecken lassen, wie schlimm die Kinder alle sind. Ich war nur noch negativ. Eines Tages habe ich mich gefragt, was nur aus mir geworden ist. Seitdem gehe ich jeden Morgen, bevor die Schüler kommen, alleine in die Klasse und frage mich, warum ich eigentlich hier bin. Die Antwort: Meine Aufgabe ist es, dass die Kinder die Schule mit dem Wissen verlassen, wie viel Spaß Lernen macht. Wenn ich es schaffe, ihnen das zu vermitteln, habe ich meinen Job gut gemacht. Und darum stehe ich vor der Klasse!»

Umgang mit Härtefällen

Es wird körperlich

Bisher haben wir uns in diesem Buch angeschaut, wie wir unsere Kinder dabei unterstützen können, mit «klassischem» Mobbing besser umzugehen. Viele Probleme können Kinder unter sich regeln, doch es gibt auch andere Konflikte: Dann wird geschlagen, gespuckt, getreten. Hierfür gilt aus meiner Sicht eine andere Strategie: Hilfe holen, aber richtig!

Was machen wir Erwachsenen, wenn es körperlich wird, z.B. wenn wir zu Hause von unserem Ehepartner Gewalt erfahren? Oder wenn wir auf der Straße tätlich angegriffen wurden? Wir holen uns für gewöhnlich Hilfe. Wir schalten die Polizei ein. Wir erstatten Anzeige.

Nun haben Kinder nicht immer die Chance, Anzeige zu erstatten. Aber Hilfe zu holen, geht immer und ist kein Zeichen von Schwäche, sondern von Stärke. Wenn Ihr Kind auf dem Schulhof verprügelt wird, sollte es unbedingt wissen, dass es in dieser Situation zu den Lehrern gehen darf – und muss. Auch wenn diese vielleicht nicht so begeistert darüber sind, dass Ihr Kind sie bei ihrer «wohlverdienten Ruhe» stört. Aber es geht kein Weg dran vorbei: Gewalt muss angezeigt werden. Nicht immer im Sinne einer Anzeige bei der Polizei. Aber in dem Sinne, dass wir anderen Menschen zeigen, was da gerade auf dem Schulhof passiert. Sagen Sie Ihrem Kind, dass es sich in solchen Fällen nicht zurückhalten muss.

Eine erschreckende Beobachtung machen wir immer wieder in Schulen: Wenn wir die Kinder auffordern, dass sie sich Hilfe holen und die Täter bei der Schulleitung, den Klassen- oder Vertrauenslehrern melden sollen, wenden sie gerne ein: «Aber dann hauen die mich am nächsten Tag doller!» Wenn wir dann fragen: «Okay, mal angenommen, ihr geht trotzdem zu den Lehrern, und die anderen Kinder hauen euch am nächsten Tag erneut, würdet ihr dann wieder zu den Lehrern gehen und darüber berichten?», kommt als Antwort: «Nein, denn dann würde es ja noch schlimmer werden!» Das heißt, die Kinder lassen sich lieber täglich schlagen, als es den Lehrern zu melden! Hier sind die Lehrer gefragt. Warum glauben so viele Kinder, dass es besser ist, sich schlagen zu lassen, als Hilfe bei ihren Lehrern zu suchen? Sicherlich, da ein Teil der Lehrer nicht umsichtig handelt. Anstatt eine konstruktive Lösung zu suchen (z. B. mit Hilfe der VAV-Methode), bekommen die Täter eine Standpauke gehalten und Strafarbeiten aufgebrummt, die zu noch mehr Frust führen. Und diesen bekommen dann tatsächlich leider wieder die Kinder ab, die sich Hilfe holten.

Sollte es sich bei den körperlichen Auseinandersetzungen z. B. um Pferdeküsse oder Nackenklatscher unter Freunden handeln, muss man sicherlich nicht sofort zu den Lehrern gehen. Hier kann man zunächst ein ernstes, aber wohlwollendes Gespräch mit den Freunden führen. Ich kenne das sehr gut aus meiner Schulzeit: Ich hatte ja schon berichtet, dass ich immer Boxschläge gegen den Oberarm bekommen habe. Das war am Anfang noch witzig, aber irgendwann hatte ich schlimme Schmerzen. Anstatt meine Freunde und Kumpels, die das sicherlich gar nicht böse meinten, damit zu konfrontieren, dass sie mir weh taten, ließ ich es über mich ergehen und tat so, als mache mir das alles gar nichts aus.

Zeigen Sie Ihrem Kind, dass ein offenes Gespräch immer besser ist, als aus falschem Stolz oder auch Scham zu schweigen.

Gerade dann, wenn die Täter größer und stärker sind, ist der Gang zum Lehrer oder Betreuer ein wichtiges Signal: das Signal, dass die Täter nicht unerkannt bleiben werden. Dass es keinen Deckmantel des Schweigens gibt.

Was aber kann Ihr Kind tun, wenn es eingekesselt und geschlagen wird? Hier gibt es tatsächlich keine sanfte und schöne Lösung. Ihr Kind sollte in diesem Moment so laut «Hey» oder «Stopp» schreien, wie es ihm möglich ist. Der Schrei muss die Täter schocken. In diesem Schreckmoment sollte Ihr Kind versuchen, durch die am leichtesten zu durchdringende Stelle zu rennen. Ohne Rücksicht auf Verluste. Und dann sofort in das Lehrerzimmer laufen oder, falls der Angriff auf der Straße passiert, an einen Ort, an dem viele Menschen sind, und dort um Hilfe bitten.

Und wenn das Kind nicht aus dem Kreis herauskommt und die anderen weiterschlagen? Wenn Worte nicht mehr helfen? Ihr Kind muss sich körperlich zur Wehr setzen. Nicht um die anderen fertigzumachen, sondern um sich selbst in Sicherheit zu bringen.

Natürlich muss es oberste Prämisse sein, den Kindern beizubringen, wie man Konflikte gewaltfrei löst. Aber es gibt Situationen im Leben, da muss ich zum Selbstschutz «hart» sein dürfen. Wir Erwachsene haben dieses Recht sogar im Gesetz verankert: Notwehr und Nothilfe sind in § 32 des Strafgesetzbuches geregelt. Eine Notwehrlage besteht dann, wenn der Angriff unmittelbar bevorsteht, gerade stattfindet oder fortdauern wird. Ein unmittelbar bevorstehender Angriff könnte die gerade ausholende Faust sein, die zum Schlag ansetzt. Ein Beispiel für den andauernden Angriff wäre der Schwitzkasten, in den jemand genommen wird. Wir Erwachsene dürfen uns in solchen Fällen verhältnismäßig zur Wehr setzen. Verhältnismäßig bedeutet, dass meine Gegenwehr in Relation zu dem Angriff stehen muss. Greift mich etwa ein schmächtiger, unbewaffneter Mann an, darf ich als ehemaliger Kampfkünstler ihn nicht mit einem Knüppel auf den Kopf schlagen, um mich zu verteidigen. Versucht mich indes eine Gruppe von mit Messern bewaffneten Männer zu überfallen, dürfte ich weitaus «brutaler» in die Verteidigung gehen. Allerdings wäre in beiden Fällen Weglaufen die beste Wahl, und das würde ich auch immer den Kindern und Jugendlichen empfehlen. Aber es gibt manchmal Situationen, in denen das nicht mehr geht.

Ich bin kein Polizist oder Jurist, sondern möchte mit diesen Beispielen lediglich verdeutlichen, dass auch eine Notwehrsituation mir nicht das Recht gibt, alles zu tun, um den Gegner zu stoppen. Aber: Wenn wir Erwachsene das Recht haben, uns körperlich zu schützen, sollten wir Kindern dieses Recht nicht absprechen. Trotzdem tun das viele Schulen. Und ich kann auch verstehen, warum. Wenn die Schulen offiziell erlauben, dass man im Zweifelsfall auch körperlich gegen Angreifer vorgehen darf, dann wird eine Tür geöffnet, die lieber geschlossen bleiben sollte. Denn viele Kinder werden dann Gewalt in Situationen anwenden, wo Worte auch geholfen hätten. Und das ist ein entscheidender Punkt: Viele Situationen auf Schulhöfen lassen sich mit Worten und einer klaren Kommunikation lösen. Doch genau hier fehlt es Kindern an Handwerkszeug (siehe das Kapitel «Wie Ausdauer und Disziplin helfen»). Deshalb sage ich in meinen Trainings zu den Kindern und Jugendlichen: «Worte haben jeden Krieg und jeden Frieden der Welt ausgelöst. Deine Worte können Frieden stiften oder Hass erzeugen. Wähle deine Worte mit Bedacht, und wenn du in Streitereien bist, nutze deine Worte. Selbst wenn du angegriffen wirst, nimm zuerst Worte zu Hilfe. Wenn es sein muss, schrei so laut, wie du kannst. Sollten deine Worte aber nicht ankommen, da die Gegner sie nicht respektieren, dann darfst du dich auch körperlich wehren. Aber nur mit einem Ziel: um weglaufen zu können und Hilfe zu holen. Du gehst nicht in eine Schlägerei. Du wehrst dich nur, um dann beispielsweise bei Lehrern Hilfe zu holen!»

Ich finde es falsch, Kindern kategorisch zu verbieten, sich körperlich zur Wehr zu setzen. Leider empfehlen manche Eltern allerdings viel zu früh körperliche Notwehr.

Ich war vor kurzem in einem Imbiss, wo am Nachbartisch eine Familie zusammensaß. Die Tochter erzählte, dass ihre Sitznachbarin ihr immer ihre Brotdose wegnimmt. Die Mutter fragte: «Und was hast du dann gemacht?» – «Ich habe gesagt, dass das meine ist!» Die Mutter wollte wissen, ob die Sitznachbarin es zurückgegeben hat, was die Tochter verneinte. Daraufhin kam die Empfehlung: «Okay, dann hast du hiermit die Erlaubnis, ihr beim nächsten Mal eine ordentliche Backpfeife zu verpassen. So hart es geht. Die muss verstehen, dass du dir das nicht gefallen lässt!»

Diese Empfehlung ist genauso falsch, wie zu verlangen, dass immer und ausschließlich nur Worte verwendet werden. Hier ist keine körperliche Gegenwehr, sondern klare Kommunikation und Ausdauer vonnöten.

Seien Sie also im Gespräch mit Ihrem Kind und helfen Sie ihm zu erkennen, dass Notwehr genau das ist, was das Wort besagt: Gegenwehr in höchster Not. Wenn mir jemand meinen Stift klaut und ich ihm dafür die Nase breche, ist das nicht verhältnismäßig.

Helfen Sie Ihrem Kind, laut verbale Grenzen zu setzen. Üben Sie das zu Hause. Und seien Sie sehr präzise, wenn Sie Ihrem Kind erklären, wie es sich körperlich wehren darf. Verweisen Sie auf die Verhältnismäßigkeit und geben Sie Ihrem Kind Rückhalt. Sagen Sie ihm, dass Sie hinter ihm stehen, wenn es sich Hilfe bei Lehrern holt. Und besprechen Sie mit ihm, wie es sich richtig Hilfe holt.

Das tun viele nämlich leider nicht. Sie klopfen z. B. an die Lehrerzimmertür und rufen einfach den Satz in den Raum: «Jon hat wieder Stress gemacht!» Oft genug bekommt es dann als Antwort: «Okay, klärt das alleine. Mach die Tür wieder zu!»

Wer hat jetzt falsch gehandelt? Viele werden sagen, die Lehrer. Aber auch das Kind hat nicht optimal agiert. Der Junge hat nicht gesagt, was wirklich passiert ist, er hat nicht klar kommuniziert.

Schritt eins ist also, dass Sie mit Ihrem Kind üben, Ereignisse genau zu beschreiben. Denn wenn der Junge in das Lehrerzimmer hineingeht, anstatt nur den Kopf reinzustecken, und dann sagt: «Ich brauche dringend Hilfe. Jon hat mich in den Schwitzkasten genommen. Ich kam zum Glück raus und bin sofort hierhin gelaufen, aber er hat sich einen Stock geschnappt und will mich damit kaputt schlagen. Er hat mir gedroht: ‹Wenn du jetzt in das Lehrerzimmer gehst, schlag ich dir den Schädel ein.› Können Sie mir bitte helfen!?» Wenn die Lehrer wissen, dass Ihr Kind Probleme sonst alleine klärt und nicht ständig herumquengelt, dann werden sie jetzt sehr wahrscheinlich tätig werden.

Ich denke, Sie sehen den gravierenden Unterschied zwischen dem ersten Beispiel und dem zweiten. Nehmen Sie Ihr Kind also in die Pflicht, die ganze Geschichte zu erzählen, damit die Lehrer wirklich einschätzen können, was auf dem Schulhof gerade passiert ist.

Und wenn die Lehrer Ihr Kind immer noch wegschicken? Bringen Sie ihm bei, dass es nun nicht aufgeben darf. Sagen Sie Ihrem Kind, dass es ein Recht auf Schutz hat, und üben Sie, was es sagen könnte, wenn die Lehrer es wegschicken wollen: «Ich gehe nicht ohne Hilfe raus. Wenn Sie auf der Straße mit Stöcken oder Baseballschlägern angegriffen werden, laufen Sie auch los, um Hilfe zu holen, oder rufen die Polizei. Die schickt Sie dann nicht weg. Ich brauche wirklich Hilfe!»

Spätestens jetzt wird ein Lehrer reagieren.

Nimm es an, ändere es oder verlasse es

«Wir haben alles probiert, aber es funktioniert nichts. Die Lehrer schauen weg. Meine Mareike schafft es nicht, sich wie eine Löwin abzugrenzen, sie nimmt sich alles zu Herzen!» Ich höre der Mutter zu und frage: «Habt ihr schon mal über einen Schulwechsel nachgedacht?» – «Ja, aber mein Mann denkt, dass wir aufgeben, wenn wir wechseln, und dass Mareike lernen muss, auch harte Zeiten zu überstehen!» – «Okay, und was denkt Mareike darüber?», möchte ich wissen. «Mit ihr haben wir noch gar nicht geredet.»

Sie kennen vielleicht den Satz: «Love it, change it or leave it!» «Liebe es, verändere es oder verlasse es!» Dieser Aussage stimme ich vollkommen zu. Wir haben in Situationen, die uns nicht guttun, drei Möglichkeiten. Wir lernen, anders damit umzugehen, lernen, anders darüber zu denken und die Situation anzunehmen. Daher finde ich, dass Annehmen an dieser Stelle eigentlich besser passt als Lieben. Ich nehme die Situation an, wie sie ist, und lasse mich von ihr nicht mehr beeinflussen. Darüber habe ich im zweiten Teil des Buches geschrieben.

Wenn ich die Situation aber nicht annehmen kann, da mir dafür aktuell die inneren Ressourcen, die Widerstandsfähigkeit, ja schlicht die Energie fehlt, kann ich versuchen, die Situation zu verändern, indem ich beispielsweise die Lehrer einschalte.

Wenn am Ende alle Methoden nicht greifen und das Kind nach wie vor massiv unter den Attacken leidet, dann ist es ein probates Mittel, die Situation zu verlassen. Es ist ja auch für Erwachsene völlig legitim, den Job zu kündigen, wenn dieser dazu führt, dass sie bereits körperlich unter dem psychischen Druck leiden. Also ist es auch für Kinder und Jugendliche eine Option, z.B. die Schule zu wechseln.

Doch bevor wir das tun, besteht noch die Möglichkeit, etwas zu verändern. Mobbing besteht immer aus mehreren Parteien! Die Mobber, die Opfer, die Zuschauer, die Mitläufer und die Gegner. Wir können also probieren, die Mitläufer davon zu überzeugen, dass ihre aktuell gewählte Option, nämlich mitzumobben, nicht die beste ist. Wir könnten die Zuschauer aktivieren und sie motivieren, Stellung zu beziehen und das Opfer zu unterstützen. Häufig nehmen wir gar nicht wahr, welche Möglichkeiten es gibt. Dazu möchte ich Ihnen die Geschichte von meinem Co-Trainer und unserem Mindsetcoach Sebastian Schild erzählen bzw. ihn selber erzählen lassen.

«Seit einem Rollerunfall bin ich querschnittsgelähmt und sitze im Rollstuhl. Ich kann meinen Körper brustabwärts nicht mehr bewegen. Nach dem Unfall liege ich im Krankenhaus, in einem Doppelzimmer. Es ist ein heißer Tag. Die Vögel zwitschern, und während ich im Bett liege, habe ich unglaubliches Verlangen nach einer kalten Cola. Die Krankenschwester sagte mir, dass es im Keller einen neuen Getränkeautomaten gibt. Ich hieve mich in den Rollstuhl, was zu dieser Zeit noch eine Tortur für mich war, denn ich war noch nicht so ‹rollifit› wie heute. Alles war anstrengend. Im Keller angekommen, rolle ich zum Automaten und zähle mein Geld ab. Gerade als ich das Geld in den Automaten schmeißen will, um die kühle Cola in meiner Kehle zu spüren, gucke ich hoch und denke: ‹Das ist jetzt nicht wahr, oder?› Der Geldeinwurf ist viel zu hoch. Ich sitze da, will nur meine Cola, aber es ist unmöglich, dieses Ziel zu erreichen. Niemand war da, der mir helfen konnte. Ich war fertig mit der Welt. Nach einer elenden Tour zurück ins Zimmer, treffe ich meinen Zimmernachbarn. Der hatte eine andere Verletzung, er konnte sich nicht beugen, nur kerzengerade liegen oder stehen. Ich erzähle ihm von meinem missglückten Versuch, mir eine Cola aus dem Automaten zu ziehen. Er guckt mich an und sagt: ‹Nicht dein Ernst, oder?› Ich gucke ihn verwirrt an. Er sagt: ‹Ich war heute auch unten. Ich werfe das Geld in den Automaten, tippe die Nummer und sehe, wie die Cola aus dem Fach gezogen wird. Sie rollt langsam nach vorne, um dann in der Ausgabe zu landen. Sebastian – in der Ausgabe. Unten am Automaten. Ich kann mich aber nicht beugen oder bücken. Dann stand ich da, die Cola lag bereit, aber ich bekam sie einfach nicht raus!› Wir gucken uns beide an und wissen in diesem Moment, was zu tun ist. Gemeinsam machen wir uns auf den Weg in den Keller, er wirft das Geld ein und drückt die Tasten, ich hole die Cola aus der Ausgabe. Gemeinsam haben wir unsere Fähigkeiten genutzt, um unsere Ziele zu erreichen.

Damals habe ich gelernt, dass wir manchmal nicht sehen, dass wir alle Ressourcen haben, die wir brauchen, um unsere Ziele zu erreichen. Wir müssen manchmal einfach nur unsere Fähigkeiten kombinieren.»

Liebe Leserinnen und Leser, wenn Ihr Kind Probleme in der Schule hat, fragen Sie sich, welche Ressourcen Sie und Ihr Kind nutzen können, um die Situation zu verändern. Suchen Sie z.B. mit den Sozialarbeitern und Lehrern vor Ort das Gespräch, um gemeinsam zu überlegen, wie Ihr Kind reagieren kann, um etwas zu ändern. Denken Sie daran, nicht mit Vorwürfen in die Gespräche zu gehen, um keinen Verteidigungs- oder Abwehrmechanismus bei Ihrem Gegenüber auszulösen. Gehen Sie mit der Intention ins Gespräch, die fehlende Ressource zu finden, die nötig ist, um die Situation für Ihr Kind zu verbessern. Was es selber tun kann und was Sie zu Hause tun können, habe ich im zweiten Teil des Buches beschrieben.

Doch, und darum geht es vor allem in diesem Kapitel: Alles hat seine Grenzen. Wenn Sie es nicht gemeinsam schaffen, die Situation widerstandsfähig anzugehen, da es Ihre und die Energie

Ihres Kindes nicht zulassen, wenn von Seiten der Schule nichts unternommen oder das Thema sogar heruntergespielt wird, obwohl Ihr Kind nicht mitverantwortlich ist, dann müssen Sie handeln.

Sie fragen sich, was ich mit mitverantwortlich meine? Denken Sie an Svenja aus dem Kapitel «Hass» zurück: Sie hat erst ausgeteilt und dann das «Echo» bekommen. Wir müssen unsere Kinder dafür sensibilisieren, dass sie möglicherweise Teil des Problems sind.

Aber nehmen wir an, Ihr Kind handelt tatsächlich umsichtig. Nehmen wir an, es hat Respekt vor anderen und ärgert niemanden, ist aber zur falschen Zeit am falschen Ort und wird massiv gemobbt. Nehmen wir an, es leidet darunter, und all die Empfehlungen aus dem Buch greifen nicht. Die Lehrer gucken weg. Ihr Kind hat bereits massive körperliche Probleme durch das Mobbing. Dann ist es völlig legitim, einen Schulwechsel zu forcieren und dem Kind einen Neuanfang zu ermöglichen. Manche Situationen sind so verfahren, dass es sinnvoll ist, sie zu verlassen.

Doch auch hier gilt: Tauschen Sie sich mit Ihrem Kind aus. Reden Sie über diese Option und schauen Sie, was Ihr Kind davon hält. Ich erinnere mich an eine Familie, die in einem Coaching von mir war. Die Eltern sagten mir: «Wir überlegen, ob er die Schule wechseln sollte. Die hören nicht auf damit, ihn Brillenschlange zu nennen. Die anderen schikanieren ihn immer wegen seiner Körpergröße und seiner etwas unkontrolliert wirkenden Bewegungen!» Ich sprach dann mit dem Jungen unter vier Augen: «Wie siehst du das?» Er meinte: «Ja, die anderen aus der Klasse nerven manchmal, aber ganz ehrlich, mich stört das nicht mehr so sehr. Manchmal, an schlechten Tagen, treffen mich diese Sprüche noch etwas, aber das kommt vielleicht einmal alle zwei Wochen vor. Ich habe voll viele gute Freunde in der Parallelklasse, und die Pausen sind daher okay für mich!» Ich frage: «Macht dann ein Klassen- oder gar Schulwechsel für dich Sinn?» Er meinte: «Das eine Jahr kann ich auch noch in der Klasse bleiben. Wie gesagt, es wird immer besser. Die reden zwar dasselbe, aber mich lässt es immer mehr kalt. Ich glaube, das ist ein gutes Training für mich. Mama und Papa glauben mir aber nicht, die denken, ich trau mich nicht, es zuzugeben!»

Bleiben Sie im Dialog mit Ihrem Kind und glauben Sie ihm. Natürlich kann es sein, dass es lügt. Aber es ist wenig sinnvoll, das dem Kind von vornherein zu unterstellen. Der Junge brauchte das Vertrauen seiner Eltern, dass er es schafft, wie ein Löwe zu handeln und zu denken. Ich sprach sie darauf an, und sie sagten: «Ja, es stimmt schon, er sagt, es sei alles für ihn okay so. Es kommt uns aber komisch vor, da er früher immer so verletzt war. Aber es stimmt schon. Es ist echt seltener geworden, und er hat ja auch gute Freunde in der Schule!» Ich habe allen empfohlen, dass sie miteinander sprechen und einander glauben sollten. Den Jungen habe ich gebeten, es ehrlich zu sagen, wenn er es nicht mehr schafft, sich mental von den Beleidigungen abzugrenzen.

Aber es gibt sie auch, die krassen Situationen, in denen man den Betroffenen nur raten kann, sich ihnen zu entziehen. Ich erinnere mich z. B. an einen Jungen, dessen Mutter umgebracht worden war. Anstatt den Jungen in der Schule zu trösten und aufzufangen, fingen Mitschüler an, ihn dafür fertigzumachen. Der Junge wurde sofort aus der Schule genommen und kam in eine andere Stadt, in der er neu beginnen konnte. Das war in dieser Ausnahmesituation auch absolut richtig.

Bei all meinen Ideen, wie wir Kinder stark machen und ihnen helfen können, zum Löwen zu werden, müssen wir in Härtefällen anders reagieren und den Kindern einen Neuanfang ermöglichen. Denken Sie an Mareike aus dem Eingangsbeispiel: Der

Vater bestimmte, dass Mareike die Situation ertragen muss, anstatt sie selber zu Wort kommen zu lassen. Es geht darum, aufrichtige Gespräche zu führen, um richtige Entscheidungen zu treffen. Und sollte die Situation zu verfahren sein, dann reagieren Sie und verlassen Sie die Institution, in der die Psyche Ihres Kindes jeden Tag verletzt wird.

Cybermobbing und Identitätsmissbrauch

Erinnern Sie sich an Lilly aus dem Kapitel «Klarheit bekommen», die unter den fiesen Sprüchen in der WhatsApp-Gruppe litt? Sie passt auch in dieses Kapitel, denn es soll im Folgenden um Cybermobbing und Identitätsmissbrauch gehen. Jeder fünfte Jugendliche hat schon einmal falsche oder beleidigende Inhalte über sich online gesehen. Das zeigt die repräsentative Studie «Jugend, Information, (Multi-)Media» (Jim) aus dem Jahr 2017. Jungen und Mädchen sind gleichermaßen betroffen. Am stärksten die 16- und 17-Jährigen. Zwei Fünftel der Befragten gaben an, dass in ihrem Bekanntenkreis schon mal jemand im Internet gezielt fertiggemacht worden ist, vor allem über WhatsApp. Cybermobbing kann sich in vielfältigen Formen äußern: Belästigung, Bloßstellung, Diffamierung, Rufschädigung, Demütigung oder auch Bedrohung, also ganz ähnlich der Offlinewelt. Online erhalten die Opfer häufig Nachrichten mit unerwünschten Inhalten, es werden Bilder von ihnen verunstaltet und dann verschickt, intime Informationen werden über sie verbreitet, demütigendes Bild- und Videomaterial versendet, oder ihnen wird Gewalt angedroht.

Erinnern Sie sich? Nicht jede kritische Aussage, und das gilt on- und offline, ist gleich Mobbing. Selbst wer harte Meinungen äußert, ist nicht automatisch ein Mobber. Manche Opfer fühlen sich jedoch auch dadurch gemobbt. Allerdings gibt es hier dann keinen rechtlichen Spielraum, sondern das Opfer muss gestärkt werden, sich auch solche harten Äußerungen nicht zu Herzen zu nehmen. Wenn jedoch falsche Tatsachenbehauptungen gepostet oder verbreitet werden, dann haben Opfer auch einen entsprechenden rechtlichen Spielraum.

Eine falsche Tatsachenbehauptung ist objektiv prüfbar. Wenn jemand online postet, dass der Klassenkamerad Jonas auf dem Schulhof mit Drogen dealt, und das nicht stimmt, kann dies mit einer Klage bzw. Abmahnung unterbunden werden. Im Abmahnbrief muss detailliert beschrieben werden, welche Aussagen des Täters falsch sind und unterlassen werden sollen. Gleiches Vorgehen kann auch bei Beleidigungen, Rufschädigungen, Bedrohungen und den anderen obengenannten Attacken genutzt werden. Man muss sich online nicht alles gefallen lassen.

Meine Haltung dazu ist inzwischen sicherlich klar geworden: Rechtliche Schritte sollten das letzte Mittel der Wahl sein. Die Täter wollen eine Reaktion vom Opfer. Wenn das vermeintliche Opfer aber gar nicht gekränkt ist und entsprechend keine Reaktion zeigt, kann dies das Cybermobbing häufig im Keim ersticken. Es ist aber gut zu wissen, dass auch andere Möglichkeiten bestehen, juristisch dagegen vorzugehen, um den oder die Täter zu stoppen. Im Juristendeutsch nennt man das eine «Unterlassung». Dafür ist das in diesem Buch bereits angesprochene Zivilrecht das geeignete Mittel. Es ist speziell dafür gedacht, dass Bürger gegenüber anderen Bürgern ihre Rechte durchsetzen. Das Mobbingopfer kann also seine Rechte gegen den Täter zivilrechtlich durchsetzen, und Polizei und Staatsanwaltschaft bleiben erst mal außen vor. Zivilrechtliche Maßnahmen kann man grundsätzlich alleine, ohne Anwalt, einleiten. Es gibt einige Fälle, da ist ein

Anwalt Pflicht. Beispielsweise bei gerichtlichen Verfahren, also bei Klagen und Anträgen auf eine einstweilige Verfügung, deren «Gegenstandswert» 5000 Euro übersteigt.

Sollten Sie und Ihr Kind wirklich diesen Schritt unternehmen und die Täter abmahnen wollen, empfehle ich den Gang zum Anwalt. Denn gerade bei Abmahnungen gegen Minderjährige gibt es viele Besonderheiten zu beachten, die juristische Kenntnisse erfordern. Doch es muss nicht so weit kommen.

Kommen wir zurück zu dem Fall aus dem Kapitel «Klarheit bekommen». Lilly wird in der WhatsApp-Gruppe der Klasse schikaniert. Sie bleibt aber freiwillig in der Gruppe. Dann aber gilt, auch wenn die Jugendlichen und Kinder das natürlich erst mal doof finden: Lerne, mit dem «Spielfeld» klarzukommen, es zu verändern, oder verlasse es. Gerade in der Onlinewelt ist es leider mittlerweile gang und gäbe, dass Menschen beleidigt, bedroht, kritisiert werden oder sogar versucht wird, den Ruf zu schädigen. Ich heiße das nicht gut, doch solange es ist, wie es ist, muss ich lernen, damit klarzukommen, wenn ich mich freiwillig immer wieder in meinen Accounts anmelde. Klar, bei Facebook kann ich Nutzer, die mich immer anpöbeln, einfach sperren oder Accounts blockieren. Das würde ich auch jedem Jugendlichen empfehlen, der z.B. auf Instagram, WhatsApp oder in anderen Netzwerken mit sogenannten Hatern und Mobbern zu tun hat. Das ist auch kein Angriff auf die freie Meinungsäußerung, wie dann gerne behauptet wird. Denn wenn mich jemand in den Kommentaren beispielsweise beleidigt, äußert der nun mal nicht seine Meinung, sondern er beleidigt. Solche Menschen zu blockieren, hat nichts mit dem Unterdrücken von Meinungen zu tun, sondern schlicht etwas mit Anstand und umsichtigem Verhalten.

Stellen Sie sich Ihre Accounts wie Ihr Wohnzimmer vor und die Accounts Ihrer Kinder wie deren Kinderzimmer: Wenn jemand in Ihr Wohnzimmer kommt und in die Ecke pinkelt, dann lassen Sie ihn auch kein zweites Mal herein, sondern erteilen ihm Hausverbot. Und so ist es auch online völlig legitim, Menschen zu blockieren, die einfach nur pöbeln oder gar mobben wollen.

Ich habe bei Onlinehass folgende Erfahrungen gemacht: Ignorieren und sperren ist sinnvoll, diskutieren nie. Und das, obwohl ich eigentlich ein Freund guter Debatten bin. Doch die Hater und Mobber wollen gar nicht verschiedene Sichtweisen beleuchten und Lösungen suchen. Ihnen geht es nicht darum, die eigene Meinung weiterzuentwickeln, sondern ausschließlich darum, andere abzuwerten. Ihnen geht es nicht um Austausch, sondern darum zu stänkern. Daher würde ich auch Kindern und Jugendlichen empfehlen, entsprechende Personen zu ignorieren und in Härtefällen die Person einfach zu sperren. Aus stumpfem «Hate» wird selten etwas Wertvolles.

Eine weitere Möglichkeit ist es, Inhalte oder Personen bei den Netzwerken selbst zu melden und sich bei den Anbietern Hilfe zu holen. Sie und Ihr Kind können dafür die Hilfefunktionen der sozialen Netzwerke oder Messenger nutzen. Üblicherweise gibt es in jedem sozialen Netzwerk eine Funktion, mit der auf Regelverstöße hingewiesen werden kann. Dafür müssen Sie als Eltern die Apps und Dienste, die Ihr Kind nutzt, sehr gut kennen und sich ausführlich damit beschäftigen. Wir müssen als Erwachsene medienkompetenter werden.

Ein weiterer Härtefall in diesem Zusammenhang ist der Identitätsdiebstahl bzw. konkreter der Identitätsmissbrauch. Damit ist die missbräuchliche Nutzung personenbezogener Daten einer Person durch Dritte gemeint. Meist bekommt man davon nicht sofort etwas mit, sondern erst dann, wenn andere einen darauf aufmerksam machen und der Schaden bereits entstanden ist. Bei Identitätsdiebstahl werden z.B. Name und Geburtsdaten gestohlen. Wenn die Daten auch benutzt werden, redet man von Identitätsmissbrauch und von einer Straftat. Diese kann von Warenkreditbetrug bis hin zu schweren Straftaten reichen. In Schulen geht es meist eher um das Anlegen von Fakeprofilen oder das Posten im Namen einer anderen Person. Häufig werden sie genutzt, um im Namen der Opfer Bilder oder Aussagen zu posten, die für diese peinlich oder sogar rufschädigend sein können. In diesen Fällen empfiehlt sich zuerst das offene Ansprechen und die Bitte, alle entsprechenden Inhalte mit einer Frist von z. B. drei Tagen zu löschen. Passiert das nicht, ist auf jeden Fall der Weg zum Anwalt oder zu Beratungsstellen, die sich auf das Gebiet Cyberkriminalität spezialisiert haben, sinnvoll, z. B. Verbraucherschutzzentralen oder der Landesdatenschutz (siehe auch das Kapitel «Wenn nichts mehr hilft, hilft wer?»).

Mögliche Straftatbestände könnten sein: Verletzung des Rechts am eigenen Bild § 33 Kunsturhebergesetz (KunstUrhG), Verletzung des höchstpersönlichen Lebensbereichs durch Bildaufnahmen § 201a Strafgesetzbuch (StGB), Verletzung der Vertraulichkeit des Wortes § 201 StGB, Beleidigung § 185 StGB, Nötigung § 240 StGB, Bedrohung § 241 StGB, üble Nachrede § 186 StGB, Verleumdung § 187 StGB, Nachstellung § 238 StGB, Gewaltdarstellung § 131 StGB.

Diese und die folgenden Hinweise können und sollen lediglich einer ersten Orientierung dienen. Wenn Sie rechtliche Schritte einleiten wollen, empfehle ich dringend, einen Anwalt aufzusuchen. Fassen wir die möglichen Vorgehensweisen einmal zusammen:

Möglichkeit 1: die informelle Aufforderung durch das Opfer

Sollte das Cybermobbing Ausmaße annehmen, die nicht mehr haltbar sind und nicht ignoriert werden können, sollten Sie als Erstes den oder die Täter per E-Mail, Brief oder auch im Gespräch (gerne mit Zeugen) auffordern, weiteres Mobbing via Internet zu unterlassen. Geben Sie dem Täter dabei klare Handlungsaufforderungen. Anstatt zu schreiben: «Hör auf, Jonas weiter zu mobben», sollten Sie schreiben: «Lösche innerhalb von drei Tagen das in Jonas' Namen angelegte Profil (Fakeprofil) und alle darauf veröffentlichten Bilder!»

Setzen Sie auf jeden Fall eine Frist, innerhalb deren der Täter die angesprochenen Punkte umgesetzt haben soll. Ich empfehle zusätzlich, das Gespräch mit der Familie des Mobbers zu suchen, um für alle eine verträgliche Lösung zu finden. Denn in vielen Fällen brauchen die Mobber ebenfalls Hilfe. Versuchen Sie, dabei möglichst nicht vorwurfsvoll in das Gespräch zu gehen, sondern lösungsorientiert.

Melden Sie parallel die entsprechenden Tweets, Posts etc. bei den Anbietern der Onlineplattformen und bitten Sie um Löschung, bzw. löschen Sie sie selbst, wenn das möglich ist. Machen Sie im Vorfeld unbedingt Screenshots, um Beweise zu sichern. Sichern Sie den Quellcode der Seite: Wenn Sie im Internetbrowser in einem sozialen Netzwerk sind, können Sie mit dem Klick auf die rechte Maustaste, den Punkt «Quelltext anzeigen» auswählen. Diesen kopieren Sie dann in ein Schreibprogramm und speichern es mit der Info zum Datum, zur Website etc. ab.

Falls Ihr Kind Accounts gesperrt und/oder gelöscht hat, ohne vorher Screenshots zu machen, finde ich das erst mal nicht falsch. Ich war vor kurzem in einer Schule, in der ein vierzehnjähriges Mädchen erzählte, dass sie in einer App aufgefordert worden war, Nacktbilder zu schicken. Sie reagierte sofort, sperrte den Account und löschte die App auf ihrem Handy. Daraufhin wurden ihr von der Cybermobbingbeauftragten der Schule Vorhaltungen gemacht: Sie hätte erst alle Daten sichern müssen. Für eine Strafverfolgung wäre das sicherlich wichtig. Aber das Mädchen hat selbstverantwortlich und richtig gehandelt: Für sie war es oberste Priorität, die Situation zu verlassen und damit sich und ihre Psyche zu schützen. Darin kann ich keinen Fehler sehen.

Möglichkeit 2: die Abmahnung

Wenn der Täter der Aufforderung nicht nachkommt oder die Rufschädigung etc. zu umfassend ist, ist die förmlichere Variante der passende Weg. Eine Abmahnung ist die letzte Warnung an den Täter, seine Handlungen zu unterlassen. Sie ist ein formeller Brief, in dem eindeutig geschrieben steht, um welches Verhalten es genau geht und dass es aufzuhören hat. Die Abmahnung sollte darüber hinaus immer Fristen enthalten. Zudem ist eine Abmahnung mit der Aufforderung verbunden, dass der Täter eine rechtsverbindliche Erklärung abgibt, das Verhalten zu unterlassen. Es handelt sich um die sogenannten Unterlassungserklärung. Bei der Abmahnung empfiehlt es sich, einen Anwalt hinzuzuziehen, da ein Brief vom Anwalt ein höheres Gewicht hat. Darüber hinaus sind einige rechtliche Dinge zu beachten, wenn Minderjährige abgemahnt werden. Holen Sie sich also einen juristischen Experten an Ihre Seite.

Möglichkeit 3a: die Unterlassungsklage

Kommt man mit der Abmahnung nicht ans Ziel, kann auch eine zivilrechtliche Klage beim zuständigen Gericht angestrengt werden. Die Unterlassungsklage dient dazu, den Täter von einem Gericht verurteilen zu lassen, die in der Abmahnung aufgestellten Forderungen zu erfüllen. Wenn das Gericht der Klage stattgibt und das Urteil rechtskräftig wird, drohen dem Mobber empfindliche Folgen, wenn er sein Verhalten nicht ändert.

Möglichkeit 3b: die einstweilige Verfügung

Kommt der Täter der Abmahnung nicht nach, gibt es noch die Möglichkeit der einstweiligen Verfügung. Hier sollte eine Abmahnung im Vorfeld erfolgt sein. Denn sonst kann es passieren, dass das Opfer einen Teil der Gerichtskosten tragen muss. Selbst dann, wenn es den Rechtsstreit gewinnt. Der Rechtsverletzer sollte immer die Gelegenheit haben, die Sache außergerichtlich aus der Welt zu schaffen. Die einstweilige Verfügung ist eine Art Schnellverfahren, das für eilige Notfälle gedacht ist. Einstweilige Verfügungen können deshalb nur innerhalb einer bestimmten Zeit bei Gericht beantragt werden, nachdem man von der Rechtsverletzung erfahren hat. Bei manchen Gerichten beträgt die Frist vier Wochen, bei anderen bis zu drei Monate.

Die einstweilige Verfügung hat im Vergleich zur Unterlassungsklage einige Vorteile: Sie kann innerhalb von wenigen Wochen durchgesetzt werden und die Sache beenden. Klageverfahren dauern mitunter ein Jahr oder länger. In Fällen, in denen eine Mobbingattacke über das Netz für das Opfer so drastische Folgen hat, dass schnell Abhilfe geschaffen werden muss, ist die einstweilige Verfügung das richtige Mittel.

Am Ende dieses Kapitels möchte ich noch mal darauf hinweisen, dass Sie sich als Eltern mit den Medien, Plattformen und Apps auskennen müssen, die Ihre Kinder nutzen (siehe das Kapitel «Social Media. Die Hochburg der ungebetenen Kritik»). Zur Erziehung heute gehört auch Medienerziehung. Führen Sie sich als Familie vor Augen, dass alle Bilder, die Sie von Ihrem Kind ins Netz stellen oder stellten, heruntergeladen und missbräuchlich verwendet werden könnten. Sprechen Sie darüber, was gepostet werden sollte und was einfach nicht ins Netz gehört. Denn dieses vergisst bekanntermaßen nicht.

Cybermobbing ist nicht immer gleich ein Thema für die Juristen und noch seltener eines für die Polizei. Falls aber die Situation ausweglos erscheint, ist es allemal besser, den juristischen Weg zu wählen, als mit gleichen Methoden zurückzuschlagen.

Wenn nichts mehr hilft, hilft wer?

Hilfe einzufordern, ist kein Zeichen von Schwäche. Natürlich müssen Sie sich nicht für jede Kleinigkeit Hilfe holen. Wenn Ihr Kind auf dem Schulhof als «Brillenschlange» bezeichnet wird, ist der Gang zum Anwalt sicherlich übertrieben und es sollte eher das Ziel sein, dass Opfer zu stärken und die Täter zu sensibilisieren. Im Falle eines Identitätsmissbrauchs ist es sicherlich sinnvoller, auch anwaltlichen Rat einzuholen.

Sollten Sie konkret Hilfe brauchen, gibt es verschiedene Stellen, die Sie kontaktieren können. Wenn Mobbing im schulischen Rahmen stattfindet, sprechen Sie die Klassenlehrer oder die Schulleitung an. Auch die Vertrauenslehrer können eine gute Anlaufstelle sein. Außerdem gibt es an vielen Schulen Sozialarbeiter, die offene Sprechstunden anbieten.

Wenn Sie als Elternteil in die Gespräche gehen, tun Sie das niemals vorwurfsvoll nach dem Motto: «Warum tut hier niemand etwas gegen Mobbing?» Denn möglicherweise haben die Lehrer und Schulsozialarbeiter wirklich nichts von den Problemen mitbekommen. Seien Sie immer lösungsorientiert und beginnen Sie das Gespräch ruhig damit, klarzustellen, dass es Ihnen nicht darum geht, Schuldige zu finden, sondern darum, den Kindern einen entspannten Schulbesuch zu ermöglichen.

Der schulpsychologische Dienst kann ebenfalls eine geeignete Anlaufstelle sein. Ansonsten gibt es in Ihrer Stadt sicherlich Beratungsstellen, die sich auf die Arbeit mit Kindern und Jugendlichen spezialisiert haben.

Das Kinder- und Jugendtelefon «Nummer gegen Kummer» ist montags bis samstags von 14 bis 20 Uhr zu erreichen. Die Anrufe sind kostenlos und anonym. Weitere Infos und die Rufnummern finden Sie auf der Website www.nummergegenkummer.de

Auf der Internetplattform www.juuuport.de finden Jugendliche bei internetbezogenen Fragen oder Problemen Hilfe.

Zwei weitere empfehlenswerte Websites, die Sie sich für Hintergrundinformationen anschauen können: www.jugendschutz.net und www.internet-beschwerdestelle.de

Ansonsten empfehle ich Ihnen, in Fällen, in denen Sie und Ihr Kind mental nicht mehr mit der Belastung umgehen können, einen Coach zurate zu ziehen. Dieser hilft Ihnen, mit der aktuellen Situation umzugehen und Lösungen zu finden und sich mental vom Mobbing abzugrenzen. Kontakte und weitere Informationen finden Sie u. a. auf www.starkauchohnemuckis.de/unserepartner

Wenn Ihr Kind über einen längeren Zeitraum unter Mobbing litt oder leidet und möglicherweise zusätzlich oder dadurch psychische Probleme hat, ist der Weg zum Psychologen der richtige.

In diesem Fall empfehle ich Ihnen, *nicht* auf einen Coach zurückzugreifen, sondern auf Psychologen, die darauf spezialisiert sind, z. B. Traumata zu therapieren. Das ist *nicht* die Expertise eines Coachs.

Natürlich können Sie sich auch an die Polizei wenden, die Sie dann möglicherweise an Kooperationspartner aus Ihrer Stadt verweist.

Über die Möglichkeit, einen Anwalt zurate zu ziehen, haben wir ebenfalls schon gesprochen.

Fazit und Ausblick

Ein Mann sucht unter einer Laterne nach etwas. Als ein Polizeiwagen neben ihm hält, fragen die Beamten: «Können wir Ihnen helfen?» Der Mann verneint und erläutert, dass er nur seinen Schlüssel suche. Auf Rückfrage der Polizisten, ob er diesen unter der Laterne verloren habe, sagt der Mann: «Nein, da vorne auf dem Schotterweg, aber hier ist das Licht besser!»

Diesen Text las ich vor einigen Jahren, und er ist mir bis heute im Gedächtnis geblieben, weil er sehr viel über uns als Gesellschaft aussagt: Oftmals suchen wir nach Lösungen für Probleme an Stellen, an denen uns die Suche leichtfällt, an denen wir jedoch nicht fündig werden. Immer wieder wird an Symptomen gearbeitet, anstatt an den Kern des Problems zu gehen.

Sie haben in diesem Buch darüber gelesen, wie häufig wir das Verhalten der Mobber kritisieren, anstatt zu erkennen, dass es nur ein Symptom ist, ein Symptom für ein ungestilltes Bedürfnis, das durch das Mobbing befriedigt wird. Anstatt dieses Verhalten zu kritisieren, müssen wir einen Schritt tiefer gehen. Wir müssen den Mobbern helfen zu verstehen, wie sie ihr Bedürfnis mit einem anderen Verhalten stillen können. Das ist naturgemäß schwerer und würde in der Geschichte oben eher dem Schotterweg entsprechen. Der Schlüssel zum Erfolg liegt aber genau dort, wo die Suche schwerfällt.

Um etwas in der Gesellschaft zu ändern, müssen wir zum Kern der Sache vordringen. Wir müssen uns hinterfragen und schauen, ob wir uns selbst wie Mobber verhalten, z.B. indem wir unsere Kinder von gemeinschaftlichen Aktionen ausgrenzen, um sie nach Regelbrüchen zu bestrafen. Wir selbst müssen etwas ändern, anstatt uns nur zu empören; wir müssen uns fragen, welches *unser* Beitrag zur Veränderung sein kann.

Wir müssen als Gesellschaft wieder lernen, respektvoll miteinander umzugehen, Andersartigkeit nicht als Gefahr, sondern als Chance zu sehen. In Debatten zu lernen, die eigene Meinung weiterzuentwickeln, anstatt nur die andere Meinung herabzusetzen. Wenn wir das schaffen, könnte Mobbing wieder aus dem gesellschaftlichen Gedächtnis verschwinden: Wir als Erwachsene beginnen damit, wieder bewusster mehr Liebe und Respekt in die Welt zu bringen. Unserer Kinder werden durch unser Vorbild bereits seltener in Mobbingfallen treten. Wenn das gelingt, werden die Kinder unserer Kinder von Anfang an respektvoll und achtsam miteinander umgehen. Sie demütigen andere nicht, da sie selber nicht verletzt wurden. Sie lieben, da sie bedingungslos geliebt werden.

Die Kinder, die momentan unter Mobbing leiden, müssen andere Tipps und Ideen bekommen als die, die sie aktuell erhalten. Sie müssen lernen, ruhiger zu bleiben, innere Stärke, Selbstbewusstsein, Selbstvertrauen und Klarheit zu etablieren. Sie müssen lernen, Empathie auch mit denen zu haben, die gemeine Dinge tun. Sie müssen lernen, Hass mit Liebe zu begegnen. Das sind die Themen, die auf dem Schotterweg liegen. Unter der Laterne findet man hingegen eher Aussagen wie: «Lass dir das nicht gefallen!», oder: «Wehr dich, damit der Täter dich in Ruhe lässt!» Doch auf diese Art werden wir dem Mobbingteufelskreis nie entkommen.

Kinder, die hingegen gelassen sind und nicht alles annehmen, was man über sie sagt, sind mobbingsicher. Sie mögen jetzt einwenden: «Wenn man lernt, dass einen nicht mehr interessiert, was andere über einen sagen, dann ist einem alles egal, und man wird empathie- und rücksichtslos!» Doch das stimmt nicht. Denn wenn man wirklich versteht, dass es nicht wichtig ist, was andere über einen sagen, hat man eine Stufe in der Entwicklung erreicht, auf der man gar nicht rücksichtslos sein *kann*. Denn das verstößt gegen die eigenen Werte. Wahre Gelassenheit geht immer einher mit Respekt und Wertschätzung anderen gegenüber! Wer nur so tut, als ob er gelassen wäre, im Kern aber weiter hasst, der wird rücksichtslos. Wer aber wirklich in Liebe ist, der kann gar nicht rücksichtslos sein.

Kinder müssen lernen, dass Mobbing ein gefühlter Prozess ist. Wenn ich mich selber liebe und das Gute in meinem Leben sehe, dann fühle ich Mobbing nicht mehr. Kinder müssen lernen, das Gute bewusst zu fokussieren, damit daraus ein Autofokus wird, der sie von dem Gefühl befreit, gemobbt zu werden.

Erinnern Sie sich an Ihre Kindheit? Vielleicht hatten auch Sie manchmal Angst, während Sie in Ihrem Kinderzimmer im Dunkeln lagen. Vielleicht dachten Sie, dass «etwas» in Ihrem Zimmer steht. Sie haben es schemenhaft in der Ecke gesehen. War da nicht ein Geräusch? Sie konnten jedoch nicht einordnen, was es ist. Vielleicht ein Gespenst? Ein Monster? Sie hatten Angst, lagen erstarrt eingekuschelt in Ihrem Bettzeug, das nach zu Hause roch. Sie machten die Augen fest zu und dachten an etwas anderes. An etwas Schönes, z.B. an Mama und Papa, die immer für Sie da sind. An gemeinsame Erlebnisse, den tollen Ausflug, den Sie letzte Woche alle zusammen gemacht hatten. Sie änderten den Fokus, und langsam ließ die Angst nach. Als Sie die Augen wieder öffneten, war nichts mehr in der Ecke. Der undefinierbare Dämon war verschwunden.

Lassen Sie uns Kinder und Jugendliche dabei unterstützen, sich im Leben so stark auf das Gute zu fokussieren, dass in ihrer Welt der Mobbingdämon verschwindet!

Caroline von St. Ange
Alles ist schwer, bevor es leicht ist

Wie Lernen gelingt

256 Seiten

Für viele Familien sind Schule und Lernen ein rotes Tuch: schlechte Noten, Frust bei den Hausaufgaben und hoher Leistungsdruck stören den Familienfrieden. Wie bekommen Kinder wieder Freude am Lernen und Neugierde auf Neues? Wie überwindet man Stagnation und Resignation? Caroline von St. Ange gibt zahlreiche fantasievolle und praxisnahe Tipps und entfernt dabei eine Menge Staub von überholten Lernstrategien und altmodischen Annahmen. Sie ist überzeugt: Lernen funktioniert am besten, wenn wir Kinder zu kreativen, kritischen und kommunikativen Wesen heranziehen, die vor Herausforderungen nicht zurückschrecken. Wie ein solches neues Lernen gelingen kann, für alle Kinder, davon handelt dieses Buch.